인공지능 시대를 위한
운영체제

지은이 **유혁** hxy@korea.ac.kr

미국 미시간대학교에서 박사 학위를 취득한 후, 미국 실리콘밸리에서 운영체제 연구 및 개발에 종사하였습니다. 이후 고려대학교에 재직하며 후학을 양성해 왔으며, 고려대학교 연구부총장을 역임하였습니다. 국제 협력 사업으로 미국 조지아공대와 공동석사학위 프로그램을 운영하였습니다. 2017년에는 연구 성과를 인정받아 국가 훈장을 서훈받고, 2021년 정보 분야 최우수 연구자로 선정되었습니다. 2011년에 고려대학교 융합소프트웨어연구소를 설립하여 운영 중이며, 현재 인공지능 시스템 연구에 매진하고 있습니다.

지은이 **유시환** seehwan.yoo@dankook.ac.kr

고려대학교 대학원 컴퓨터학과에서 박사 학위를 취득하였으며, 가상화 및 클라우드 컴퓨팅과 관련된 학술 활동과 오픈소스 프로젝트에 참여하였습니다. 현재 단국대학교 모바일시스템공학과 교수로 재직 중이며 운영체제, 클라우드 컴퓨팅 및 가상화 기술, 트러스트 컴퓨팅 등의 분야에서 강의와 연구를 진행하고 있습니다.

감수

- 고영웅: 한림대학교 소프트웨어학부 교수
- 박현찬: 전북대학교 컴퓨터인공지능학부 교수
- 진현욱: 건국대학교 컴퓨터공학부 교수

인공지능 시대를 위한 운영체제

초판발행 2025년 3월 23일

지은이 유혁, 유시환 / **펴낸이** 전태호
펴낸곳 한빛아카데미㈜ / **주소** 서울시 서대문구 연희로2길 62 한빛아카데미㈜ 2층
전화 02-336-7112 / **팩스** 02-336-7199
등록 2013년 1월 14일 제2017-000063호 / **ISBN** 979-11-7340-023-0 93000

총괄 박현진 / **책임편집** 유경희 / **기획 · 편집** 유경희 / **교정** 박정수
디자인 이아란 / **전산편집** 김정하 / **제작** 박성우, 김정우
영업 김호철, 김태진, 김성삼, 이정훈, 임현기, 이성훈, 김주성, 심지연

이 책에 대한 의견이나 오탈자 및 잘못된 내용에 대한 수정 정보는 출판사 홈페이지나 아래 이메일로 알려주십시오.
파본은 구매처에서 교환하실 수 있습니다. 책값은 뒤표지에 표시되어 있습니다.
홈페이지 www.hanbit.co.kr / 이메일 question@hanbit.co.kr

Published by HANBIT Academy, Inc. Printed in Korea

인공지능 시대를 위한 운영체제

유혁, 유시환 지음

OPERATING SYSTEMS

한빛아카데미
Hanbit Academy, Inc.

인공지능 시대에 걸맞은 운영체제 학습 방법 : 원리와 개념의 연결

필자가 운영체제를 본격적으로 연구하기 시작한 시기는 미국 미시간대학교에서 박사 학위를 받고 1990년 미국 캘리포니아 마운틴뷰Mountain View에 위치한 썬 마이크로시스템즈Sun Microsystems에서 솔라리스Solaris 운영체제의 개발과 연구에 참여하면서부터입니다. 이후 고려대학교에서 운영체제를 강의한 지도 어느덧 30년이 넘었습니다. 그동안 운영체제는 괄목할 만한 발전을 이루었습니다. 메인프레임이라 불리는 대형 컴퓨터용 운영체제에서부터 유닉스Unix와 윈도우즈Windows로 대표되는 PC용 OS, 안드로이드Android 같은 모바일 OS, 가상화virtualization 기반의 클라우드 그리고 최신 인공지능을 위한 GPU 클라우드에 이르기까지 변화와 혁신이 끊임없이 이어져 왔습니다.

지난 30년간 수많은 새로운 기술이 도입되었지만, 운영체제를 구성하는 핵심 추상개념abstraction은 여전히 그 자리를 지키고 있습니다. 그러나 강의를 해오면서 학생들이 운영체제를 매우 어렵게 느낀다는 것을 발견했습니다. 전 세계적으로 봐도 운영체제는 컴퓨터 과학Computer Science 분야에서 가장 어려운 과목 중 하나로 꼽힙니다. 이는 아마도 프로그래밍 비중이 크기 때문일 것입니다. 하지만 운영체제는 충분히 흥미로운 학문 분야로서, 접근 방식만 올바르면 누구나 쉽게 배울 수 있습니다. 그런데도 많은 학생이 운영체제를 배우는 데 어려움을 겪는 모습을 보며 안타까움을 느꼈습니다.

이 책을 집필한 목적은 운영체제를 더욱 쉽게 학습할 수 있도록 돕기 위함입니다. 특히 인공지능 시대에 운영체제를 이해하는 것은 필수입니다. 단순히 필자가 운영체제를 전공했기 때문에 이렇게 말하는 것이 아닙니다. 모든 소프트웨어가 운영체제 위에서 동작하기 때문입니다. 인공지능, 스마트폰 애플리케이션, 게임 등 다양한 소프트웨어를 효율적이고 효과적으로 개발하려면 운영체제를 제대로 이해하고 활용하는 것이 절대적으로 중요합니다. 한 가지 예로, 필자는 검색search 소프트웨어의 성능을 향상시키는 문제와 관련한 자문을 요청받은 적이 있습니다. 검색 기술 자체에 대한 전문가가 아님에도 검색 소프트웨어가 구동되는 운영체제를 최적화하여 성능을 1,000배 이상 향상시킨 경험이 있습니다.

그렇다면, 운영체제를 어떻게 공부해야 할까요?

먼저, 암기하려는 습관을 버려야 합니다. 대학에 입학하기까지 많은 학생이 주로 암기를 중심으로 공부해 왔기 때문에 운영체제를 공부할 때도 자연스럽게 암기에 의존하는 경향이 있습니다. 하지만 이러한 접근 방식은 운영체제 학습에 큰 걸림돌이 됩니다. 중요한 것은 운영체제의 근간을 이루는 주요 추상개념의 원리를 이해하는 것입니다. 이를 위해 이 책은 추상개념이 도입된 이유와 배경을 설명하고, 개념을 단계적으로 정리하여 외우지 않고 자연스럽게 받아들일 수 있도록 구성하였습니다.

두 번째로, 추상개념 간의 연결 관계를 이해해야 합니다. 개별 개념을 단편적으로 암기하는 것이 아니라, 하나의 추상개념이 다른 추상개념과 연결될 때 어떤 일이 발생하는지를 고민해야 합니다. 암기에 의존할 경우, 추상개념이 연결될수록 학습해야 할 내용이 기하급수적으로 증가하며, 앞부분을 외우는 동안 뒷부분을 잊어버리는 문제가 발생합니다. 또한 리눅스나 윈도우 운영체제의 소스 코드는 수천만 라인에 달하기 때문에 사실상 암기 방식으로는 접근할 수가 없습니다. 이러한 문제의식에 따라 이 책은 개념 간의 연결을 강조하며, 앞에서 배운 추상개념을 바탕으로 새로운 개념을 설명하는 방식으로 구성되었습니다. 따라서 이 책으로 공부할 때 순서대로 읽길 권합니다. 개념 간의 연결을 이해하다 보면 기존 방식으로는 떠올리지 못했던 새로운 아이디어를 발견할 수도 있을 것입니다. 이 책을 통해 운영체제 학습의 재미를 느끼는 학생들이 많아지기를 바랍니다.

마지막으로, 이 책을 완성하기까지 많은 도움을 준 분들께 감사의 마음을 전합니다. 특히 아내 이성주 박사와 딸 유재원에게 깊은 사랑과 감사를 전합니다. 교재를 집필하는 과정은 결코 쉽지 않았으며, 여러 측면을 고려하며 작업하느라 오랜 시간이 걸렸습니다. 가족의 이해와 지원이 없었다면 이 책을 끝마치지 못했을 것입니다. 또한 책을 출간하는 과정에서 힘써 주신 한빛아카데미㈜의 유경희 수석께도 깊이 감사드립니다.

저자 **유혁**

지은이의 말

보다 쉬운 운영체제 공부를 위하여, 추상개념과 실습을 통한 문제 해결

운영체제는 컴퓨터 시스템을 이해하는 데 있어 시야를 넓혀주는 중요한 분야입니다. 컴퓨터 분야에 입문한 학생들은 기초적인 프로그래밍 언어 학습을 시작으로, 논리회로와 컴퓨터 구조를 통해 하드웨어의 전자적·기계적 동작 원리를 익히고, 자료구조와 알고리즘을 통해 소프트웨어의 구현과 추상화 방식을 배웁니다. 이후 운영체제를 학습하면서 우리가 실생활에서 사용하는 컴퓨터의 작동 원리와 구체적인 구현 방식을 통합적으로 이해하게 됩니다. 이러한 이유로 대개의 운영체제 서적들은 꽤 두꺼운 분량으로 많은 주제들을 다루고 있습니다.

이 책은 운영체제의 핵심 주제인 운영체제 구조, 프로세스 관리, 쓰레드와 동기화, 메모리 관리, 파일 시스템을 집중적으로 다룹니다. 이 다섯 가지 요소는 운영체제가 여러 사용자의 응용 프로그램을 실행하고, 하드웨어를 효율적으로 활용하는 방식을 이해하는 데 필수적인 개념들입니다. 필자들은 특정 운영체제의 세부적인 구현에 대한 정확한 이해보다 운영체제가 수행하는 역할과 구현상의 제약 조건을 높은 차원에서 조망하고, 이를 고려한 추상개념의 실제 구현 방식을 제시하도록 노력하였습니다.

운영체제는 하드웨어의 혁신과 응용 소프트웨어의 변화에 따라 지속적으로 발전하는 분야입니다. 이에 따라 과거의 운영체제 서적들이 중요하게 다루었던 일부 주제들은 현재 시스템에서 덜 중요한 개념이 되었으며, 반대로 새롭게 강조해야 할 주제들도 등장했습니다. 이에 이 책에서는 2학년 전공을 마친 학생들이 비교적 쉽게 이해할 수 있는 범위 내에서 주요 개념들을 선정하였으며, 시대 흐름에 따라 덜 중요하게 다루어지는 주제는 과감히 덜어냈습니다.

각 주제별로 내용을 보다 세부적으로 이해할 수 있는 프로그래밍 과제들을 다룬다면 훨씬 더 재미있게 공부할 수 있을 것이라 확신합니다. 이 책의 실습 과제들은 필자가 수업에서 학생들에게 제공했던 프로그래밍 과제들을 기반으로 구성되었습니다. 이외에도 xv6나 Pintos와 같은 교육용 운영체제를 분석해 보는 것도 학습에 큰 도움이 될 것입니다. 이러한 실습을 통해 기존 운영체제 개발자들이 어떤 고민을 했고, 문제를 어떻게 해결했는지를 직접 경험하면서 책에서 제시하는 내용을 더 깊이 이해할 수 있으리라 생각합니다. 물론 오픈소스 운영체제인 리눅스의 소스 코드 분석도 큰 도움이 될 것입니다.

집필 과정 동안 아낌없는 응원과 배려로 힘이 되어 준 가족들에게 진심으로 감사드립니다. 특히, 연구년 기간 동안 학술 활동과 생활의 균형을 찾을 수 있도록 도와준 아내 선미와 딸 주하에게 큰 사랑과 감사를 전합니다. 새롭고 긴 여정을 이어가는 동안 가족의 든든한 지지가 있었기에 지치지 않고 끝까지 집중할 수 있었습니다.

한 권의 책을 집필하고 출간하는 과정은, 쌓아온 지식과 경험을 더 많은 사람과 나누어 새로운 가치를 만들어 가는 작업이라 생각합니다. 이 책이 전공 공부를 이어가는 학생들에게 작지만 소중한 도움과 영감을 주기를 바라며, 보다 많은 학생이 운영체제 분야를 쉽게 접하는 데 도움이 되길 바랍니다.

저자 **유시환**

이 책에 대하여

• 강의 보조 자료

한빛아카데미 홈페이지에서 '교수회원'으로 가입하신 분은 인증 후 교수용 강의 보조 자료를 제공받을 수 있습니다. 한빛아카데미 홈페이지 상단의 〈교수전용공간〉 메뉴를 클릭하세요.

http://www.hanbit.co.kr/academy

• 학습 보조 자료

학습에 필요한 자료는 아래 주소에서 내려받을 수 있습니다.

http://www.hanbit.co.kr/src/40023

• 주요 내용

1장. 운영체제 개요

운영체제가 무엇인지, 왜 배우는지에 대한 기본 개념을 다집니다. 운영체제의 발전 과정과 핵심 기능을 통해 운영체제가 어떤 문제를 해결해 왔는지 살펴봅니다.

2장. 운영체제 구조

운영체제가 어떻게 설계되고 구현되는지 구조적 관점에서 접근합니다. 운영체제를 이해하는 데 필요한 컴퓨터 하드웨어의 동작 원리도 함께 알아봅니다.

3장. 프로세스 관리

프로그램이 실행되어 프로세스가 되는 과정을 배우고, 프로세스를 효율적으로 관리하는 방법을 익힙니다. 실제 코드 예제를 사용해 다양한 프로세스 간 통신 방식과 스케줄링 기법을 구체적으로 학습합니다.

4장. 쓰레드와 동기화

쓰레드의 개념과 구현 방법을 익히고, 여러 쓰레드가 안전하게 작업을 수행하기 위한 동기화 기술을 배웁니다. 대표적인 동기화 문제와 해결 방법도 함께 다룹니다.

5장. 메모리 관리

프로세스 실행에 필요한 메모리를 효율적으로 관리하는 기법을 학습합니다. 가상 메모리, 페이징, 페이지 교체 알고리즘 등 실제 운영체제에서 활용되는 기술들을 다룹니다.

6장. 파일 시스템

파일과 저장 장치의 구조를 이해하고, 다양한 파일 시스템의 동작 원리와 설계 방식을 살펴봅니다. 실제 파일 시스템의 구현 원리까지 경험하며 운영체제의 마지막 퍼즐을 맞춰봅니다.

• 구성 요소

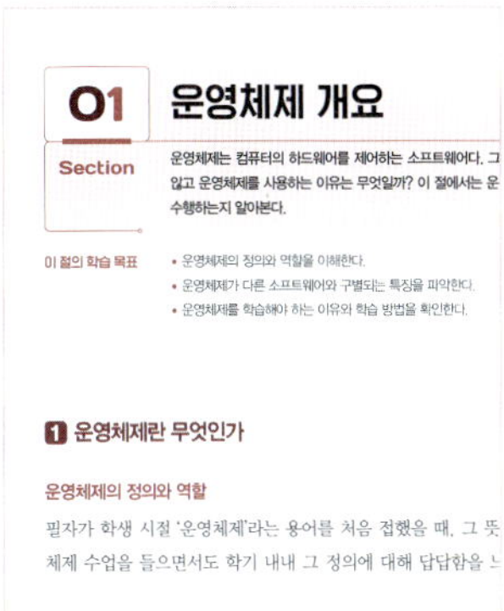
01 운영체제 개요

Section

운영체제는 컴퓨터의 하드웨어를 제어하는 소프트웨어이다. 그
않고 운영체제를 사용하는 이유는 무엇일까? 이 절에서는 운
수행하는지 알아본다.

이 절의 학습 목표
• 운영체제의 정의와 역할을 이해한다.
• 운영체제가 다른 소프트웨어와 구별되는 특징을 파악한다.
• 운영체제를 학습해야 하는 이유와 학습 방법을 확인한다.

1 운영체제란 무엇인가

운영체제의 정의와 역할

필자가 학생 시절 '운영체제'라는 용어를 처음 접했을 때, 그 뜻
체제 수업을 들으면서도 학기 내내 그 정의에 대해 답답함을 느

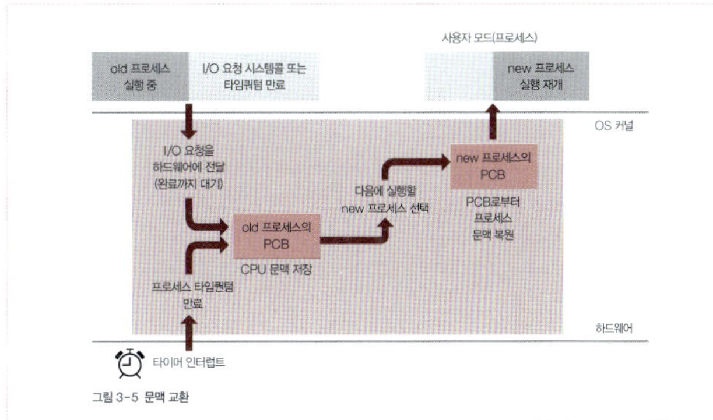

그림 3-5 문맥 교환

학습목표

주요 개념과 학습 방향을 제시합니다. 학습의 흐름을 이해하고, 개념 간의 연관성을 인식하며, 학습을 진행할 수 있습니다.

본문

도해로 개념 간의 관계를 명확히 보여주고, 실제 사례를 통해 개념의 적용을 이해하도록 돕습니다. 또한 핵심 내용을 질문 형식으로 제시해 스스로 생각하고 점검할 수 있도록 유도합니다.

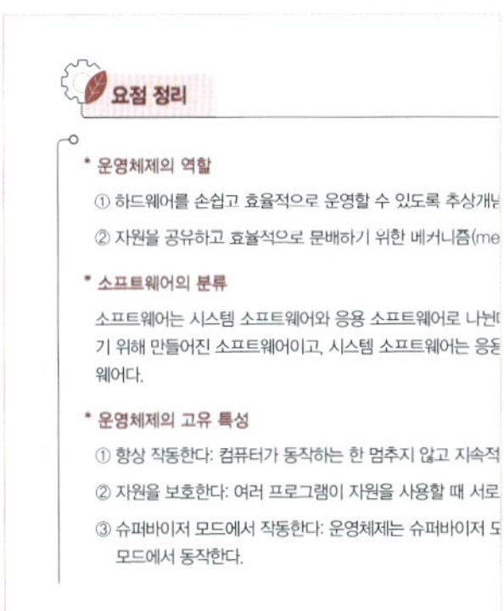
요점 정리

* 운영체제의 역할
① 하드웨어를 손쉽고 효율적으로 운영할 수 있도록 추상개
② 자원을 공유하고 효율적으로 분배하기 위한 메커니즘(me
* 소프트웨어의 분류
소프트웨어는 시스템 소프트웨어와 응용 소프트웨어로 나뉜
기 위해 만들어진 소프트웨어이고, 시스템 소프트웨어는 응
웨어다.
* 운영체제의 고유 특성
① 항상 작동한다: 컴퓨터가 동작하는 한 멈추지 않고 지속적
② 자원을 보호한다: 여러 프로그램이 자원을 사용할 때 서로
③ 슈퍼바이저 모드에서 작동한다: 운영체제는 슈퍼바이저 모
모드에서 동작한다.

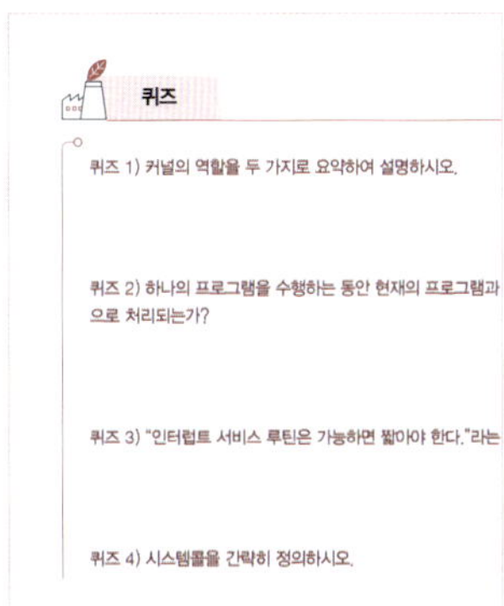
퀴즈

퀴즈 1) 커널의 역할을 두 가지로 요약하여 설명하시오.

퀴즈 2) 하나의 프로그램을 수행하는 동안 현재의 프로그램과
으로 처리되는가?

퀴즈 3) "인터럽트 서비스 루틴은 가능하면 짧아야 한다."라는

퀴즈 4) 시스템콜을 간략히 정의하시오.

04 실습 과제

Lab

fork( )/execve( ) 시스템콜을 이용해 간단한 셸을 구현하

실습 이론
• fork()와 execve() 시스템콜을 이용한 프로세스 API
• 타임 틱 기반의 시분할 시스템 및 CPU 스케줄링 알고리즘

실습 1 fork( )/execve( ) 시스템콜을 이용한 간단한
fork()와 exec() 시스템콜을 이용해 다음 기능을 갖춘 간단
• 사용자의 입력을 받는다.

요점 정리

절이 끝날 때마다 핵심 내용을 요약·정리합니다. 이를 통해 배운 내용을 복습하면서 전체적인 맥락을 파악하고, 중요한 개념을 체계적으로 정리할 수 있습니다.

퀴즈

배운 내용을 문제 형식으로 복습하고 응용합니다. 다양한 유형의 문제를 통해 이해도를 점검하고 실전 감각을 키울 수 있도록 구성되어 있습니다.

실습 과제

주요 개념과 원리를 직접 구현하고 활용해 볼 수 있는 실습 과제를 제시합니다. 이론을 실제로 적용해 보면서 문제 해결 능력을 기르고, 실무에서 활용할 수 있는 경험을 제공합니다.

CONTENTS

CHAPTER 01 운영체제 개요

CHAPTER 02 운영체제 구조

CHAPTER 03 프로세스 관리

CONTENTS

CHAPTER 05 메모리 관리

CONTENTS

CHAPTER 06 파일 시스템

CHAPTER

01

운영체제 개요

01 Section 운영체제의 정의와 학습 방법

운영체제는 컴퓨터의 하드웨어를 제어하는 소프트웨어다. 그렇다면 하드웨어를 직접 다루지 않고 운영체제를 사용하는 이유는 무엇일까? 이 절에서는 운영체제가 무엇이며, 어떤 역할을 수행하는지 알아본다.

이 절의 학습 목표

- 운영체제의 정의와 역할을 이해한다.
- 운영체제가 다른 소프트웨어와 구별되는 특징을 파악한다.
- 운영체제를 학습해야 하는 이유와 학습 방법을 확인한다.

1 운영체제란 무엇인가

운영체제의 정의와 역할

필자가 학생 시절 '운영체제'라는 용어를 처음 접했을 때, 그 뜻을 도무지 알 수 없었다. 운영체제 수업을 들으면서도 학기 내내 그 정의에 대해 답답함을 느꼈다. 그래서 필자와 같은 어려움을 겪는 학생들을 위해, 운영체제가 무엇인지 다음과 같이 간단히 한 문장으로 정리해 보았다.

운영체제는 컴퓨터의 하드웨어(CPU와 GPU, 메모리, 저장 장치[1], 네트워크, 마우스/화면 같은 입출력 장치)를 제어하는 소프트웨어다.

이 정의를 접하면 '컴퓨터 하드웨어를 바로 사용하면 되지, 왜 굳이 운영체제가 제어해야 하는가?'라는 의문이 들 수 있다. 컴퓨터 화면에 여러 개의 앱(또는 윈도우 창)을 띄워놓고 사용하는 모습을 떠올려보자. 각각의 앱은 서로 다른 작업을 하고 있는데, 운영체제가 이들이 서로 충돌하지 않고 문제 없이 작동하도록 돕는 역할을 한다. 운영체제는 앱들이 각자 독립적으로 작동하면서도 컴퓨터 하드웨어 같은 자원을 공유할 때 문제가 발생하지 않도록 제어한다.

운영체제의 역할을 기술적인 관점에서 좀 더 자세히 살펴보면 다음과 같다.

1 저장 장치에는 디스크, SSD(Solid State Drive) 등이 있다.

- **운영체제는 하드웨어를 간편하고 효율적으로 사용할 수 있도록 추상개념을 제공한다.**

운영체제가 제공하는 대표적인 추상개념abstraction이 파일이다. 파일은 실제로 존재하지 않아 만지거나 볼 수 없지만 사용자가 데이터를 저장하고 읽어오는 데 사용된다. 만약 운영체제가 파일이라는 추상개념을 제공하지 않는다면 사용자는 저장 장치의 복잡한 내부 구조(예 플래시 메모리나 디스크의 실린더cylinder)를 직접 다뤄야 할 것이다. 파일이라는 추상개념 덕분에 사용자는 저장 장치의 내부 작동 방식이나 복잡한 코드를 몰라도 파일 이름만으로 데이터를 저장하고 읽어올 수 있다.

운영체제는 파일 이외에 CPU 사용을 위한 프로세스process, 메모리 사용을 위한 주소 공간address space 등의 추상개념도 제공한다. 각각에 대한 자세한 내용은 3장과 5장에서 다룬다.

- **운영체제는 자원 공유 및 분배를 위한 정책과 메커니즘을 제공한다.**

앞서 예로 든 것처럼 여러 앱이 동시에 실행되면 CPU와 메모리 같은 컴퓨터 자원을 나눠 써야 한다. 이때 어떤 앱에 CPU를 얼마 동안 할당하고, 메모리를 얼마나 할당할지 운영체제가 결정한다. 자원의 양은 한정되어 있기 때문에, 운영체제는 자원 공유를 위한 정책policy과 이 정책을 구현하는 메커니즘mechanism을 가지고 있어야 한다.

운영체제는 여러 정책을 가지고 있는데, 대표적인 정책 중 하나가 공평성fairness이다. CPU 사용 시간을 모든 사용자에게 균등하게 배분하는 것이 공평성을 보장하는 한 가지 방법이다. 하지만 운영체제가 반드시 한 가지 정책만 가져야 하는 것은 아니다. 경우에 따라서는 우선순위priority를 두기도 한다. 백신 프로그램이나 시스템 모니터처럼 시스템에 중요한 프로그램들이 웹 브라우저보다 우선적으로 CPU를 사용할 수 있도록 운영체제가 우선순위를 두어 적용한다. 한 운영체제 내에서도 다양한 정책이 사용되고, 컴퓨터의 용도에 따라 다른 정책을 사용하기도 한다. 예를 들어 슈퍼컴퓨터는 하나의 프로그램(예 미세먼지 움직임을 예측하는 프로그램)만 실행하기 때문에 PC와 달리 공평성보다는 일부 프로그램에 CPU 전체를 할당하는 방식을 사용한다.

운영체제는 여러 메커니즘을 사용해 정책을 구현하는데, 그중 하나가 CPU 사용 시간을 조절하는 타임퀀텀time quantum이다. 타임퀀텀은 앱이 한 번 실행될 때 CPU를 사용하는 시간으로, 각 앱이 CPU를 독점하지 않고 공평하게 사용하도록 돕는 역할을 한다. 예를 들어 타임퀀텀이

10ms로 설정되면 앱은 최대 10ms 동안만 CPU를 사용할 수 있고, 이후에는 다른 앱에 CPU 사용권을 넘겨야 한다. 이 과정에서 운영체제는 현재 CPU를 사용 중인 앱을 다른 앱으로 교체하는 역할을 수행한다. 또 다른 대표적인 메커니즘은 동기화 프리미티브synchronization primitive다. 앱들이 동시에 같은 파일에 접근해 파일을 읽고 쓰면 파일에 저장되는 내용이 뒤섞이게 된다. 이때 운영체제가 동기화 프리미티브를 사용해 앱들이 순차적으로 파일에 접근하도록 한다. 타임퀀텀과 동기화 프리미티브에 대한 자세한 내용은 4장에서 다룬다.

NOTE 추상개념(abstraction)

일반적으로 abstraction을 '추상화'로 번역하지만 이 책에서는 '추상개념'이라는 용어를 사용하기로 한다. 운영체제에서 abstraction은 다른 분야에서 사용하는 형이상학적인(추상적인) 형태적 의미에 그치는 것이 아니라, 운영체제가 컴퓨터 시스템을 운용하는 데 필요한 정책과 그 정책을 구현하는 메커니즘을 포함하는 개념이다. 즉, 운영체제의 추상개념은 설계 원리(정책)와 구현 방식(메커니즘)을 같이 다룬다. 운영체제가 어떤 학문인지 묻는다면, 추상개념을 연구하는 학문이라고 답할 수 있을 만큼 추상개념은 운영체제의 핵심 개념이다. 운영체제는 하드웨어와 소프트웨어의 복잡성을 효율적으로 처리하기 위해 다양한 추상개념을 설계하고 구현하여 사용자와 시스템 사이의 효율적인 인터페이스를 제공한다.

운영체제의 특징

컴퓨터에는 운영체제뿐 아니라 다양한 소프트웨어가 설치되는데, 이들은 크게 시스템 소프트웨어와 응용 소프트웨어로 구분된다. 운영체제와 소프트웨어의 관계를 알아보기 전에 각 소프트웨어의 특징을 살펴보자. 먼저 응용 소프트웨어는 문서 작성, 인터넷 검색, 게임 등의 특정 목적을 위해 사용되는 프로그램으로, 아래한글·크롬·카톡 등이 여기에 속한다. 인공지능AI 프로그램도 응용 프로그램의 일종이다. 시스템 소프트웨어는 응용 소프트웨어가 만들어지고 실행될 수 있도록 돕는 기본적인 소프트웨어다. 시스템 소프트웨어의 예로, 빅데이터 분석에 활용되는 데이터베이스DB, C 언어로 작성된 프로그램을 컴퓨터가 이해할 수 있는 기계어machine language로 변환하는 컴파일러, 백신과 같은 보안 프로그램 등이 있다. 운영체제는 가장 기반이 되는 시스템 소프트웨어다. 운영체제가 하드웨어를 직접 제어하고, 데이터베이스, 컴파일러, 백신 프로그램 등 모든 소프트웨어가 운영체제를 기반으로 작동하기 때문이다.

다른 소프트웨어와 구별되는 운영체제의 고유 특징을 몇 가지 살펴보자.

■ **운영체제는 항상 작동하고 있다.**

컴퓨터를 켜면 운영체제가 부팅booting 과정을 통해 시스템을 시작하고, 사용자가 앱을 사용하거나 명령어를 입력할 수 있도록 컴퓨터를 사용 가능한 상태로 만든다. 운영체제는 컴퓨터가 켜져 있는 동안 계속해서 작동하며, 만약 운영체제가 작동을 멈추면 사용자는 컴퓨터를 사용할 수 없게 된다. 따라서 블루 스크린과 같은 오류 발생으로 운영체제가 정상적으로 작동하지 못하면 컴퓨터를 사용할 수 없다. 컴퓨터를 종료하면 운영체제는 컴퓨터 자원을 정리하고 스스로 작동을 멈춘다. 이처럼 운영체제는 컴퓨터 전원이 켜지는 순간부터 프로그램을 실행하고, 컴퓨터가 꺼질 때까지 항상 작동한다.

■ **운영체제는 항상 자원에 대한 제어 활동을 한다.**

운영체제는 컴퓨터 자원을 두 가지 측면에서 제어한다. 하나는 프로그램에 필요한 서비스service를 제공하는 것이고, 다른 하나는 프로그램이 사용하는 자원을 보호protection하는 것이다.

서비스는 프로그램이 자원을 활용하고자 할 때 해당 자원을 제공하는 것을 의미한다. 예를 들어 응용 프로그램이 현재 시간을 알고 싶다고 운영체제에 요청하면, 운영체제는 시간을 확인하고 이를 응용 프로그램에 알려준다. 이와 같이 운영체제는 응용 프로그램에 다양한 서비스를 제공하는 역할을 한다.

자원 보호는 여러 프로그램이 자원을 동시에 이용하려고 할 때, 충돌 없이 사용할 수 있도록 관리하는 것을 의미한다. 예를 들어 여러 앱이 동일한 웹 사이트에 동시에 접속한다고 하자. 컴퓨터는 하나의 네트워크 하드웨어를 통해 데이터를 주고받기 때문에, 각 앱의 데이터가 혼합되지 않고 문제 없이 처리되도록 운영체제가 자원을 보호한다.

■ **운영체제는 슈퍼바이저 모드에서 작동한다.**

컴퓨터 자원을 제어하기 위해 운영체제는 CPU가 별도로 정의한 특수 명령어를 사용한다. 예를 들어 입출력 장치를 제어하기 위해 장치를 초기화하거나 입출력 명령을 보낼 때 기계어로 된 특수 명령어를 사용한다. 이 특수 명령어는 응용 프로그램이 직접 사용할 수 없게 CPU 모드에서 동작하도록 슈퍼바이저 모드supervisor mode에서만 실행된다.

운영체제는 슈퍼바이저 모드에서 작동하지만, 응용 프로그램들은 일반 사용자 모드user mode에서 작동한다. 이 때문에 응용 프로그램이 특정 작업에 필요한 컴퓨터 자원을 직접 제어할 수 없을 때, 운영체제에 대신 처리해 달라고 요청하기 위해 시스템콜system call이라는 메커니즘을 사용한다. 시스템콜은 응용 프로그램과 운영체제를 연결하는 인터페이스interface 역할을 하며, 응용 프로그램이 커널에 접근하는 통로를 제공한다. 운영체제마다 시스템콜 구문syntax이 다르다. 리눅스의 경우 `syscall.h` 파일에서 시스템콜 구문을 모두 확인할 수 있다.

모든 응용 프로그램은 시스템콜을 사용한다. 얼마나 많이 사용하는지는 응용 프로그램마다 다르다. 그러나 시스템콜의 시맨틱스semantics는 운영체제의 추상개념을 이해해야 제대로 활용할 수 있다. .NET 프레임워크framework 같은 도구를 사용하면 운영체제의 세부 추상개념을 깊이 있게 이해하지 못해도 쉽게 프로그래밍할 수 있지만, 사용자가 프레임워크 자체의 작동 방식을 이해해야 하고 프로그램이 해당 프레임워크 내에서만 작동한다는 한계가 있다. 더욱이 프레임워크로 만든 프로그램의 성능을 개선해야 하는 경우에 수정이 불가능한 블랙박스[2]와 같이 제약이 따른다. 따라서 어떤 응용 프로그램을 개발하든 고급 프로그래밍을 하기 위해서는 운영체제의 추상개념과 시스템콜에 대한 이해가 반드시 필요하다.

NOTE 시맨틱스

시맨틱스semantics는 사전적으로 '의미'를 뜻하며, 프로그래밍에서는 프레임워크를 사용하는 방법, API 호출 순서 등을 포함한 개념으로 사용된다. 특히, 시맨틱스는 시스템콜의 의미(운영체제가 수행하는 작업)와 함께 시스템콜의 사용 방법, 호출 순서, 필요한 인자, 반환되는 에러 값 등을 포괄적으로 설명하는 데 활용된다. 예를 들어 파일을 읽는 read( ) 시스템콜은 반드시 이미 열려 있는 파일에 대해서만 사용할 수 있으며, 파라미터에 따라 동기적 또는 비동기적으로 동작할 수 있다.

운영체제의 구성 요소

운영체제는 방대한 소프트웨어다. 리눅스나 윈도우 같은 경우 소스 코드가 수천만 라인에 달하기도 한다[3]. 시스템을 효율적으로 관리하기 위해 운영체제는 커널kernel, 라이브러리library, 윈도우 관리 시스템window system, 미들웨어middleware 등으로 구성되어 있다. 운영체제의 핵심 기능을 담당하는 커널은 슈퍼바이저 모드에서 실행되며, 시스템 자원을 관리하고 프로그램 실행을 제어한다. 한편, 미들웨어는 운영체제와 응용 프로그램 사이에서 다양한 기능을 제공하는데, 대표적인 예로 여러 라이브러리를 들 수 있다. 인공지능 분야에서 널리 사용되는

2 아파치(Apache)처럼 소스 코드가 공개된 프레임워크라도 함부로 수정하면 다른 시스템에서 호환되지 않을 수 있다. 즉, 소스 코드를 볼 수 있다 하더라도 수정을 통한 성능 향상에는 제약이 따르기 때문에 프레임워크를 블랙박스로 보는 것이다.

3 2024년 12월 기준, 리눅스 깃허브에는 39,816,411라인의 코드와 87,235개의 파일이 존재한다.

텐서플로우TensorFlow도 일종의 라이브러리이며, C 언어의 경우 C 라이브러리(libc)가 C 프로그램을 실행할 때 함께 동작하여 필요한 기능을 제공한다.

커널, 라이브러리, 응용 프로그램의 관계는 [그림 1-1]과 같다. 커널이 하드웨어를 둘러싼 이유는 모든 자원/하드웨어에 커널이 직접 접근하는 기능이 있기 때문이다. 응용 프로그램과 라이브러리가 하드웨어를 사용하려면 '예외 없이' 커널을 통해야 한다. 커널을 통하지 않으면 어떤 자원에도 바로 접근하지 못하는 것이다. 따라서 이 책에서는 운영체제의 핵심인 커널의 구성 요소와 작동 원리를 자세히 설명한다. 설명에 사용된 소스 코드는 공개된 리눅스 커널을 기반으로 한다. 별도의 언급이 없다면 리눅스 커널에 대한 내용이라고 생각해도 좋다.

라이브러리는 응용 프로그램과 커널 사이에 위치하며 사용자가 프로그램을 실행시킬 때 커널과 응용 프로그램을 연결하여 프로그램을 실행한다. 예를 들어 수학 라이브러리(libm)는 사인sine, 코사인cosine 함수를 구현하고 있어, 사용자는 필요 시 이 수학 함수를 호출하기만 하면 된다. 라이브러리는 운영체제가 업데이트되어도 응용 프로그램이 문제 없이 작동하도록 도와주는 역할도 한다. 즉, 라이브러리가 운영체제와 응용 프로그램 간의 버전 차이를 완충하여 프로그램을 변경하지 않고도 사용할 수 있도록 한다.

미들웨어에는 윈도우 관리 시스템과 안드로이드 등이 있다. 윈도우 관리 시스템은 사용자가 윈도우 인터페이스를 통해 쉽게 응용 소프트웨어를 실행할 수 있도록 도와준다(예 cmd 명령어 대신 아이콘 클릭). 윈도우 관리 시스템이 없다면 사용자는 복잡한 명령어를 입력해야만 앱을 사용할 수 있다. 안드로이드는 종종 모바일 운영체제라고 불린다. 사용자 입장에서 안드로이드가 운영체제처럼 느껴지기 때문에 넓은 의미에서 운영체제로 분류하기도 하지만 엄밀히 말하면 안드로이드는 리눅스Linux 커널 기반의 미들웨어다.

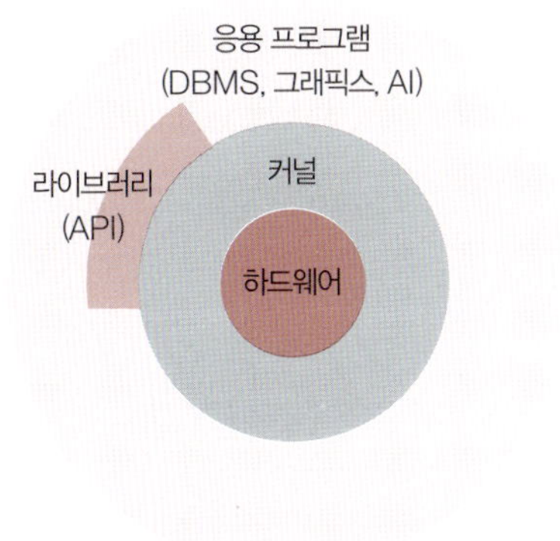

그림 1-1 하드웨어, 커널, 라이브러리, 응용 프로그램의 관계

2 운영체제는 왜, 어떻게 공부해야 하는가

운영체제를 배워야 하는 이유

운영체제를 공부한다는 것은 단순히 컴퓨터를 사용하는 수준을 넘어, 컴퓨터가 어떻게 설계되었는지를 이해하는 것이다. 즉, 사용자가 아닌 개발자의 시각으로 응용 프로그램이 원활하게 작동할 수 있게 컴퓨터 자원을 어떻게 활용하고 관리하는지를 배우는 것이다. 더 나아가 복잡한 하드웨어 지식 없이도 응용 프로그램을 개발할 수 있도록 돕는 중요한 추상개념들을 익히는 과정이다.

필자가 운영체제 수업을 할 때 학생들에게서 종종 받는 질문 중 하나가 "운영체제가 너무 어려운데 꼭 알아야 하나요?"다. 운영체제를 제대로 이해하면 여러 가지 이점이 있다.

- 응용 프로그램을 더 잘 개발할 수 있다. 필자는 검색search 프로그램의 성능을 높이는 방법에 대한 자문을 맡은 적이 있다. 검색 분야 전문가는 아니지만 검색 프로그램이 실행되는 운영체제가 '제대로' 돌아가도록 하여, 검색 소프트웨어 성능을 1,000배나 향상할 수 있었다.
- 자동차가 단순한 기계에서 '바퀴 달린 컴퓨터computer with wheel'로 진화하며 운영체제의 중요성이 더욱 커지고 있다. 실제로 세계적인 전기차 기업의 경쟁력은 운영체제에서 나온다는 말이 있을 정도다.
- 미래 기술 변화에 대한 적응력을 높일 수 있다. 새로운 AI 반도체나 저장 장치 기술이 등장하더라도, 이것들이 구동되려면 운영체제가 필요하다. 따라서 운영체제에 대한 이해는 급변하는 기술 환경 속에서도 경쟁력을 유지할 수 있는 밑바탕이 된다.

지금까지 운영체제의 역할은 꾸준히 확대되어 왔다. 미래에도 운영체제의 역할은 계속 커질까? 초기 컴퓨터로는 사무나 과학 계산 등 특정 작업에만 사용할 수 있었지만, 지금은 모든 분야에서 컴퓨터를 사용하고 있다. 그에 따라 운영체제 또한 다양한 환경에 적응할 수 있도록 설계되고 진화하고 있다.

통신과 센서가 컴퓨터와 만나면서 사물 인터넷IoT 시대가 도래했다. 대표적인 예로 가전제품 분야를 들 수 있다. 인터넷 연결 기능을 탑재한 냉장고는 요리 레시피를 제공하고 조리 과정을 화면으로 보여주는 등 스마트한 기능을 수행한다. 원격 제어 기능이 있는 에어컨의 경우, 외출 중인 사용자가 집에 도착하기 전에 미리 실내 온도를 쾌적하게 조절할 수 있다. 또한 머지않은 미래에 컴퓨터 스스로 자동차를 운전하는 자율주행 시대가 될 것으로 예측한다. 차량 내부의 컴퓨터가 전국 각지의 도로 상황, 신호 체계, 교통량, 보행자 접근 여부 등 안전 운행을 위한 모든 정보를 수집하고 분석하여 자동차 스스로 운전하게 되는 것이다. 그리고 이 모든 일을 가능하게 하는 기반인 운영체제의 역할도 확대·발전될 것이다.

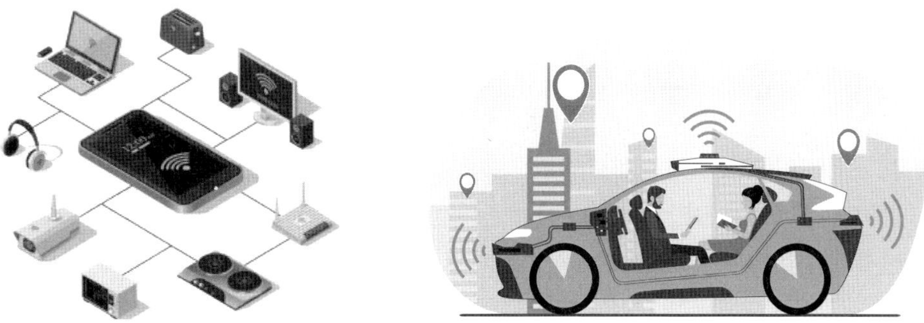

(a) 통신과 센서가 컴퓨터와 결합한 IoT (b) 자율주행 자동차

그림 1-2 운영체제의 확대 예

[그림 1-3]은 인공지능AI 시스템의 개념도를 나타낸다. 인공지능 시스템은 다양한 형태로 존재하지만, 개념적으로 이 그림으로 설명할 수 있다. AI에서는 학습training이나 추론inference을 수행하는 작업을 잡job이라고 부른다. 예를 들어, 사용자가 챗GPTChatGPT에 질의를 입력하면, 이에 대한 답변을 생성하기 위해 여러 개의 잡이 생성되고, 대기 큐에서 실행을 기다린다. 이후 GPU 서버에서 연산을 수행한 후 결과를 사용자에게 제공한다.

HDFS 스토리지 서버는 챗GPT의 모델과 데이터를 저장하며, 학습 도중 생성되는 중간값을 보관하는 데도 사용된다. 예를 들어 GPT-4 모델의 학습에는 약 6개월이 소요되며, 도중에 오류가 발생하면 처음부터 다시 시작해야 하는 비효율이 발생할 수 있다. 이를 방지하기 위해 학습 과정에서 중간값을 저장하는 방식이 활용된다. 또한 네트워크 스위치는 연산 과정에서 데이터를 전송하며, 잡이 매우 클 경우 여러 개의 작은 작업으로 나누어 분산 학습distributed training을 수행하는 데도 사용된다.

작업 관리자orchestrator는 대기 큐에 있는 잡을 GPU 서버에 배치하는 역할을 한다. 예를 들어 메타Meta의 라마LLaMA 3.1과 같은 오픈소스 LLMLarge Language Model은 70억 개(7B 모델)의 매개변수를 포함하며, 학습에는 수많은 GPU가 필요하다. 복잡한 인공지능 시스템 역시 이 개념도를 확장한 형태로 이해할 수 있다. 인공지능 시스템은 일반적인 PC와 차이가 있지만 연산 장치, 메모리, 스토리지 등 주요 하드웨어 구성 요소를 포함한다는 점에서는 유사하다. 따라서 GPU, 메모리, 스토리지, 네트워크 스위치 같은 하드웨어를 제어하는 운영체제가 필수적인 역할을 수행한다. 이 책에서는 CPU를 연산 장치의 대표적인 예로 사용한다.

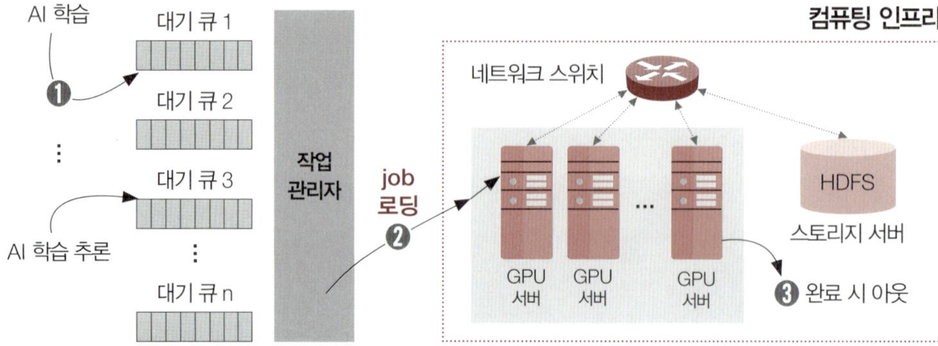

그림 1-3 인공지능 시스템의 개념도

운영체제 학습 방법

운영체제를 제대로 배우려면 단순히 개념을 암기하는 수준을 넘어, 그 개념이 등장하게 된 배경과 실제로 구현되는 방법까지 이해하는 것이 중요하다. 여기서는 운영체제 학습의 핵심 방법으로 'What, Why, How, Who and When'이라는 네 가지 관점에서 살펴보려 한다.

■ What(핵심 개념 숙지하기)

운영체제 수업에서는 다른 컴퓨터 분야의 수업과 마찬가지로 여러 가지 개념을 소개한다. 초반에는 새로운 단어가 다수 등장하며, 이전에 학습한 개념에서 이어지는 개념도 많다. 따라서 새로운 개념이나 용어를 접할 때마다 이를 정리하고 의미를 확실히 이해하며 학습을 진행하는 것이 좋다. 예를 들어 '슈퍼바이저 모드', '사용자 모드', '커널'과 같은 용어가 나오면, 먼저 용어를 정리하고 기초적인 의미를 파악한 다음 학습에 임해야 한다.

■ Why(필요성 이해하기)

소개된 새로운 개념이 왜 필요한지를 학습한다. 특히 어떤 문제를 해결하기 위해 등장한 개념인지, 이러한 개념이 없다면 어떤 불편한 점이 있는지를 이해하고, 제시하는 개념이 해당 문제점을 어떻게 개선하였는지

정리하는 것이 좋다. 예를 들면 슈퍼바이저 모드와 사용자 모드 실행에 관련하여 아래와 같은 질문에 스스로 답해보는 것이 유익하다.

- 두 실행 모드의 구분이 왜 필요할까?
- 슈퍼바이저 모드가 없다면 비정상적인(혹은 악성인) 사용자 프로그램들이 어떤 문제를 일으킬 수 있을까?
- (CPU가) 실행 모드를 왜 하드웨어적으로 정의했을까? 소프트웨어로 정의하면 어떤 문제가 있을까?

■ **How(구체적인 해결 방법 파악하기)**

기존 시스템의 문제와 이 문제를 해결하는 개념을 대략 이해한 다음, 해당 개념을 어떻게 구현하는지 구체적으로 학습해야 한다. 특정 알고리즘을 구체적으로 구현해 보면 알고리즘의 세부 내용을 이해하는 데 도움이 된다. 예를 들면 CPU가 슈퍼바이저 모드와 사용자 모드를 어떻게 구분하는지, 두 모드 간의 전환이 언제 어떻게 이루어지는지를 탐구한다. 이러한 학습을 통해 운영체제가 실행 모드를 이용해 사용자 프로그램을 어떻게 제어하는지 구체적이고 명확하게 이해할 수 있다.

문제를 구체적으로 해결하는 방법을 이해하려면 반드시 why를 먼저 이해해야 한다. 제시된 해결 방법이 실제로 해당 문제를 해결하고 있는지 확인하기 위한 필수 과정이다. 때로는 why-how의 관계가 명확하지 않아, 복잡한 해결 방법이 실제 문제를 해결하는 데 크게 도움이 되지 않는 경우도 있다.

■ **Who and When(최신 연구 동향 파악하기)**

운영체제를 더 깊이 알고 싶다면, 현재 사용되는 운영체제의 구현 사례나 관련 연구 논문을 찾아보는 것이 도움이 된다. 특히 가상화 시스템을 위한 특권 모드 설계나 운영체제 구조 등은 연구가 활발한 분야다. 최신 연구 동향을 파악하면 현재 기술의 발전 방향을 이해하는 데 도움이 될 것이다.

요점 정리

*** 운영체제의 역할**

① 하드웨어를 손쉽고 효율적으로 운영할 수 있도록 추상개념(abstraction)을 제공한다.

② 자원을 공유하고 효율적으로 분배하기 위한 메커니즘(mechanism)과 정책(policy)을 구현한다.

*** 소프트웨어의 분류**

소프트웨어는 시스템 소프트웨어와 응용 소프트웨어로 나뉜다. 응용 소프트웨어는 특정 목적을 수행하기 위해 만들어진 소프트웨어이고, 시스템 소프트웨어는 응용 소프트웨어를 만들고 동작시키는 소프트웨어다.

*** 운영체제의 고유 특성**

① 항상 작동한다: 컴퓨터가 동작하는 한 멈추지 않고 지속적으로 실행된다.

② 자원을 보호한다: 여러 프로그램이 자원을 사용할 때 서로 충돌하지 않도록 관리하고 보호한다.

③ 슈퍼바이저 모드에서 작동한다: 운영체제는 슈퍼바이저 모드에서 동작하며 응용 프로그램은 사용자 모드에서 동작한다.

*** 운영체제의 구성 요소**

① 커널: 운영체제의 핵심 부분으로, 시스템 자원을 관리하고 프로그램 실행을 제어한다. 모든 자원은 커널을 통해서만 접근 가능하다.

② 라이브러리: 응용 프로그램과 커널 사이에서 동작하며 필요한 기능을 제공한다. 운영체제 업데이트 시에도 프로그램 호환성을 유지할 수 있게 해준다.

③ 미들웨어: 운영체제와 응용 프로그램 간 다양한 기능을 제공한다.

④ 윈도우 관리 시스템: 사용자 인터페이스를 통해 소프트웨어 실행을 간편하게 지원한다.

퀴즈

퀴즈 1) 라이브러리와 커널의 차이점을 설명하시오.

퀴즈 2) 운영체제의 필요성을 두 가지로 간략하게 설명하시오.

예시 답안

02 운영체제 간략 역사

Section

초기 컴퓨터에서 운영체제는 어떤 기능을 했으며, 어떻게 발전해 왔을까? 이 절에서는 운영체제의 초기 역할과 발전 과정을 간략히 살펴본다.

이 장의 학습 목표

- 운영체제의 발전 과정과 주요 변화를 이해한다.
- 스풀링의 개념과 역할을 파악한다.
- 배칭과 멀티 프로그래밍의 원리와 특징을 이해한다.

1 운영체제의 발전 과정

운영체제의 역할을 수행하는 인간

'컴퓨터'라는 단어는 '계산하다'를 뜻하는 'compute'와 '사람'을 나타내는 '-er'이 합쳐져 만들어졌다. 오늘날에는 컴퓨터를 기계로 생각하지만, 과거에는 계산하는 사람을 지칭하는 말이었다. 과거 조선시대에도 산학에 능한 자(수학, 계산을 잘하는 사람)가 있었고, 요즘은 실무용으로 사용하지 않는 주산과 같은 도구가 사람이 하는 계산을 도왔다. 하지만 사람의 계산 능력은 속도나 용량 면에서 한계가 있을 수밖에 없다.

이러한 한계를 넘어서도록 만든 계기가 제2차 세계대전이다. 독일 잠수함의 위협에 맞서 영국은 독일의 사령부와 잠수함들이 암호로 통신하는 것을 해독하기 위하여 튜링Turing이라는 수학자의 도움을 받아 컴퓨터라는 기계를 개발하였다[4]. 전쟁 중 탄생한 컴퓨터는 1946년 펜실베니아 대학교에서 개발한 에니악ENIAC을 통해 일상생활에 활용되기 시작했다. 에니악은 19,000여 개의 진공관을 사용했고 무게만 해도 30톤이 넘는 거대한 기계였다. 에니악은 발열 문제도 심각했다. 19,000여 개의 진공관이 일제히 내뿜는 열 때문에 잠시 사용하고 식히는 과정을 반복해야 했다. 또한 당시 컴퓨터는 CPU와 메모리만으로 구성되었고, 자기 테이프를 저장 장치로 사용하였다. 현재 널리 사용되는 저장 장치인 하드 디스크는 1956년에 등장하였다.

4 「이미테이션 게임(imitation game)」이라는 영화를 보길 권한다. 제2차 세계대전 당시 앨런 튜링의 암호 해독기를 다룬 내용으로, 이때 만들어진 컴퓨터가 현재까지 사용되는 컴퓨터 모델(튜링 머신(Turing machine))이 된다.

그림 1-1 ENIAC 컴퓨터의 모습

저장 장치가 없던 과거에는 프로그램을 실행하고 테스트하기 위해 매번 직접 기계어를 입력해야 했다. 여러 프로그램의 CPU 실행 순서를 사람이 직접 정하고, 그 순서대로 기계어를 입력하여 프로그램을 하나씩 실행했다. 이는 상당한 시간과 노력을 요구하는 작업이었고, 이 문제를 개선하기 위해 C와 같은 고급 프로그래밍 언어가 개발되었다. 매번 기계어를 직접 입력하는 번거로움을 해결하고자 심볼symbol 기반의 고급 프로그래밍 언어와 컴파일러 시스템이 등장했다. 사용자의 프로그램이 컴파일되고 실제로 실행되는 과정은 3장에서 자세히 다룰 것이다.

당시 컴퓨터는 지금으로선 상상도 못 할 만큼 비싼 가격(현재 가치로 100억 원 상당)이었기 때문에 컴퓨터를 잠시도 낭비하지 않고 사용하는 것이 중요했다. 하지만 프로그램을 실행하기 위해 기계어를 메모리에 입력하는 동안이나 프로그램이 계산 결과를 출력하는 동안에 CPU는 아무것도 하지 않는 유휴idle 상태가 된다. 따라서 CPU의 유휴 시간을 없애기 위해 프로그램을 자동으로 입출력하는 기능이 필요했는데, 이것이 바로 운영체제의 시초가 되었다. 대표적인 예가 입출력 작업을 한 번에 모아서 처리하는 스풀링spooling 방식이다.

스풀링

스풀링은 프린터 출력 시 프로그램이 데이터를 프린터에 바로 보내지 않고 스풀 영역spool area이라는 임시 공간에 저장하는 방식이다. [그림 1-5]에서 시스템에 있는 버퍼가 스풀 영역에 해당하며, 프로그램은 이곳에 데이터를 복사해 둔다. 이렇게 해두면 프린터가 버퍼로부터 출력을 진행하는 동안 CPU를 다른 작업에 활용할 수 있다. 즉, 스풀링은 CPU가 출력 작업을 기다리는 동안 다른 작업을 처리할 수 있도록 하여 시스템 전체의 효율성을 높인다. 출력에 소요되는 시간은 초 단위이나 CPU는 그보다 훨씬 빨리 동작하므로 스풀링을 통해 CPU가 유휴 시간idle time을 줄일 수 있다. 스풀 영역의 데이터는 프린터가 준비되는 즉시 출력된다.

스풀링이 사용되는 당시에는 입력 방식도 비슷했다. 1970년대에는 키보드 대신 펀치 카드를 이용하여 프로그램을 입력했다. 프로그램을 한 줄씩 입력했기 때문에(100줄로 작성된 프로그램은 펀치 카드 100장에 해당함) 당시 펀치 카드로 만들어진 프로그램을 박스에 넣어서 들고 다녔다. 이렇게 만든 펀치 카드 뭉치를 카드 리더기로 읽게 되는데, 이 과정이 너무 오래 걸려 읽은 프로그램을 스풀 영역에 저장한 후 하나씩 메모리에 로드하여 실행했다.

스풀링이 없다면 어떤 일이 발생할까? 예를 들어 과거 아래한글에서는 문서 작업을 하다가 출력을 하면 출력이 끝날 때까지 사용자는 다른 문서 작업을 하지 못하고 기다려야 했다([그림 1-6]에서 '대기' 상태에 해당함). 차단 상태에서는 커서cursor가 움직이지 않아 문서 작업이 불가능한데, 이는 출력이 끝날 때까지 CPU가 기다려야 하기 때문이다. 즉, 스풀링 덕분에 프린터로 문서를 출력하는 동안에도 한글 문서 작업이나 인터넷 사용을 동시에 할 수 있게 된 것이다.

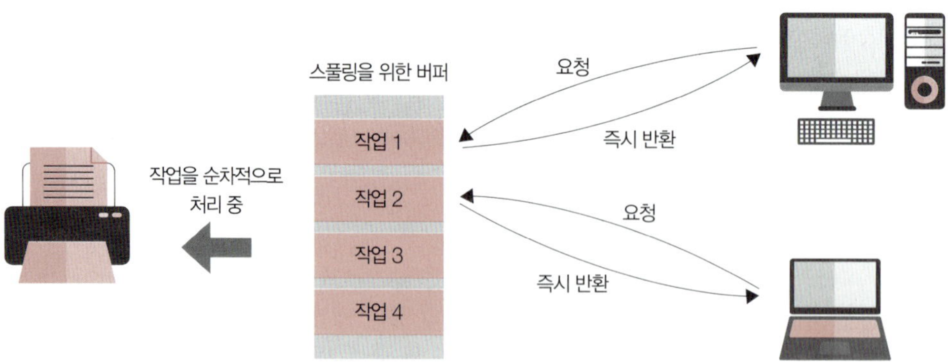

그림 1-5 스풀링 시스템의 배칭 동작

배칭

스풀링을 이용하면 입력이나 출력 데이터가 스풀 영역에 임시로 저장된다. 이렇게 모인 데이터를 한 번에 처리하는 것을 배칭Batching 또는 일괄 처리라고 한다. 즉, 배칭은 입출력을 하나씩 처리하지 않고 모아서 한꺼번에 처리하는 것을 의미한다. 반면, 실시간real-time 처리는 키보드 입력이 있을 때마다 입력된 키보드 내용을 처리하는 방식이다. 배칭은 키보드 입력을 스풀 영역에 가지고 있다가 일정량이 쌓이면 한꺼번에 처리하는 것이다.

배칭의 또 다른 의미는 일단 실행을 시작하면 완료한다는 것이다. 이 의미는 주로 입출력 데이터보다는 프로그램을 메모리에 로드하여 실행할 때 사용한다. 초창기 운영체제에는 여러 프로그램을 메모리에 올리는 기술이 없었다. 나중에 메모리에 여러 프로그램을 올릴 수 있게 되면서, CPU를 프로그램들이 나누어 쓰게 되었다. 이때 어떤 프로그램이 (CPU를 나누어 사용하지 않고) CPU를 독점하여 연속적으로 실행하는 것을 배칭이라고 부르게 되었다.

초창기 운영체제에서 프로그램의 스풀링과 배칭의 동작 과정을 살펴보자. 스풀링을 통해 여러 개의 프로그램이 스풀 영역에 입력된다. 이후, 프로그램 1개가 메모리에 로드되고 CPU에서 실행된다. 이 과정을 마치면 스풀 영역에서 다음 프로그램이 메모리에 로드되어 CPU에서 실행된다. CPU에서 프로그램이 연속적으로 실행되지만, 실제로는 한 번에 하나의 프로그램만 실행되는 것이다.

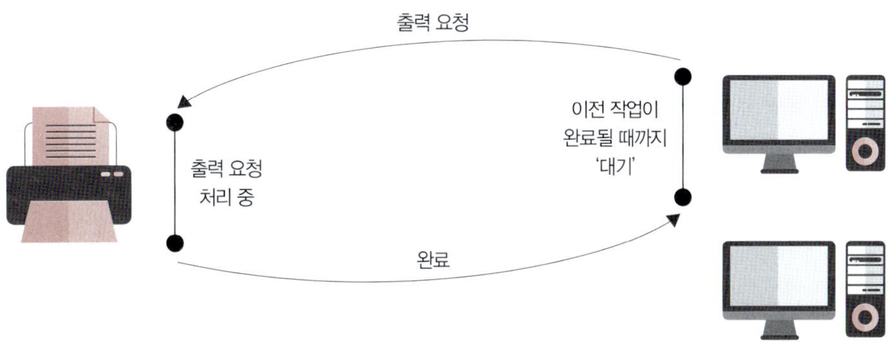

그림 1-6 작업 순서상 대기

이 과정에서 주의할 점이 있는데, 여러 개의 프로그램이 스풀 영역에서 메모리로 로드될 때 '어떤 순서로 진행되는가'다. 프로그램 입력 순서대로 로드될 수도 있고FIFO, First-In First-Out 우선순위가 높은 프로그램이 먼저 로드될 수도 있다. 이 순서는 배칭 정책 설정에 따라 결정된다. 즉, 사람의 개입 없이 정책을 통해 자동으로 수행된다는 의미다. [그림 1-5]는 출력 시 스풀링과 배칭이 동시에 작동하는 모습을 보여준다. 배칭은 입출력 외에도 시스템콜 처리나 패킷 처리 등 다양한 곳에서 활용된다.

멀티 프로그래밍

멀티 프로그래밍multiprogramming은 메모리에 여러 프로그램을 올려놓고 실행하는 방법이다. 이 방법에 대해 이런 의문이 생길지도 모르겠다. "메모리에 단 하나의 프로그램만 올라와 있는 것이 무슨 문제가 될까? 어차피 CPU는 프로그램을 하나씩밖에 실행할 수 없는데…."

프로그램 A, B를 차례대로 실행한다고 가정해 보자. 스풀링을 사용한다 해도 프로그램 A가 메모리에 로드될 때까지 CPU는 대기해야 한다. 프로그램 B를 실행할 때도 마찬가지로 메모리에 로드하는 시간이 필요하다. 이처럼 스풀링을 사용하더라도 프로그램을 메모리에 로드하는 동안 CPU는 유휴 상태가 되는데, 이런 유휴 상태를 줄이는 방법이 바로 멀티 프로그래밍이다. 스풀링이 입출력 시간을 줄이는 방법이라면, 멀티 프로그래밍은 메모리에 로드되는 시간을 줄이는 방법이다.

예를 들어 [그림 1-7]의 (a) 배칭에서는 작업들이 순차적으로 처리된다. 메모리에 작업 1이 로드되면, 해당 작업이 완료될 때까지 다음 작업(작업 2·3·4)은 대기해야 한다. 따라서 하나의 작업이 외부 입력을 기다리는 동안 CPU는 유휴 상태가 될 수 있다. 반면 (b) 멀티 프로그래밍에서는 여러 작업(작업 1·2·3·4)이 메모리에 동시에 로드되어 실행된다. 예를 들어 작업 1이 외부 입력을 기다린다면(메모리 로드가 아닌 점에 주의하자), CPU는 작업 1의 입력이 완료될 때까지 기다리지 않고 작업 2나 작업 3이나 작업 4를 바로 실행할 수 있다. 이렇게 함으로써 CPU의 유휴 상태를 최소화하고 여러 작업을 병행하여 수행할 수 있다. 이와 같이 다수의 작업을 메모리에 동시에 로드해 실행하는 기법을 멀티 프로그래밍이라고 한다. 이 예의 경우 4개의 프로그램이 동시에 수행되는 것인데, 엄밀하게 말하면 작업 1·2·3·4가 부분적으로 수행되는 것이지만 네 프로그램이 모두 실행 가능한 상태에 있으며 언제든지 실행될 수 있기 때문에 병행성concurrency이 있다고 말한다.

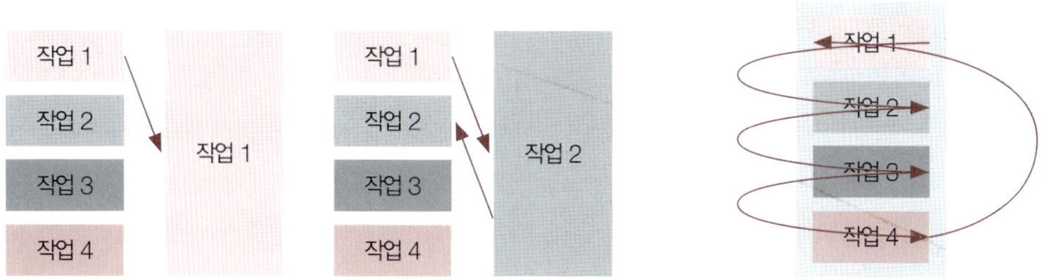

(a) 배칭 (b) 멀티 프로그래밍

그림 1-7 배칭과 멀티 프로그래밍

멀티 프로그래밍을 사용하면서 운영체제의 역할이 자리를 잡게 되었다. 스풀링만 사용했을 때는 메모리에 로드되는 순서대로 프로그램을 실행하면 됐지만 멀티 프로그래밍이 되면서 어떤 프로그램을 실행할지 결정하는 스케줄링의 개념이 운영체제에 도입된 것이다. 또한 운영체제는 CPU가 작업 1을 실행하다가 중간에 작업 2로 전환할 때, 작업 1의 진행 상황(예 프로그램 카운터PC, 스택 포인터SP)을 저장해야 한다. 그래야 작업 2를 실행한 후에 중단된 지점부터 작업 1을 다시 실행할 수 있다.

스풀링과 멀티 프로그래밍을 함께 활용하면 CPU를 끊임없이 사용할 수 있어 시스템 전체의 효율성이 극대화된다. 이는 CPU의 빠른 처리 속도와 입출력 장치의 느린 속도 차이로 인한 미스매치mismatch를 해결해 시스템 자원의 활용도를 높인다. 사용자 입장에서는 여러 프로그램이 동시에 실행되는 것처럼 보이지만, (CPU가 1개인 경우) 운영체제가 스케줄링을 통해 한 번에 하나의 프로그램이 수행되도록 하고 이 프로그램에 대한 입출력 작업이 수행될 때 다른 프로그램이 실행되게 한다. 시간 축에서 보면, 멀티 프로그래밍은 CPU에서 실행되는 프로그램을 바꾸는 것이다[5].

NOTE 병행성

동시simultaneous 또는 병렬parallel 실행과 병행concurrent 실행은 다르다. 동시(병렬) 실행은 각 프로그램을 '물리적으로' 동시에 실행하는 것을 말하는 반면, 병행 실행은 '논리적'으로 동시에 실행하는 것을 의미한다. 동시(병렬) 실행을 위해서는 여러 개의 CPU(혹은 CPU 코어core)가 필요하다.

5 엄밀하게 말하면, 운영체제도 스케줄링 과정에서 다음 작업을 선택하기 위해 CPU를 사용한다. 이때 오버헤드가 발생하는데, 이 오버헤드는 매우 적어서 일반적으로 운영체제 오버헤드는 무시한다.

시분할

멀티 프로그래밍 덕분에 여러 프로그램을 끊김 없이 실행할 수 있게 되었지만, 그에 따른 문제도 새로 생겨났다. 하나의 프로그램이 CPU를 지속적으로 사용하면 다른 프로그램은 오랫동안 실행되지 못한다는 점이다. 이처럼 한 프로그램이 CPU를 독점하는 문제를 해결하기 위하여 고안된 기법이 시분할timesharing이다.

시분할 방식은 하나의 프로그램이 CPU를 사용할 수 있는 시간을 고정한 후 그 시간이 지나면 강제로 CPU가 다른 프로그램을 실행하도록 한다. 놀이공원에서 놀이기구를 일정 시간 동안만 탑승할 수 있도록 제한한 것은 더 많은 사람에게 이용 기회를 주기 위해서다. 시분할도 이와 마찬가지 개념으로, [그림 1-8]과 같이 각 프로그램이 CPU 사용 시간(타임퀀텀)을 나누어 사용하도록 제한하여 여러 프로그램이 CPU를 효율적으로 사용할 수 있도록 하는 방식이다. (a)는 메모리에 있는 프로그램spatial distribution을 나타내고, (b)는 시간 축에서 CPU를 타임퀀텀으로 나누어 사용하는 것time distribution을 보여준다.

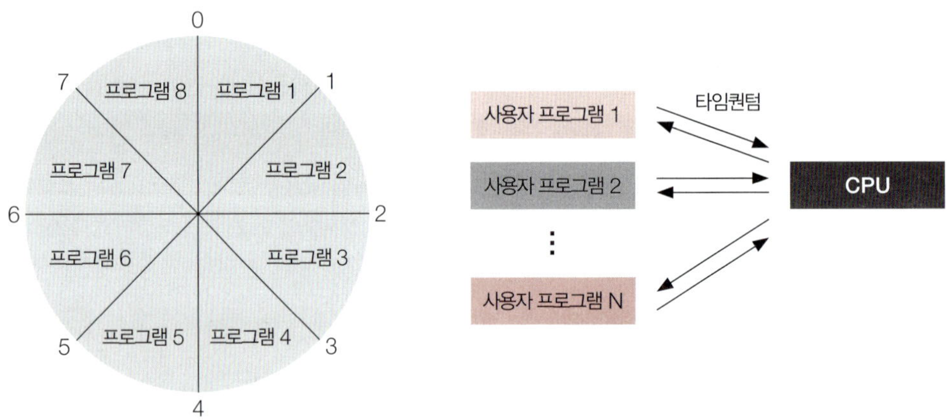

(a) 메모리에 있는 프로그램 (b) CPU를 타임퀀텀으로 나누어 사용하기

그림 1-8 시분할의 개념

시분할의 목표는 프로그램이 수행될 때 '공평한' 서비스를 제공하는 것이다. 긴 시간 실행되는 프로그램이 사용자들 앞에 놓였을 때 그 작업이 끝나기를 하염없이 기다리는 것은 공평하지 않다. 시분할에서는 타임퀀텀time quantum 또는 타임슬라이스time slice라는 시간을 정하고, 타임퀀텀 동안 하나의 프로그램이 수행되도록 한 뒤, 다음 타임퀀텀에는 다른 프로그램이 수행되도록 한다.

시분할의 단점은 하나의 타임퀀텀이 끝나고 새로운 타임퀀텀이 시작될 때 프로그램의 수행 상태를 저장하는 데 따른 오버헤드가 발생한다는 것이다. 멀티 프로그래밍에서도 프로그램을 전환할 때 오버헤드가 발생하지만, 시분할에서는 이러한 오버헤드가 모든 타임퀀텀마다 발생한다. 타임퀀텀의 크기가 작아질수록 프로그램이 자주 전환되므로 오버헤드가 더 증가한다.

그렇다면 '적절한' 타임퀀텀의 크기는 얼마일까? 적절한 타임퀀텀 크기는 운영체제마다 다른데 리눅스나 윈도우 같은 경우 보통 10ms를 사용한다. 즉, 1초에 프로그램을 100번 바꿔 실행한다. 최근 CPU 속도가 빨라지면서, 타임퀀텀을 1ms로 사용하는 운영체제도 등장했다. 이 경우 오버헤드가 1us라면, 1초 동안 발생하는 총 오버헤드는 1ms로, CPU 시간의 0.1%를 차지한다. 0.1%의 오버헤드는 일반적으로 무시할 만한 수준이지만, 슈퍼컴퓨터에서는 이러한 오버헤드조차 없애기 위해 시분할을 사용하지 않는 경우도 있다[6].

NOTE 시분할 관련 용어: 타임 슬라이스, 타임퀀텀, 타임 틱, 타이머 인터럽트

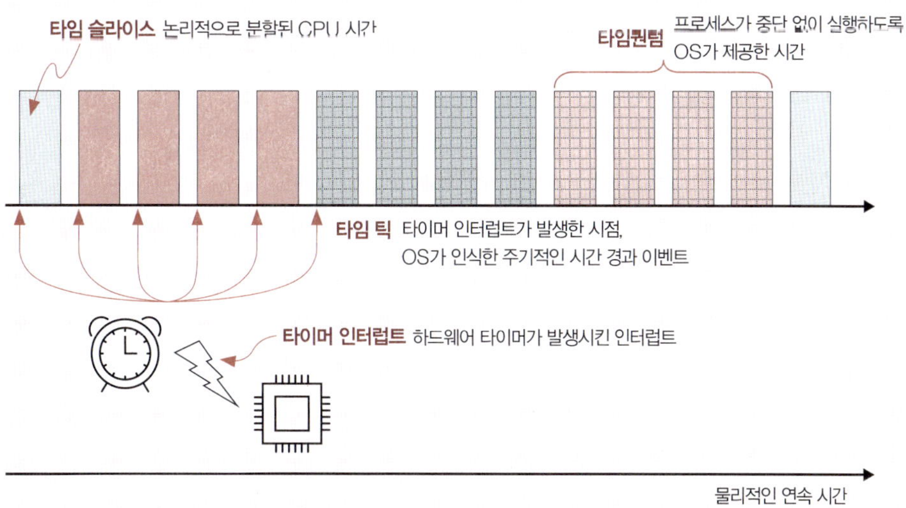

6 최근 리눅스에서는 고정된 타임퀀텀을 사용하는 대신 동적인 타이머를 사용하는 옵션을 제공한다. 고성능보다는 저전력을 목적으로 느린 퀀텀을 옵션으로 사용하는 경우도 있다.

멀티 태스킹

멀티 태스킹은 멀티 프로그래밍이나 시분할과 유사한 개념인데, 쉬운 예로 휴대폰에서 파일을 다운로드하며 카톡하는 것을 들 수 있다. 즉, 여러 프로그램을 동시에 실행하는 것을 의미한다. 그러나 좀 더 근본적으로 보면, 멀티 태스킹은 하나의 태스크(프로그램, 작업)가 다른 태스크를 생성할 수 있는 기능을 의미한다. 쉽게 말해, 어떤 태스크가 필요에 따라 하위 태스크를 만들어 함께 작동하도록 하는 것이다. 부모parent 태스크는 필요에 따라 자식 태스크를 생성하고 함께 협업하며, 자식 프로세스는 필요에 의해 생성되었다가 없어지기도 한다. 생성된 자식 태스크는 부모 태스크와 동시에 시분할 방식으로 실행된다. 데이터베이스가 대표적인 예다. 데이터베이스는 많은 양의 데이터를 처리하기 위한 다양한 기능을 제공하는데, 이러한 기능을 각각 태스크로 분담하고 협력하도록 설계된다.

운영체제는 스풀링, 배칭, 멀티 프로그래밍, 시분할을 거치며 점점 복잡해졌다. 하드웨어가 발전함에 따라 운영체제는 이를 뒷받침하기 위해 더욱 복잡한 기능을 수행하게 되었기 때문이다. 1970년대의 메인프레임 컴퓨터 환경에서는 스풀링과 멀티 프로그래밍이 핵심 기능이었지만, 1980년대의 PC 시대에는 시분할과 스케줄링이 중요해졌다. 이후 모바일 운영체제에서는 다운로드한 외부 프로그램으로부터 시스템을 보호protection하는 기능이 중요해졌고, 클라우드 운영체제에서는 자원 가상화를 핵심 기능으로 제공한다.

2 운영체제의 핵심 기능

운영체제는 갈수록 복잡해지고 있지만 종류와 상관없이 공통으로 수행하는 핵심 기능이 있다. 프로세스 관리Process management 기능, 메모리 관리Memory management 기능, 파일 관리File management 기능, 네트워킹networking 기능이다. 이 네 가지 기능을 간략하게 살펴보자.

프로세스 관리

프로그램과 프로세스의 가장 큰 차이점은 프로그램은 정적이고 프로세스는 동적이라는 것이다. 좀 더 구체적으로 말하면, 프로그램은 플래시 메모리와 같은 저장 장치에 기록된 파일을 의미하고, 프로세스는 이 프로그램이 활성화(윈도우 환경에서 더블클릭하는 것)되어 메모리에 로드되어서 CPU를 실행하고 있는 상태를 의미한다[7].

7 더 엄밀한 의미의 프로세스에 대해서는 3장에서 설명한다.

하나의 브라우저(프로그램)로 여러 프로세스를 사용할 수 있는데, 윈도우에서 창 하나가 하나의 프로세스라고 생각하면 이해하기 쉽다. 프로세스는 커널이 제공하는 추상개념으로, CPU를 사용하는 기본 단위로서 의미를 지닌다. 따라서 프로세스가 스케줄링의 단위가 된다. 프로그램에서 프로세스가 생성되면 프로세스 번호라는 고유한 ID가 할당되고, 이 ID는 프로세스가 소멸될 때까지 사용된다.

여러 개의 윈도우 창이 동시에 열린 상황, 즉 [그림 1-9]와 같은 경우를 생각해 보자. 이는 여러 프로그램이 동시에 실행되고 있음을 의미하며, 이때 어떤 프로그램에 CPU를 할당할지를 결정하는 것이 프로세스 관리다. 운영체제는 앞서 설명한 멀티 프로그래밍과 시분할 기법을 통해 CPU를 효율적으로 사용하고, 모든 프로세스에 CPU를 공평하게 분배한다. 프로세스 관리가 제대로 이루어지지 않으면, 프로그램이 정상 속도로 작동하지 않아 사용자는 속도가 느리다고 느낄 수 있다.

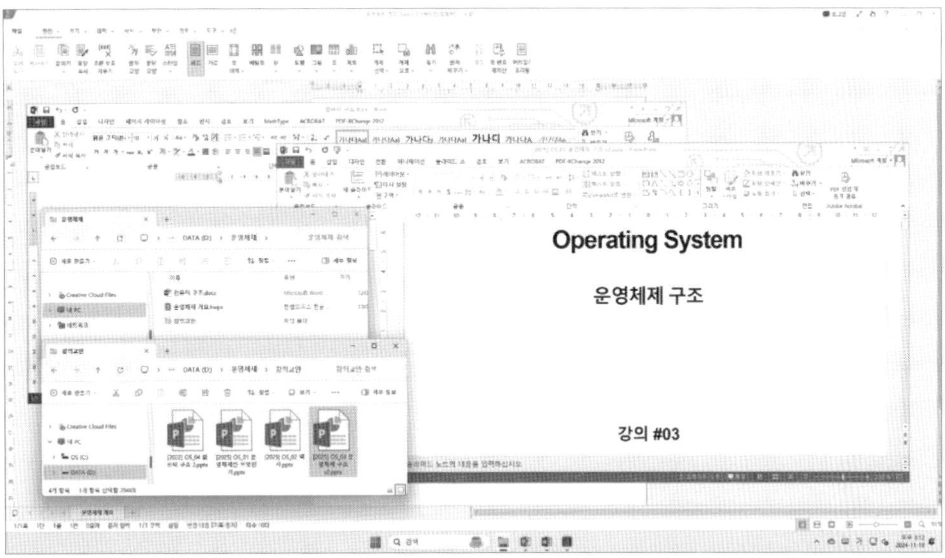

그림 1-9 여러 개의 프로세스가 실행되는 상황. 각 탐색기 프로세스는 CPU 시간을 균등하게 나누어 프로세스가 병행적으로 실행되도록 한다.

메모리 관리

여러 프로그램을 동시에 실행하는 멀티 프로그래밍 환경에서는 각 프로그램에 필요한 물리 메모리를 할당하는 것이 메모리 관리의 시작이다. 과거에는 컴퓨터의 물리 메모리 크기가 작아 큰 프로그램을 실행하기 위해 메모리 관리 기법을 사용하였다. 예를 들어 오버레이overlay는 프로그램을 조금씩 메모리에 올려 실행하는 기법이다. 그 후 메모리 가격이 지속적으로 하락하면서 이제는 PC조차도 프로그램 크기를 초과하는 수GB의 물리 메모리를 갖게 되었다. 그렇다면 '물리 메모리 크기가 충분한데 메모리 관리가 필요할까?'라는 의문이 생길 수 있다.

> **NOTE** 오버레이
>
> 오버레이overlay는 프로그램을 여러 부분으로 나누어 각 부분을 필요할 때마다 물리 메모리에 로드하는 기법이다. 5장에서 설명하는 가상 메모리와 구별되는 개념이다.

CPU 속도가 빨라짐에 따라 컴퓨터에서 화면에 띄우는 윈도우 창이 많아지면서, 동시에 실행되는 프로세스 개수도 늘어나고 이에 따라 더 많은 메모리가 요구되고 있다. 휴대폰을 사용할 때도 마찬가지다. 휴대폰으로 음악을 들으면서 파일을 다운로드하거나 채팅을 하는 등 여러 프로그램을 동시에 실행하는 생활이 당연해지면서 더 많은 메모리가 요구되고 있다. 또한 운영체제 자체의 크기도 커져 PC에서 1GB 이상의 메모리를 사용하는 경우가 대부분이다. 이때 프로세스에 메모리 할당이 제대로 이루어지지 않으면, 사용자는 불편을 겪게 된다. 아이러니하게도, 메모리 용량이 충분한 최신 컴퓨터일수록 메모리 관리의 중요성이 더욱 커지고 있다.

파일 관리

프로그램은 디스크, 플래시 메모리, 네트워크 디스크 등 다양한 저장 매체에 파일 형태로 저장된다. 각 저장 매체는 저장 방식과 동작 원리가 다르지만, 파일 시스템 덕분에 사용자는 매체의 종류에 상관없이 동일한 방식으로 파일을 읽고 쓸 수 있다. 즉, 사용자가 매체의 종류에 상관없이 읽기와 쓰기라는 동일한 동작을 하면 파일 시스템이 매체의 특성에 따라 파일을 저장하고, 저장 방식에 따라 파일을 읽어오는 역할을 담당해 주는 것이다. 이것이 파일 관리다.

하드 디스크는 512바이트 블록에 파일을 저장하고, 파일 이름·저장 위치·크기 같은 메타데이터metadata는 별도로 저장하여 파일을 관리한다. 파일 시스템은 이 메타데이터를 이용해 파일을 찾고 읽는다. 파일 시스템은 플래시 메모리에 대해서도 같은 방식을 사용한다.

사용자가 파일을 읽으려고 할 때, 파일 시스템은 파일 이름과 읽고자 하는 내용만으로 해당 블록을 찾아 전달해 준다. 사용자는 블록의 위치나 메타데이터 같은 복잡한 정보를 알 필요가 없다. 가령 워드 프로그램에서 문서를 열 때마다 저장 장치의 모든 블록 정보를 알아야 한다면 프로그램이 너무 복잡해지고, 저장 장치의 종류에 따라 프로그램을 따로 만들어야 하는 불편함이 생긴다. 파일 시스템은 저장 매체와 사용자 사이에서 사용자가 파일이라는 추상개념을 편리하게 사용할 수 있도록 해주어 이러한 복잡성과 번거로움을 줄여준다. 멀티 프로그래밍 환경에서는 파일을 하나의 프로세스에서만 사용하지 않는다. 파일 하나에 여러 프로세스가 접근하는 상황이 발생할 수 있어 동기화synchronization가 중요하다. 이 경우 하나의 파일에 하나의 프로세스만 접근할 수 있게 하는 기능을 파일 시스템이 제공한다.

네트워킹(프로토콜 운영 및 입출력 장치 관리)

휴대폰으로 채팅할 때, 휴대폰 A에 입력한 메시지가 무선망을 통해 상대 휴대폰 B로 전송된다. 네트워킹은 물리적으로 멀리 떨어진 두 휴대폰이 서로 메시지를 주고받을 수 있게 해준다. 이때의 네트워킹은 5G 같은 물리 네트워크와 다른 개념이다. 5G는 데이터를 주고받는 기술이고, 네트워킹은 그러한 물리 네트워크 위에서 연결connection을 제공하는 것이다.

휴대폰 A와 B의 채팅 과정을 예로 들어보자. 휴대폰 A는 무선으로 기지국 X와 통신하고, 기지국 X는 통신사 장비를 통해 휴대폰 B가 연결된 기지국 Y와 통신하는데, 이러한 통신은 물리 네트워크에서 담당한다. 이때 기지국에 연결된 여러 휴대폰이 동시에 채팅할 수도 있도록 각 채팅 세션session를 관리하는 역할을 연결이라고 한다. 연결은 채팅 시작과 함께 만들어지고 종료와 함께 사라지며, 이런 연결을 제공하는 네트워킹을 운영체제가 담당한다.

파일 시스템이 저장 매체에 상관없이 파일을 읽고 저장하는 것처럼, 네트워킹은 사용자가 연결된 물리 네트워크와 무관하게 연결을 제공한다. 이 때문에 A가 해외에서 다른 물리 네트워크에 있더라도 B는 여전히 A와 연결되어 채팅을 할 수 있다. 또한 네트워킹은 멀티 프로그래밍 환경에서 여러 프로그램이, 시분할 환경에서 여러 프로세스가 동시에 데이터를 보내고 받을 수 있도록 지원한다.

3 운영체제의 계보

여러 초기 운영체제가 존재했지만, 1965년에 발표된 멀틱스Multics를 운영체제의 시조로 본다. 그 이유는 멀틱스가 오늘날 우리가 생각하는 운영체제의 개념과 기능을 많이 포함하고 있기 때문이다. 멀틱스는 MIT를 중심으로 개발되었으나, 당시 하드웨어 성능의 제약으로 상용화에는 실패했다. 하지만 멀틱스의 혁신적인 기능들은 이후 운영체제 개발에 큰 영향을 주었다.

멀틱스 개발에 참여한 개발자 중 한 명인 켄 톰프슨Ken Thomson은 멀틱스 프로젝트가 실패한 후 벨 연구소Bell Labs에서 데니스 리치Dennis Ritchie와 함께 독자적인 운영체제 개발에 착수하여 유닉스UNIX를 개발했다. 유닉스는 작은 크기와 뛰어난 성능을 자랑했는데, 벨 연구소는 전 세계 교육 기관과 연구 기관에 유닉스의 소스 코드를 무료로 배포했다. 이러한 정책 덕분에 유닉스는 전 세계적으로 널리 사용되었으며, 특히 캘리포니아 버클리 대학교University of California, Berkeley에서 유닉스를 개량하여 BSDBerkeley Software Distribution라는 버클리 유닉스를 배포했다.

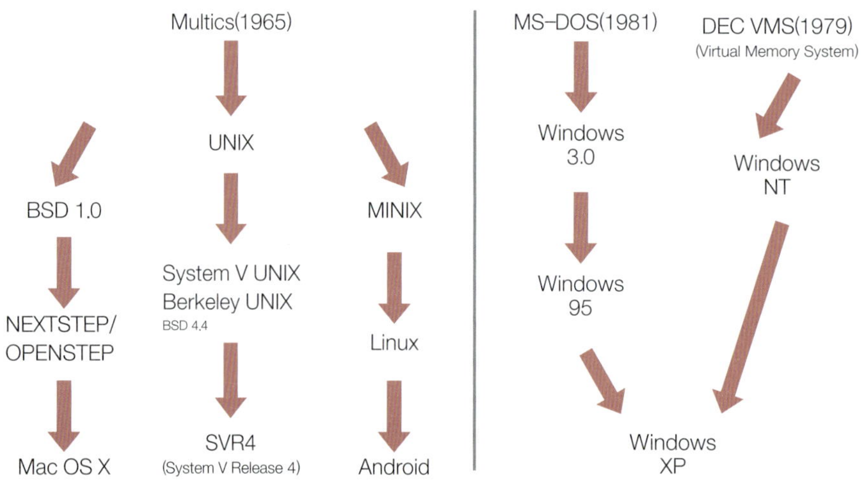

그림 1-10 운영체제의 계보

NOTE 유닉스의 명명 유래

유닉스의 'Uni'는 '하나'라는 의미로, 멀틱스의 'Multi(다수)'에 반대되는 단어다. 멀틱스의 실패에 따른 교훈으로 유닉스라고 이름 지은 것으로 알려져 있다.

버클리 유닉스는 벨 연구소의 유닉스에 네트워킹 기능을 추가하고 파일 시스템의 성능을 크게 개선한 것이 특징이다. 벨 연구소의 유닉스보다 훨씬 더 많이 보급된 버클리 유닉스는 사실상 세계적인 표준으로 자리 잡았고, 많은 기업에서 이를 기반으로 제품을 개발하였다[8]. 벨 연구소는 유닉스의 상업적 가치를 알아보고 SVR4System V Release 4라는 이름으로 표준화를 추진했고, 이후 유닉스 사용에 대한 라이선스를 부과하면서 BSD 사용자가 줄어들었다. 결국 BSD는 4.4를 끝으로 개발이 중단되었고, 개발자들은 스티브 잡스Steve Jobs가 설립한 Next와 Apple로 자리를 옮겨 MacOS 개발에 참여하였다. MacOS는 이후 iOS 개발로 이어져 모바일 운영체제 시장에도 큰 영향을 미치게 된다.

유닉스 개발자들이 인텔 CPU에 유닉스를 이식하는 것을 거부했다는 흥미로운 일화가 있다. 1990년대에 당시 시장을 장악하고 있던 마이크로소프트Microsoft와 인텔Intel에 대한 유닉스 개발자들의 거부감이 상당했고, 이는 인텔 CPU용 유닉스를 개발하는 것에 대한 거부로 이어졌다. 이에 유럽에서는 인텔 CPU에 유닉스 환경을 구축하고자 미닉스Minix를 개발하게 되었고, 이는 리눅스Linux 개발의 발판이 되었다.

켄 톰프슨이 유닉스를 개발할 당시, 미국 보스턴의 DECDigital Equipment Corporation라는 회사에서도 VMS라는 뛰어난 운영체제를 개발하였다. 하지만 VMS는 DEC 제품에만 사용되고 소스 코드가 공개되지 않아 유닉스처럼 널리 쓰이지 못했다. 결국 DEC는 경쟁에서 밀려나 사라졌고 운영체제 경쟁은 유닉스의 승리로 끝났다. 이때, 많은 VMS 개발자들이 마이크로소프트로 자리를 옮기면서 윈도우Window 개발의 핵심 역할을 담당하였다.

MS는 초창기에 DOSDisk Operating System라는 운영체제로 출발하였다. MS에서 DOS를 직접 개발했는지, 외부에서 가져왔는지는 확실하지 않지만 분명한 사실은 DOS가 매우 불안정하고 사용하기 불편했다는 점이다. 유닉스 계열 운영체제와 비교했을 때 DOS는 안정성과 성능이 크게 떨어졌다. 그러나 인텔 CPU 기반의 개발과 VMS 개발자들의 합류로 탄생한 윈도우 OS를 통해 MS는 안정성과 성능 문제를 해결하고 전 세계 운영체제 시장을 공고하게 독점해 나갔다.

---

8 필자가 근무했던 미국 실리콘 밸리 소재의 썬 마이크로시스템즈(Sun Microsystems)가 버클리 유닉스를 기반으로 제품을 개발한 대표적인 회사였다.

1991년, 핀란드의 리누스 토발즈Linus Torvalds는 인텔 CPU 기반으로 리눅스의 기본 코드를 개발하여 소스 코드를 공개했다. 당시 유닉스 개발이 중단된 상황이었기에 리눅스는 빠르게 확산되었고, 윈도우와 경쟁할 만큼 성장했다. 리눅스는 유닉스의 철학을 이어받아 오픈 소스로 배포되었기 때문에 전 세계 개발자들이 자유롭게 참여하여 개발할 수 있었고, 그 과정과 결과물인 소스 코드를 모두 공개하는 방식을 취했다. 다시 말해, 리눅스는 회사나 기관에 상관없이 누구나 개발에 참여할 수 있으며, 개발된 코드는 다른 개발자들의 검토peer review를 거쳐 최종적으로 공개된다. 이러한 개방적인 개발 방식이 리눅스의 성공을 이끌었다.

누구나 사용할 수 있도록 공개된 소스 코드를 오픈 소스open source라고 부르는데, 리눅스의 성공으로 오픈 소스 개발 방식이 더욱 폭넓게 확산되었다. 과거에는 기업들이 소스 코드 공개를 꺼렸지만 이제는 개발 비용을 절감할뿐더러 개발자를 확보하기 어려운 탓에 오픈 소스를 적극적으로 활용하고 있다. 오픈 소스는 누구나 사용할 수 있지만, 실제로 활용하려면 높은 수준의 기술력이 필요하다는 점을 기억해야 한다. 리눅스는 운영체제로서 성공한 것은 물론, 소프트웨어 개발 방식의 혁신에도 지대한 영향을 미쳤다[9].

---

9 오픈 소스는 본인이 타인에게 배포하는 경우에는 배포 라이선스가 별도로 정의된다. GNU 라이선스를 비롯해 다양한 라이선스가 있는데, 오픈 소스 소프트웨어의 라이선스에 관심 있는 독자는 www.fsf.org를 참고하기 바란다.

요점 정리

*** 운영체제의 발전**

① 운영체제의 역할을 수행하는 인간

컴퓨터가 처음 만들어졌을 때는 프로그램을 실행하기 위해 사람이 직접 기계어로 프로그램을 작성하고, 이를 입력·실행·테스트하는 과정을 반복적으로 해야 했다.

② 스풀링

스풀링은 입력과 출력을 한꺼번에 처리할 수 있도록 스풀 영역에 데이터를 모아 처리하는 방식이다. 예를 들어 펀치 카드로 작성된 프로그램을 테이프(스풀 영역)에 저장해 입력하고, 출력할 내용을 디스크(스풀 영역)에 모아 출력하는 것이다.

③ 멀티 프로그래밍

메모리에 여러 프로그램을 올려놓고 동시에 수행하는 방식이다. 멀티 프로그래밍 방식에서는 수행 중인 프로그램의 입출력이 끝날 때까지 기다릴 필요가 없다.

④ 시분할

하나의 프로그램이 CPU를 사용할 수 있는 시간을 고정시켜 해당 시간 동안만 CPU를 사용하게 하고, 해당 시간이 지나면 다른 프로그램이 CPU를 사용할 수 있도록 교체하는 기법이다.

*** 운영체제가 수행하는 일**

① 프로세스 관리

운영체제는 멀티 프로그래밍과 시분할을 사용하여, 프로세스들이 CPU를 최대한 효율적으로, 균등하게 사용하도록 한다.

② 메모리 관리

운영체제는 프로세스를 수행하는 데 필요한 메모리를 적시에 적정량을 공급하여 프로세스가 원활하게 동작하게 한다.

③ 파일 관리

운영체제는 파일을 매체의 특성에 따라 저장하고, 저장 방식에 따라 파일을 읽어오는 역할을 한다. 사용자는 매체에 관계없이 읽기와 쓰기라는 동일한 동작을 하면 된다.

④ 네트워킹(프로토콜 운영 및 입출력 장치 관리)

운영체제는 프로그램과 프로세스가 물리적 네트워크 환경에 상관없이 데이터를 교환하도록 네트워킹 프로토콜과 입출력 장치를 제어하며 연결을 제공한다.

퀴즈

퀴즈 1) 스풀링 방식에 대해 출력 과정을 예를 들어 설명하시오.

퀴즈 2) 멀티 프로그래밍의 특성과 효율적인 측면을 설명하시오.

퀴즈 3) 타임퀀텀은 시분할에서 어떤 역할을 하는가?

예시 답안

CHAPTER

02

운영체제 구조

01 운영체제의 설계와 구현

Section

운영체제는 복잡한 소프트웨어다. 이 절에서는 운영체제를 체계적으로 설계하기 위한 기본 원리인 계층화와 모듈화 개념을 소개한다. 그리고 두 가지 수행 모드를 통해 사용자 응용 프로그램과 운영체제를 어떻게 구분하는지 설명한다.

이 절의 학습 목표

- 운영체제의 설계 원리를 체계적으로 이해한다.
- 운영체제의 수행 모드, 즉 커널 모드와 사용자 모드의 개념과 차이를 파악한다.
- 다양한 운영체제 구조와 그 특성을 탐구한다.

1 운영체제의 설계 목표

운영체제는 규모가 매우 큰 소프트웨어로, 리눅스 커널의 경우 소스 코드가 2천만 라인이 넘고, 개발에 수천 명이 참여하며, 테스팅testing까지 포함하면 수만 명이 투입된다고 할 수 있다. 운영체제는 매우 다양한 기능을 갖추고 있어 한 번에 완벽하게 만들어내기가 어렵다. 그래서 운영체제를 구축할 때 테스팅 단계는 개발 단계만큼이나 매우 중요하게 다루어진다. 실제로 윈도우의 경우 테스팅 그룹의 반대로 제품 출시가 1년 이상 지연된 사례도 있다. 출시된 이후에도 운영체제는 지속적인 버그 수정과 기능 개선을 통해 새로운 버전으로 발전하게 된다.

운영체제는 규모가 크고 지속적인 수정과 유지보수가 이루어져야 하므로 구조를 꼼꼼하게 잘 설계해야 한다. 단순히 잘 개발하자는 추상적 목표가 아닌 명확한 설계 목표를 설정하고, 개발부터 디버깅, 테스팅까지 모든 단계에서 모호성ambiguity을 최소화할 수 있도록 구조를 설계해야 한다.

새롭게 등장하는 하드웨어나 기술을 적용하여 운영체제가 진화할 수 있도록 설계하는 일도 중요하다. 따라서 운영체제 설계의 또 다른 중요 목표는 수정 용이성modifiability이다[1]. 수정 용이성은 운영체제 코드가 쉽게 수정·유지보수·확장될 수 있도록 하는 것을 의미한다.

1 운영체제의 설계 목표는 운영체제가 탑재되는 컴퓨터의 용도에 따라 결정된다. 예를 들어 자동차 내부에서 동작하는 컴퓨터에서는 실시간성 지원이 중요한 설계 목표가 된다. 이 책에서는 PC와 같은 범용 컴퓨터에 탑재된 운영체제를 전제로 한다.

운영체제를 구축하려면 여러 사람이 오랜 기간 개발한 결과물을 하나로 합쳐야 하므로, 작게는 변수 이름을 정하는 방법부터 크게는 전체 구조overall architecture를 설계하는 방법까지 다양한 연구가 이루어져 왔다. 먼저 운영체제 설계의 원리를 살펴보고, 이어서 운영체제의 구조에 대해 알아보자.

2 운영체제 설계의 원리

계층화

계층화Layering는 운영체제를 여러 계층으로 나누어 설계하는 것이다. 큰 문제를 풀 때 원래의 큰 문제를 작은 문제들로 쪼개어 풀어나가듯이divide and conquer, 운영체제를 설계할 때도 여러 계층의 기능으로 나누어 정의하고, 계층별로 하나의 기능을 구현하는 것이다.

[그림 2-1]과 같은 A, B, C 세 계층의 예를 통해 일반적인 계층화 설계의 특징을 살펴보면 다음과 같다

- **각 계층은 해당 계층에 정의된 기능(만)을 수행한다.**

  예를 들어 네트워크에서 메시지를 보낸다고 하자. A 계층에서는 메시지를 보내는 기능을 수행하고, B 계층에서는 A 계층에서 온 메시지를 쪼개는 기능을, C 계층에서는 B 계층에서 보내온 메시지를 물리 네트워크로 송신하는 기능을 수행하도록 설계하는 것이다. 이때 각 계층은 서로의 내부 상태internal state를 알 필요 없이 독립적으로 동작한다.

- **각 계층에서는 인접한 계층과 미리 정의된 인터페이스를 통해 데이터를 주고받는다.**

  [그림 2-1]의 예처럼 A 계층 위에 B 계층이 있고 B 계층 위에 C 계층이 있는 경우, A 계층은 B 계층을 호출하고 B 계층은 C 계층을 호출할 수 있다(A→B→C). 물론 C 계층은 B 계층을, B 계층은 A 계층을 호출할 수도 있다. 호출 과정에서 호출 인자argument를 통해 호출자caller 계층의 데이터가 비호출자callee 계층으로 전달된다.

- **계층은 인접한 계층만 호출할 수 있다.**

  A 계층은 B 계층을 호출할 수 있지만 A 계층이 C 계층을 바로 호출하지는 못하도록 설계된다. 즉, 계층을 건너뛰어 호출하지 못하도록 한다. 이렇게 설계하면 계층이 고립isolation되므로 수정 용이성 측면에서 장점이 생긴다.

■ **B 계층이 D 계층으로 교체되더라도 A 계층과 C 계층은 D 계층을 위해 수정하지 않아도 된다.**

B 계층이 D라는 새로운 계층으로 교체되더라도replaced, A와 C 계층은 D 계층의 기능에 상관 없이 D 계층을 호출할 수 있다.

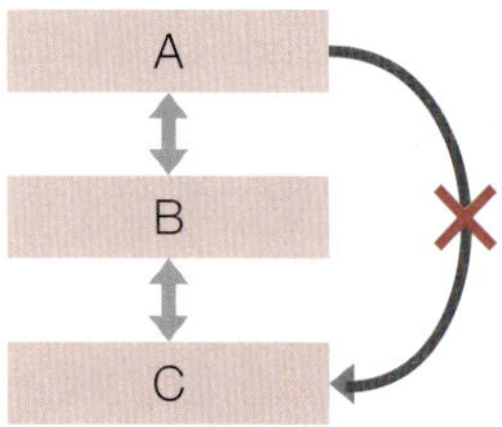

그림 2-1 계층화 설계 예

계층 구조에서 계층을 건너뛸 수 없다는 원칙, 즉 A 계층에서 C 계층으로 바로 데이터를 전달할 수 없다는 계층화 원칙은 성능 측면에서 걸림돌이 될 수 있다. 계층화 설계에서는 데이터가 A 계층에서 C 계층으로 전달되려면 무조건 B 계층을 거쳐야 하는데, 어떤 경우에는 A 계층에서 C 계층으로 바로 데이터를 전달하는 것이 성능 측면에서 유리할 수 있기 때문이다. 이처럼 계층화는 수정 용이성 관점에서 유리하나 운영체제의 또 다른 설계 목표인 처리량 향상 문제와 충돌하게 된다. 따라서 운영체제의 두 설계 목표를 고려해서 계층화를 타협trade-off하여 설계한다.

[그림 2-2]는 MS DOS의 내부 계층들을 보여준다. 계층을 건너뛰는 경로path가 존재하는데, 이는 계층화가 불완전하게 이루어졌음을 나타낸다. 응용 프로그램에서 BIOS를 직접 호출할 수 있도록 되어 있는데, 이는 응용 프로그램이 DOS를 거치지 않고 직접 컴퓨터 전체를 제어할 수 있으며, 사용자가 마음 먹기에 따라 실행 중인 다른 프로그램이나 전체 시스템을 정지시킬 수도 있음을 의미한다. 이런 이유로 MS DOS를 현대 운영체제로 분류하지 않는다.

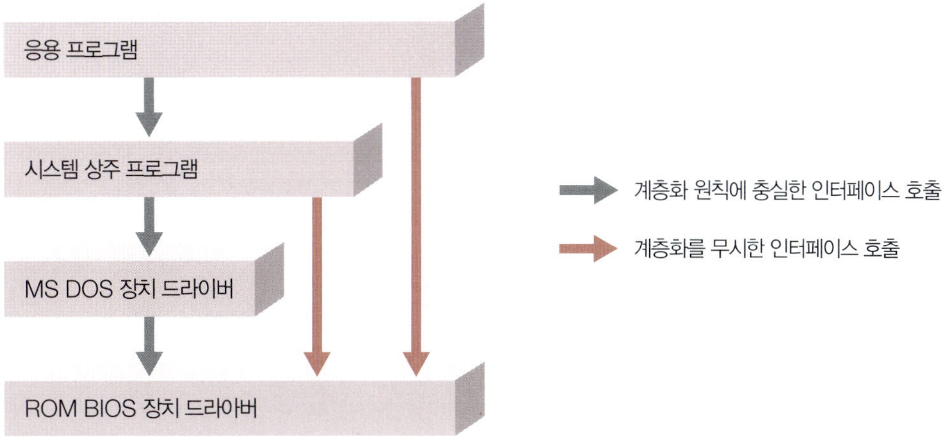

그림 2-2 MS DOS의 계층 구조

NOTE BIOS

BIOS(Basic Input and Output System)는 컴퓨터가 부팅될 때 운영체제를 메모리에 올려주는 역할을 한다. 일반적으로 BIOS는 ROM에 저장되며 펌웨어라고도 불린다.

모듈화

집을 지을 때 미리 만들어진 부품(모듈)들을 조립하여 벽, 바닥재, 천장 등을 만드는 방식이 있다. 이와 유사한 개념으로 커널을 설계하는 방법이 모듈화(modularization)다. 모듈화는 커널을 작게 쪼개어 개발한 다음 이들을 결합하는 것이다.

모듈화의 기본 단위인 모듈은 독립적이면서 상세한 내부 사항을 가능한 한 모듈 내부에 숨긴다. 이를 정보 은닉(information hiding)이라고 한다. 정보 은닉이 왜 필요할까? 모듈 P가 가진 정보를 모듈 Q가 알고 있다면 모듈 Q에서 모듈 P의 정보를 고쳐 모듈의 독립성을 해칠 수 있기 때문이다. 게다가 정보 은닉이 제대로 이루어지지 않으면 디버깅할 때도 어려움이 생길 수 있다. 모듈 P가 작업을 수행하다가 오류가 발생했는데, 모듈 Q가 모듈 P를 수정했다면 오류를 찾기가 어려워진다. 모듈화를 이용한 소프트웨어 설계 시 중요한 고려 사항은 모듈 간의 결합도(coupling)는 낮추고 모듈 내부의 응집도(cohesion)를 높이는 것이다. 즉, 한 모듈은 독립적으로 구동하는 데 필요한 모든 기능을 갖추고 다른 모듈과의 의존성을 최소화할 수 있도록 설계되어야 한다는 의미다.

[그림 2-3]은 커널의 구성 요소(프로세스 관리, 파일 시스템, I/O 장치 관리, 프로세스 간 통신Inter-Process Communication, IPC)를 각각 하나의 모듈로 보고 각 모듈을 서로 연결시킨 모듈화 운영체제 구조의 예를 보여준다.

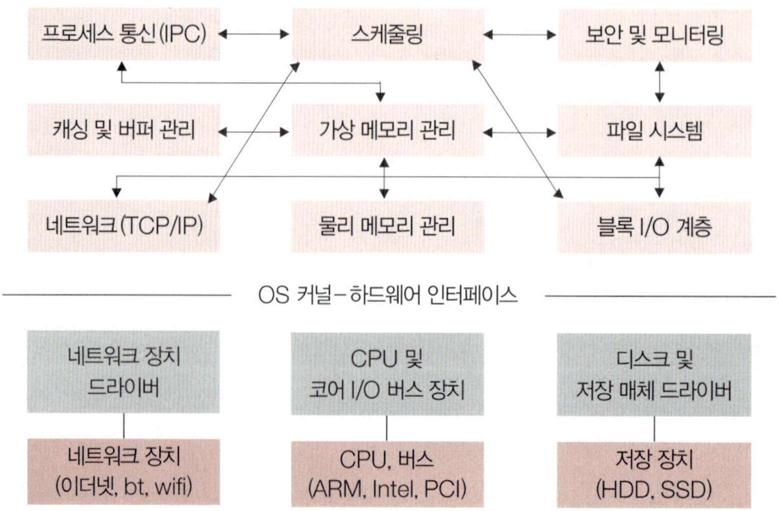

그림 2-3 모듈화 운영체제 구조의 예

[그림 2-3]에서 볼 수 있듯이, 모듈들은 서로 연결된 인터페이스를 통해 다른 모듈과 정보를 교환한다. 모듈화가 계층화와 다른 점은 하나의 모듈이 여러 다른 모듈과 연결될 수 있으며, 연결된 모든 모듈에 인터페이스가 있다는 점이다. 그림에서 보듯이, 모듈들은 대부분 서로 연결되어 있으며 서로 호출할 수 있다. 또한 커널과 하드웨어를 연결하는 인터페이스가 존재하는데, 이는 운영체제가 다양한 하드웨어 장치에서 동작할 수 있도록 만들어진 것이다. 인터페이스가 개발되기 전에는 하드웨어 장치를 구동하는 장치 드라이버가 커널에 포함되어 있었다. 그런데 장치 드라이버를 만드는 제조사가 커널의 세부 설계 지침을 따르지 않거나 숙련도가 낮은 개발자들이 하드웨어 지식에만 의존해 개발하는 경우가 많아, 커널에 포함된 드라이버 문제로 운영체제가 실패하는 사례가 많았다.

이 문제를 해결하기 위해 윈도우 운영체제에서는 [그림 2-3]의 커널과 하드웨어를 연결하는 인터페이스로 HALHardware Abstraction Layer을 도입했다. HAL 덕분에 장치 드라이버를 커널과 분리 가능한 모듈로 구현할 수 있게 되어 개발자가 윈도우 커널에 대한 세부 사항을 몰라도 새로운 하드웨어 장치의 드라이버를 손쉽게 개발할 수 있게 되었다. 또한 HAL 테스트를 하여 드라이버 오류를 사전에 발견할 수 있게 되었다. 더 나아가, 일부 장치 드라이버가 실패하더라도 전체 운영체제와 시스템의 실패로 이어지지 않고, 해당 장치 드라이버만 재구동하는 것이 가능해졌다.

오늘날의 자동차, 스마트폰, TV, 냉장고와 같은 임베디드 컴퓨터는 근접 센서, 라이더, 레이더, 카메라, 터치 스크린, 위치 센서, 온도 센서 등 매우 다양한 하드웨어를 사용한다. 운영체제는 이처럼 다양한 하드웨어를 모두 직접 제어할 수 있는 인터페이스를 제공한다[2].

인터페이스의 중요성

계층화와 모듈화에서 중요한 것은 계층과 모듈 간에 정의되는 인터페이스가 시간이 흘러도 변경되지 않고 계속 사용될 수 있도록 설계하는 것이다. 즉, 인터페이스를 설계할 때 현재 제공해야 하는 기능과 미래에 확장될 부분까지 고려하여 설계해야 한다. 여기서 인터페이스는 문법syntax과 시맨틱스semantics를 모두 포함하는 개념이다. 미래는 예측하기 어렵다는 특성이 있으므로 다양한 소프트웨어를 개발한 경험이 인터페이스 설계의 필수 요소가 된다.

HAL 인터페이스가 바뀌면 드라이버들이 동작하지 않는 문제가 발생할 수 있다. 이는 커널에서 외부로 노출한expose 인터페이스가 바뀌어 발생하는 문제로, 호환성interoperability을 깨는 매우 심각한 문제에 해당한다. 또한 운영체제의 새로운 버전이 나와 기존 응용 프로그램이 잘 작동하지 않는 문제가 생길 수 있다. 버전이 바뀌어도 기존에 작동하던 응용 프로그램을 다시 컴파일하지 않고 작동하도록 하는 일은 매우 중요하다. 따라서 운영체제의 새 버전을 만들 때 '모든' 드라이버와 응용 프로그램을 반드시 테스트해야 한다. 이 테스트 과정에는 많은 시간과 노력이 수반된다. 일단 인터페이스가 노출되면 수정이 거의 불가능하므로 인터페이스 설계 시 주의해야 한다.

만약 모든 하드웨어에 대한 인터페이스를 개별적으로 유지하고, 동시에 모든 응용 프로그램에 대한 인터페이스를 개별적으로 유지한다면 운영체제는 어떤 형태가 될까? 모든 응용 프로그램과 모든 하드웨어의 복잡한 제어 인터페이스를 그대로 노출한다면 운영체제는 인터페이스 측면에서 새로운 하드웨어에 대한 유연한 수용이 어렵고, 개별적인 인터페이스의 난립으로 프로그래밍의 난이도가 높아진다.

---

2 전통적으로 유닉스 운영체제에서는 장치 접근을 위한 특별한 파일을 사용하였다. 즉, 장치별로 제어할 수 있는 파일이 있다. 리눅스에서는 HAL 역할을 하는 loadable module을 제공한다.

인터페이스는 계층·모듈·커널과 하드웨어를 연결하는 역할뿐 아니라 추상개념을 구현하는 데도 사용된다. 1장에서 설명한 파일은 저장 매체가 하드 디스크HDD든, 플래시 메모리SSD든 상관없이 저장되는 위치가 몇 번 트랙의 몇 번 섹터인지, 몇 번 플래시 블록인지와 같은 하드웨어적인 내용을 숨기는 인터페이스를 제공한다. 따라서 사용자는 파일이 제공하는 인터페이스를 통해 저장 매체에 상관없이 AI 학습에 사용하는 데이터인지, 이미지 데이터인지, 텍스트 데이터인지 굳이 구분하지 않고 파일을 사용할 수 있다. 다른 추상개념들도 비슷한 방식으로 각각 인터페이스를 통하여 구현된다. 운영체제를 설계한다는 것은 추상개념을 '표현'하는 인터페이스를 만드는 것이라고 할 수 있다. 추상개념에 담긴 복잡하고 구체적인 내용은 운영체제 내부에서 구현하고, 구현된 내용을 사용하는 인터페이스를 만드는 것이다.

인터페이스와 함께, 운영체제 설계에서 중요한 요소는 메커니즘과 정책을 구분하는 일이다. 메커니즘은 해야 할 일을 정의하는 것이고, 정책은 그 일을 어떻게 수행할지 결정하는 것이다. 메커니즘의 예로, 1장에서 설명한 스풀링이 있다. 스풀링은 CPU가 입출력 장치 동작을 기다리지 않게 해주는 메커니즘이다. 스풀링에 대한 정책은 스풀링으로 모인 출력물을 어떤 순서로 출력할지를 정하는 것이다. 정책의 예로 FIFOFirst In First Out를 들 수 있으며, 이는 스풀링할 때 버퍼에 도착하는 순서대로 출력하는 것이다. 물론 다른 정책을 사용할 수도 있다. 1장에서 설명한 멀티 프로그래밍도 CPU의 유휴 시간을 최소화함으로써 CPU 처리 능력을 극대화하기 위한 메커니즘이다.

3 수행 모드

커널은 일반적인 사용자 프로그램과 달리 컴퓨터 하드웨어를 직접 제어하고 다른 프로그램들을 관리하는 특성을 지닌다. 따라서 커널은 사용자 프로그램보다 높은 권한을 가지고 실행된다.

현대의 CPU들은 사용자 프로그램이 하드웨어에 직접 접근하지 못하도록 막고, 다른 프로그램들의 실행을 관리하기 위해서 하드웨어적인 운영체제 지원 기법을 제공한다. 예를 들어 CPU는 사용자 프로그램이 실행할 수 있는 명령어와 커널이 실행할 수 있는 명령어를 구분한다.

사용자 프로그램은 ALU 연산(덧셈, 뺄셈, 곱셈 등), 메모리 연산(로드/스토어), 레지스터 값 비교, 점프, 비교 결과에 따른 점프 등의 작업을 수행할 수 있다. 그러나 하드웨어에 직접 접근하거나 사용자 프로그램의 실행을 멈추는 데 필요한 명령어들을 사용할 수 없다.

CPU는 하드웨어를 직접 제어하기 위해서 일반 프로그램들이 사용할 수 없는(더 높은 권한이 있는 프로그램만 실행할 수 있는) 별도의 명령어를 사용해야 하는데, 이러한 명령어를 특권 명령어privileged instruction라고 한다. 일반 프로세스가 이 명령어를 사용하게 된다면, 여러 프로그램이 운영체제의 중재 없이 제멋대로 하드웨어에 접근하게 될 것이다.

운영체제는 특권 명령어 사용을 제한하기 위해 일반 프로그램은 사용자 모드에서 실행시킨다. 반면, 커널은 사용자 모드가 아닌, 커널 모드에서 실행된다. 이처럼 운영체제는 CPU상의 프로그램 실행을 사용자 모드와 커널 모드로 나누어 여러 프로그램이 하드웨어에 접근하는 것을 중재하고 하드웨어를 보호protection한다.

만약 CPU가 사용자 모드와 커널 모드를 지원하지 않는다면 일반 프로세스가 커널 역할을 할 수 있어 커널은 자원에 대한 보호와 관리를 제대로 할 수 없게 된다. 인텔 CPU의 경우, 하드웨어적으로 정의된 특권 레벨이 여러 개다. 가장 높은 특권 레벨인 ring 0에서는 운영체제 커널이 실행되며, 가장 낮은 특권 레벨인 ring 3에서는 일반 사용자 프로세스가 실행된다. [그림 2-4]에서 보듯이, ring 0과 ring 3은 각각 커널 모드와 사용자 모드로 불리기도 한다. CPU가 사용자 모드에서 실행되는 동안에는 커널 모드 권한이 필요한 작업을 실행할 수 없다. 예를 들어 사용자별 접근 권한을 지정하는 자료구조를 직접 읽거나 수정하는 작업을 하려면 커널 모드의 권한이 필요하며, 사용자 모드에서 이 작업을 직접 수행할 수 없다.

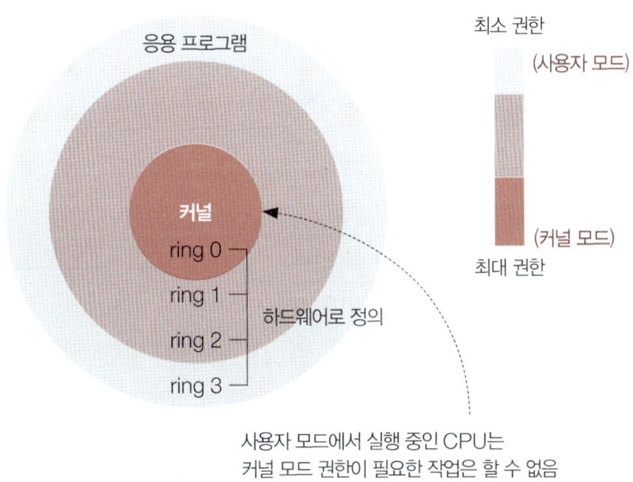

그림 2-4 운영체제의 두 가지 모드(커널 모드와 사용자 모드)와 하드웨어로 정의된 CPU 실행 모드(ring 0~ring 3)

NOTE CPU의 실행 모드

사실 인텔 CPU의 실행 모드는 –3부터 3까지 있으며, 일반적인 ARM CPU의 실행 모드는 TZ, hyp 등을 포함하면 20여 개 이상이다. 다만, 운영체제가 동작하는 커널 모드와 일반 프로세스가 동작하는 사용자 모드를 주로 활용한다.

CPU의 실행 모드가 구분되어 있으므로 일반 프로세스는 하드웨어에 접근하기 위해 커널에 접근 요청을 해야 한다. 이때 사용되는 메커니즘이 시스템콜이다. 프로세스가 원하는 시스템콜을 하면 이 시스템콜이 프로세스를 대신하여 커널에 진입해서 해당 시스템콜에 해당하는 함수를 수행한다. 이 커널 함수가 수행되면서 시스템콜이 하드웨어 자원에 접근하고 그 결과를 프로세스에 돌려준다. [그림 2-5]는 이러한 시스템콜 과정을 보여준다.

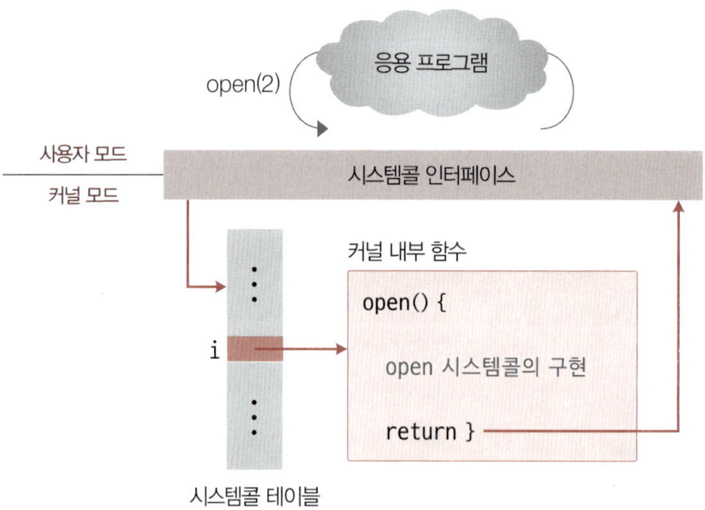

그림 2-5 open(2) 시스템콜 예

[그림 2-5]는 open(2) 시스템콜을 나타낸다. 시스템콜은 open(2)와 같이 2라는 숫자를 사용해 함수를 표기하는데, 이는 이름이 같은 함수가 시스템콜, 라이브러리, 셸 명령어에 있을 수 있기 때문이다[3]. 시스템콜의 형식은 시스템콜 인터페이스에 의해 정의되는데, 일반적으로

3 리눅스에서 숫자 '2'는 시스템콜을 나타내는데, 이는 리눅스 매뉴얼 프로그램 'man'에서 2번 섹션이 시스템콜 설명을 제공하기 때문이다. 덧붙여 숫자 '1'은 셸(shell) 명령어, 숫자 '8'은 시스템 관리 명령어에 대한 정보를 담고 있다. 구글에서 'man 2 open'과 같이 검색하면 man 프로그램에서 제공하는 open 시스템콜에 대한 상세 정보를 확인할 수 있다.

시스템콜 번호와 시스템콜에서 필요한 인자로 구성된다. 사용자 응용 프로그램이 open 시스템콜하면, open 시스템콜 번호가 커널로 넘어간다. open 시스템콜 번호는 커널 내 시스템콜 테이블에서 open 시스템콜에 해당하는 커널 함수를 찾는 데 사용된다. 시스템콜 테이블에는 모든 시스템콜의 커널 함수들에 대한 정보가 담겨 있다. 예를 들어 C 프로그램에서 시스템콜을 사용하려면 #include <syscall.h>를 포함하면 되는데, syscall.h에는 시스템콜 번호가 들어 있다.

인터페이스 관점에서 시스템콜은 응용 프로그램과 운영체제 커널 사이의 주요 연결점이 된다. 시스템콜은 [그림 2-6]에 나타난 것처럼 이 두 계층의 경계에 위치한다. 운영체제 커널은 시스템콜 인터페이스를 통해 사용자 모드의 응용 프로그램과 상호작용하며, HAL[Hardware Abstraction Layer] 같은 인터페이스를 통해 하드웨어 장치와 연결된다. 응용 프로그램과 커널 간의 인터페이스인 시스템콜은 커널의 기능과 하드웨어 자원에 접근할 수 있는 경로를 제공한다. 커널은 전체 하드웨어에 대한 접근 권한을 가지며, 이 권한으로 하드웨어를 제어하기 위한 다양한 인터페이스를 제공한다. 이러한 구조는 응용 프로그램이 간접적으로 하드웨어를 제어하고 시스템 자원을 효율적으로 활용할 수 있도록 설계된 것이다.

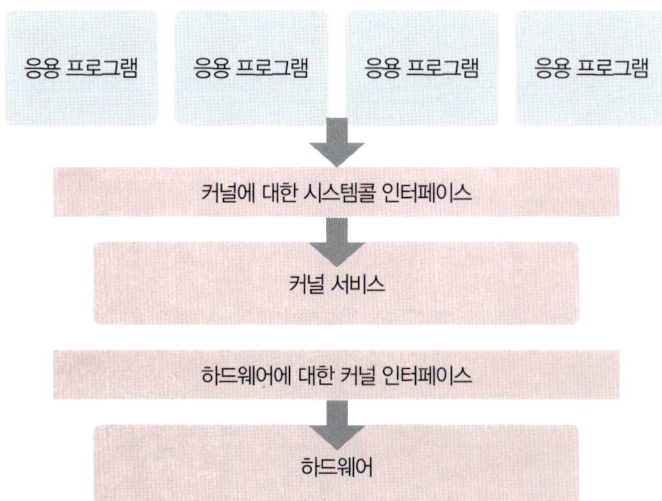

그림 2-6 응용 프로그램/운영체제 커널/하드웨어 간 인터페이스

시스템콜을 수행 모드 관점에서 살펴보자. 시스템콜이 되면서 사용자 모드에서 커널 모드로 모드 전환mode switching이 일어난다. 시스템콜 수행이 끝나면, 커널 모드에서 사용자 모드로 다시 모드 전환이 이루어진다. 당연히, 이 전환은 프로세스가 인지하지 못하게 일어난다. 그리고 모드 전환은 커널 구조에 따라 달리 진행된다. 커널 구조는 다음과 같다.

4 커널 구조

커널 구조kernel architecture는 크게 모노리틱Monolithic 커널 구조, 마이크로커널microkernel 구조, 가상화virtualization 구조의 세 가지로 분류된다.

모노리틱 커널 구조

모노리틱 커널 구조는 다음 두 가지 특성이 있다.

- **커널 전체가 한 덩어리로 이루어져 있다.**

  앞서 설명한 계층화와 모듈화를 사용해, 커널의 기능을 많은 함수로 나누어 코드를 개발하고 구현한다. 커널을 구성하는 코드가 여러 파일에 저장되는데, 이들을 컴파일하여 최종적으로 커널 이미지 하나를 생성한다. 이렇게 만들어진 커널을 모노리틱 커널이라고 부른다. 컴퓨터 부팅 동작 시 이 커널 이미지를 읽어와서 하드웨어를 작동시키고, 그 후에 커널이 동작하게 된다.

- **커널이 프로세스와 같은 메모리 공간에 위치한다.**

  [그림 2-7]에서 'App1 프로세스'는 프로세스가 메모리에 올라가 있는 공간을 나타내는데, 이 공간에 App1과 커널이 같이 있음을 보여준다. 또한 이 공간의 App1과 커널 사이에 시스템콜 인터페이스가 있음을 보여준다. 이러한 구조적 특성으로 인해, 프로세스가 시스템콜하면 모드 전환을 하여 커널이 동작하게 된다. 이렇게 모노리틱 커널에서는 커널이 프로세스와 같은 공간에서 동작하므로 커널 속으로 들어가고 나오는 시스템콜 오버헤드가 최소화된다는 장점이 있다. 이런 장점 때문에 리눅스나 윈도우 OS는 모노리틱 커널 구조를 채택하고 있다.

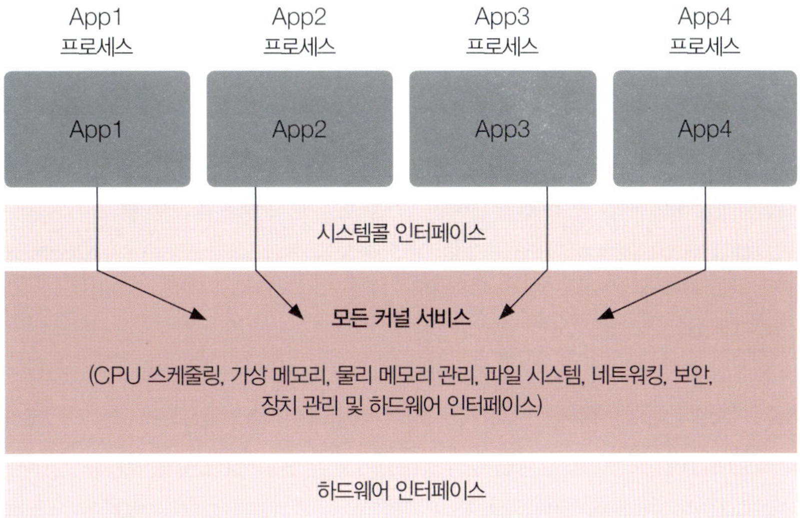

그림 2-7 모노리틱 커널 구조

마이크로 커널 구조

모노리틱 커널 구조와 달리, 마이크로 커널 구조는 커널을 여러 조각으로 나누고 각 조각 커널을 독립된 프로세스로 수행시키는 구조다. 이때 각각의 커널을 커널 서버라고 부른다. [그림 2-8]은 마이크로커널 구조를 나타낸다.

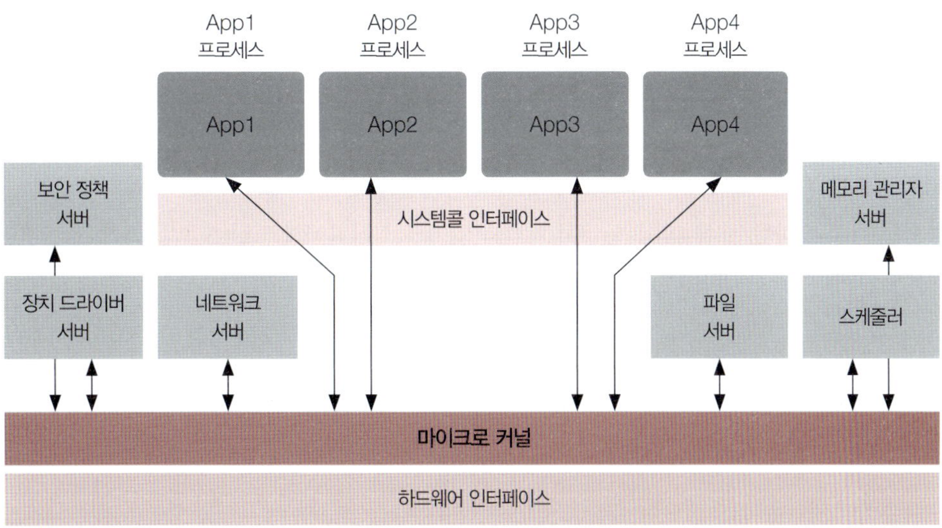

그림 2-8 마이크로 커널 구조

[그림 2-8]에서 볼 수 있듯이, 마이크로 커널 구조는 여러 커널 서버(메모리 관리자, 스케줄러 등)로 구성되며 이 커널 서버들이 서로 통신하여 총체적으로 커널의 기능을 구현한다. 이때 커널 서버 통신을 위한 모듈을 커널 서버들이 공통으로 갖게 되는데, 이 모듈을 마이크로 micro 커널이라 부른다. 이처럼 마이크로 커널은 원래 커널 서버들 간의 통신을 지원하는 작은 커널을 의미하지만, 마이크로 커널 구조를 지칭하는 말로 폭넓게 사용되기도 한다.

모노리틱 커널과 비교되는 마이크로 커널의 장점은 개발과 디버깅이 각 커널 서버별로 이루어지기 때문에 커널 구조가 좀 더 단순하고 수정이 용이하다는 점이다. 또한 마이크로 커널 구조에서는 운영체제가 동작하는 동안 커널 서버를 교체할 수도 있다. 클라우드 데이터 센터처럼 수만 대 또는 수십만 대의 컴퓨터 시스템(노드)이 돌아가는 환경에서는 모든 노드에서 커널을 재부팅하려면 시간이 매우 오래 걸린다. 따라서 커널의 일부 기능을 동적으로 업그레이드할 수 있다는 것은 마이크로 커널의 큰 장점이 된다. 이 장점 때문에 마이크로 커널에 대한 연구가 오랫동안 진행되었다.

그러나 모노리틱 커널과 달리 마이크로 커널은 사용자 프로세스와 커널 서버가 별도의 주소 공간에서 실행된다. 따라서 사용자 프로세스가 시스템콜을 구현하기 위해서는 프로세스 간 통신을 여러 번 해야 한다. 전통적인 마이크로 커널 기반 운영체제에서 파일 I/O가 처리되는 과정은 [그림 2-9]의 (b)와 같다. 즉, 사용자 프로세스는 커널에 시스템콜을 보내야 하고, 커널은 해당 시스템콜을 처리할 커널 서버에 다시 메시지를 보내 필요한 작업을 처리해야 한다. 그리고 커널 서버가 시스템콜을 처리하는 동안 다른 커널 서버의 도움이 필요한 경우, 해당 커널 서버로 메시지를 보내어 작업을 처리해야 한다. 이처럼 마이크로 커널 구조에서는 커널의 메시지 처리 횟수가 매우 빈번하여 전체적으로 시스템콜 처리에 걸리는 시간이 매우 증가하게 된다.

[그림 2-9]는 파일 시스템의 모노리틱 커널과 마이크로 커널에서 파일 시스템 쓰기 시스템콜 구현 동작을 비교한 것이다. (a)는 모노리틱 커널의 파일 시스템 쓰기 시스템콜 동작을 보여주는 것으로, 커널 내 함수 호출로 이루어져 있다. (b)는 마이크로 커널의 파일 시스템 쓰기 시스템콜 동작을 보여주는 것으로, 커널 서버 간 여러 메시지 교환을 통해 시스템콜이 처리되고 있

음을 보여준다(❶~❼번 순). 그림에서 업호출은 시스템콜의 반대 동작으로 커널이 응용 프로그램을 호출하는 것을 의미한다. 메시지 통신에 소요되는 시간(오버헤드)은 함수 호출보다 더 크기 때문에 마이크로 커널의 성능은 모노리틱 커널보다 현저하게 저하된다는 단점이 있다[4].

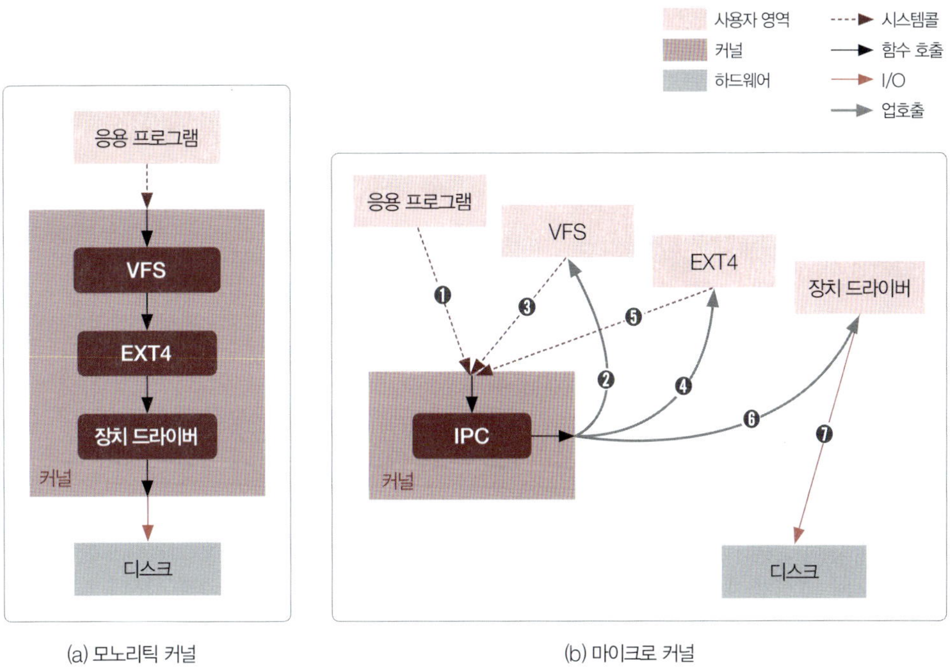

그림 2-9 모노리틱 커널과 마이크로 커널

L4라는 마이크로 커널에서는 하드웨어의 특성을 활용하여 마이크로 커널의 오버헤드를 현저히 줄일 수 있음을 보여주기도 했다. 하지만 성능적인 한계로 인하여 마이크로 커널은 아직까지 범용 운영체제로 널리 사용되지 못하고 있다. 최근 마이크로 커널은 커널의 소스 코드 크기가 모노리틱 커널보다 훨씬 작아 자동차나 항공기와 같은 임베디드 시스템 등에서 커널 소스 코드에 대한 정형 검증formal verification을 통해 좀 더 안전한secure 운영체제로 진화하고 있다.

4 [그림 2-9]에 나오는 VFS나 EXT4는 6장의 파일 시스템에서 구체적으로 다룬다.

가상화 구조

가상화 구조는 하드웨어와 커널 사이에 하이퍼바이저hypervisor라는 새로운 소프트웨어 계층을 두어 여러 가상머신virtual machine이 한 컴퓨터에서 동시에 작동하도록 하는 구조다. [그림 2-10]에서 볼 수 있듯이, 개별 가상머신에는 게스트 운영체제라는 독립된 커널이 동작하며, 프로세스(App)들은 각 게스트 운영체제 위에서 동작한다. 모노리틱 커널 구조가 하드웨어 위에 하나의 운영체제가 돌아가는 일대일 관계였다면, 가상화 구조는 하드웨어 위에 여러 게스트 운영체제가 작동하는 일대다 관계라 할 수 있다.

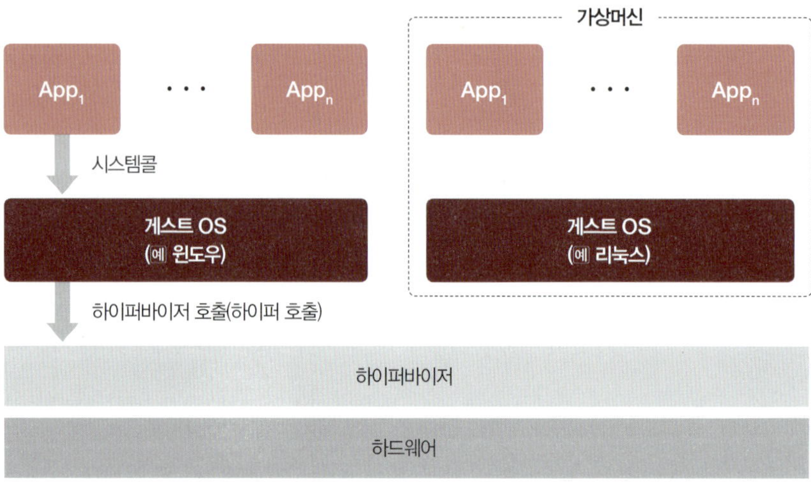

그림 2-10 가상화 구조

가상머신은 1960년대부터 사용되었지만 당시는 컴퓨터 수가 부족해 주로 다른 명령어 집합을 테스트하는 용도로 사용되었다. 가상머신은 유용한 개념이지만 에뮬레이션emulation 방식으로 작동하여 성능이 크게 떨어지므로 널리 사용되기 어려웠다. 그러다가 2003년에 등장한 Xen 하이퍼바이저에는 반가상화paravirtualization 기법을 도입하여 가상머신 성능을 네이티브native 환경과 거의 차이가 없게 만들었다(네이티브 환경의 97% 수준까지 향상됨). 그리고 이때부터 가상화 구조가 급속도로 발전하였다.

클라우드 컴퓨팅 환경에서 가상화 구조가 널리 쓰이는 첫 번째 이유는 하드웨어를 동적으로 조절하는 것이 가능하기 때문이다. [그림 2-11]의 왼쪽 그림은 리눅스 기반 하드웨어와 윈도우 기반 하드웨어가 혼재된 환경을 보여준다. 예를 들어 리눅스 서버는 동영상 서비스를, 윈도우 서버는 이메일 서비스를 제공한다고 가정해 보자. 만약 인기 동영상이 올라와 리눅스 서버에 사용자가 몰리면, 서비스 품질을 유지하기 위해 리눅스 서버의 수를 늘려야 한다. 이때 가상화 구조를 사용하지 않는다면 새로운 리눅스 서버를 투입해야 하는데 이 과정에 상당한 시간이 소요된다. 반면, 오른쪽 그림처럼 하이퍼바이저를 활용하면 윈도우 서버를 줄이고 리눅스 서버를 늘리는 일이 훨씬 수월해진다. 즉, 새로운 서버를 추가하지 않고도 하드웨어를 동적으로 제공할 수 있게 된다[5].

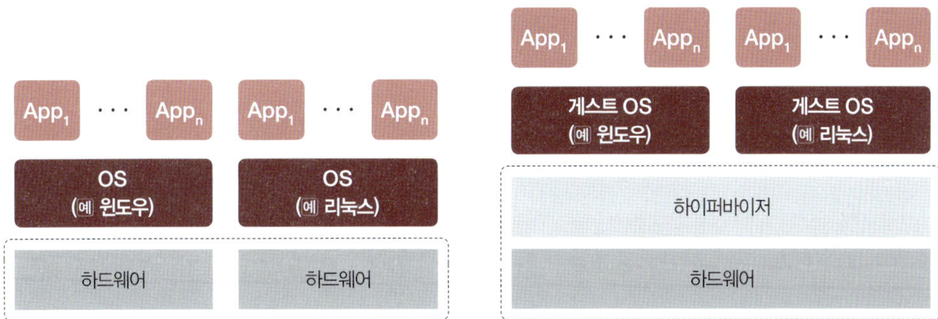

그림 2-11 가상화 구조의 장점: 하드웨어 동적 제공

가상화 구조의 두 번째 장점은 새로운 하드웨어를 도입해도 기존 앱을 수정할 필요 없이 그대로 사용할 수 있다는 점, 즉 소프트웨어 이식성portability을 제공한다는 점이다. [그림 2-12]의 왼쪽 그림에서 하드웨어가 변경되었다고 하자. 이러한 변경은 하이퍼바이저가 담당하여 처리하기 때문에 게스트 운영체제 위에서 구동하는 앱은 변경할 필요가 없다. 즉, 가상화 구조는 소프트웨어의 하드웨어 종속성을 제거한다. 이러한 장점은 자동차용 소프트웨어나 항공용 소프트웨어처럼 오랜 기간 검증된 소프트웨어에서 특히 중요하다. 요즘 출시되는 자동차에는 많은 양의 소프트웨어가 사용되는데, 만약 자동차에 사용되는 하드웨어가 바뀐다면 오랜 기간 테스팅을 다시 해야 할 것이다. 그러나 가상화 구조를 사용하면 기존 소프트웨어를 그대로 사용할 수 있다.

---

5 실제 IT 환경에서는 서버를 늘리는 일보다 줄이는 일이 훨씬 중요하다. 대부분의 모바일 앱은 출시한 후 15주가 지나면 사용자와 사용량이 감소하는 경향이 있다. 예를 들어 인기 앱을 운용하기 위해 100대의 서버를 구매했지만, 시간이 지난 후 사용량이 감소하여 10대만 필요하게 될 수 있다.

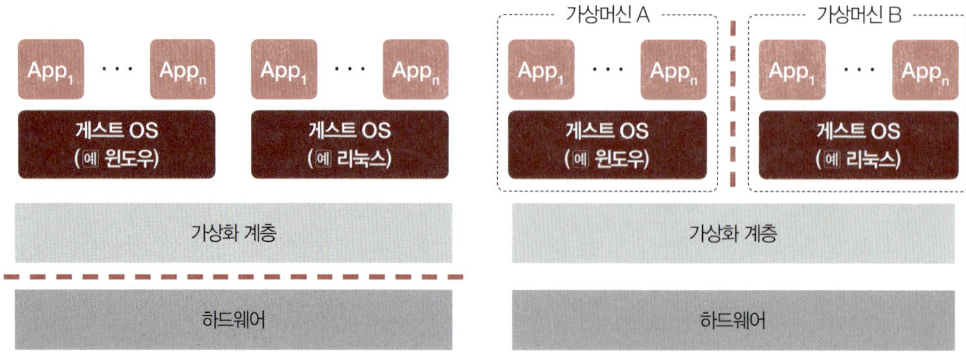

그림 2-12 가상화 구조의 장점: 소프트웨어 이식성과 고립

가상화 구조의 세 번째 장점은 가상머신 간의 고립isolation을 제공한다는 점이다. [그림 2-12]의 오른쪽 그림을 살펴보자. 예를 들어 가상머신 A의 장치 드라이버 오류로 인해 게스트 운영체제가 작동을 멈추더라도 다른 가상머신 B는 영향을 받지 않는다. 즉, B에서 작동하는 게스트 운영체제와 그 위에서 실행되는 앱들은 A의 상태로부터 독립적으로 작동한다. 이때, B는 A로부터 고립되어 있다고 말한다. 이러한 고립은 보안상 큰 장점이 된다. 예를 들어 가상머신 A가 맬웨어malware의 공격을 받아도 가상머신 B는 영향을 받지 않는다. 가상화 구조는 모노리틱 커널이나 마이크로 커널 구조가 제공하지 못하는 높은 수준의 고립을 제공한다.

가상화 구조에서 핵심 역할을 하는 하이퍼바이저는 하드웨어와 게스트 운영체제 사이에서 하드웨어 자원을 논리적으로 분할하여 각 게스트 운영체제의 가상머신에 제공한다. 즉, 게스트 운영체제는 하드웨어를 나누어 사용하게 되는데, 게스트 운영체제는 하이퍼바이저가 제공해주는 CPU(vCPU라고 함)와 메모리(전체 물리 메모리의 일부가 됨)를 사용하여 동작한다. 또한 I/O 장치를 가상화하여 게스트 운영체제가 이 가상 I/O 장치를 사용한다. 한편, 하이퍼바이저는 게스트 운영체제보다 높은 차원의 특권을 가지고 동작한다. 인텔 CPU를 사용하여 가상화 구조를 구현하는 경우, 하이퍼바이저는 ring 0에서, 게스트 운영체제는 ring 1에서, app은 ring 3에서 동작한다.

아마존닷컴의 AWS 같은 클라우드 서비스를 사용할 때, 사용자는 필요한 CPU 수, 메모리 크기, 네트워크 대역폭, 운영체제 종류 등을 지정한다. 그러면 클라우드 사업자는 사용자가 지정한 사양에 맞춰 가상머신을 만들어 제공한다. 사용자는 이 가상머신 위에서 파이썬 프로그래밍 등 자신이 필요로 하는 작업을 할 수 있다. 클라우드 사업자들은 가상머신을 손쉽게 구성하고 변경할 수 있는 다양한 도구와 인터페이스를 제공한다. 이처럼 클라우드는 가상화 구조를 사용하여 사용자에게 편리성을 제공한다. 즉, 컴퓨터 시스템을 구입하고 설치하는 번거로움을 없애준다.

NOTE 가상머신의 비용

비용 측면에서 보면, 가상머신의 비용은 구성된 가상머신의 사양과 사용 시간을 고려하여 결정되기 때문에 막연히 클라우드 비용이 적게 든다고 말하기 어려울 때도 많다.

[그림 2-13]은 가상머신의 역사를 단순화하여 나타낸 것이다(그림에서 박스 안의 명칭은 해당 프로젝트 또는 제품 이름을 의미함). 초기에 메인프레임mainframe에서 활용되던 가상머신 2세대는 VMware와 같은 회사들이 트랩 기반 소프트웨어 에뮬레이션을 통해 구현했다. Xen은 반가상화를 소프트웨어적으로 지원했다. 가상화의 유용성이 입증되고 2010년 이후 인텔과 ARM 칩에 하드웨어 가상화 명령어(예 인텔 VT-x, ARM A15)가 내장되면서 가상화 구조가 더욱 널리 사용되었다.

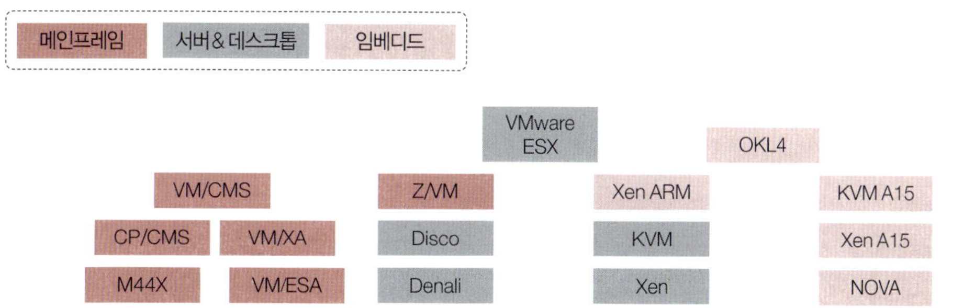

세대	1세대	2세대	3세대	4세대
연도	1960~1990년	1990~2000년	2000~2010년	2010~2020년
핵심 기술	• 초기 가상화 기술	• 중요 명령어의 트랩 지원	• 인텔/ARM 프로세서의 반가상화 • 인텔 VT 하드웨어 가상화	• ARM A15 하드웨어 가상화 • I/O 하드웨어 가상화 (예 virtIO)

그림 2-13 가상머신의 간략 역사

[그림 2-13]을 보면 Xen 다음으로 KVM이 등장한다. Xen 하이퍼바이저를 설치하고 그 위에 반가상화 커널을 올리기 위해서는 깊이 있는 커널 지식이 필요했으므로 실제로 활용하기가 어려웠다. 이에 대한 해결책으로 KVM^Kernel-based Virtual Machine^이 등장한 것이다. KVM은 리눅스 커널을 하이퍼바이저로 사용하고 그 위에 가상머신을 구동시키는 방식이다([그림 2-14]의 왼쪽 그림). 이때, 가상머신의 게스트 운영체제와 구분하기 위해 하이퍼바이저 역할을 하는 리눅스 커널을 호스트 운영체제라고 부른다.

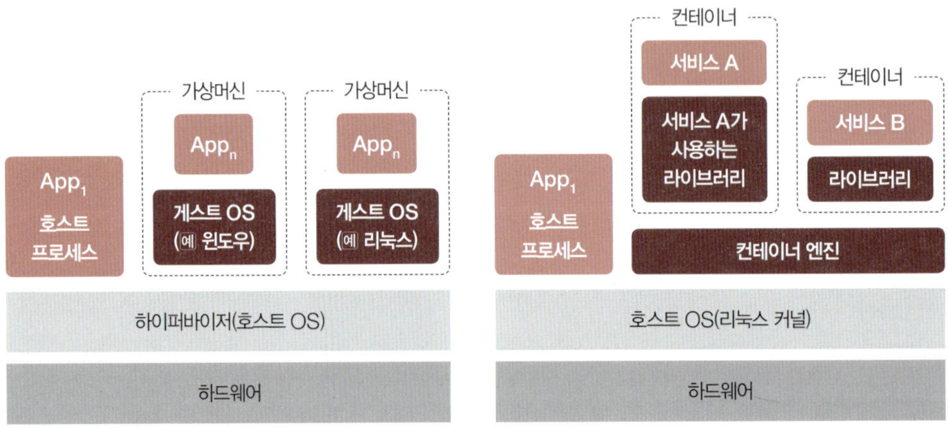

그림 2-14 하이퍼바이저(왼쪽)와 컨테이너(오른쪽)의 가상화 구조

KVM 환경에서는 [그림 2-14]의 왼쪽 그림과 같이 가상머신을 구동하는 게스트 운영체제가 호스트 운영체제 위에서 작동하게 되고, 가상머신은 호스트 프로세스들과 동시에 작동한다. 가상머신과 호스트 커널 간 통신에는 하드웨어 가상화 명령어(앞에서 언급한 VT-x)를 활용해 오버헤드를 최소화한다. 또한 게스트 운영체제에서는 QEMU라는 도구를 사용해 호스트 커널의 입출력 장치를 에뮬레이션하고, 실제 입출력 처리는 호스트 커널이 담당하도록 한다. 이러한 구조로 인해 KVM은 Xen에 비해 훨씬 가볍고 사용이 편리하여 활용하기 쉽다는 장점이 있다.

이때 가상머신들은 서로 다른 커널 위에서 작동할 수 있다는 점에 주목하기 바란다. KVM의 장점은 가상머신이 서로 독립적으로 동작한다는 것이다. 따라서 가상머신 A 위에서 동작하는 프로세스 X는 가상머신 B 위에서 동작하는 프로세스 Y를 전혀 알 수 없으며 접근 또한 불가능하다. 즉, 프로세스 X와 Y는 서로 고립되어 있다. KVM은 Xen 같은 하이퍼바이저가 제공하는 수준의 고립을 제공한다[6].

KVM 환경에서 가상머신은 게스트 운영체제로 커널 '전체'가 필요하다. 즉, 가상머신을 10개 구동하는 시스템은 10개의 운영체제와 10개의 파일 시스템, 10개의 시스템 라이브러리를 갖춰야 한다. 이는 가상머신을 지원하기 위해 많은 양의 물리 메모리와 저장 용량이 필요함을 의미한다. 따라서 다수의 가상머신을 운영하는 데 한계가 있고, 가상머신을 만들어서 관리하기가 부담스럽다는 단점으로 이어진다.

이 문제를 해결하기 위해 도입된 것이 컨테이너container다. 컨테이너는 클라우드의 가상머신들이 동일한 게스트 운영체제를 사용한다는 점에 착안했다. 그래서 컨테이너는 게스트 운영체제 대신 컨테이너 엔진을 사용한다. [그림 2-14]의 오른쪽 그림과 같이 컨테이너 엔진은 호스트 커널 위에서 작동하며, 그 위에서 각 컨테이너가 실행된다. 각 컨테이너는 리눅스 커널을 공유하지만, 자신에게 필요한 파일과 라이브러리는 개별적으로 소유한다(공유하지 않는다). 구체적으로 각 컨테이너는 커널의 네임스페이스name space 기능을 통해 파일과 라이브러리를 공유하지 않도록 할 수 있다[7]. 네임스페이스를 사용해 컨테이너 간 고립을 제공하는 것이다. 이러한 고립을 구현하는 것이 컨테이너 엔진이며, 도커docker가 대표적인 컨테이너 엔진이다.

6 KVM은 성능 면에서 우수할 뿐만 아니라 소스 코드 관리에서도 Xen에 비해 이점이 있다. Xen은 반가상화 기술을 통해 커널 일부를 직접 수정하여 성능을 높였지만, 이는 Xen과 커널 기능이 추가될 때마다 지속적인 변경을 요구했다. 반면, KVM은 리눅스 커널에 통합되어 있어 커널 버전 변화에 따른 개발 부담이 적다.

7 네임스페이스 기능은 프로그래밍 언어의 네임스페이스와 유사하게, 커널 내부에서 구현된 기능이다. 커널 자료구조들을 가시성이 같은 범위로 묶어 관련 자료들만 모아서 볼 수 있게 한 것이다. 예를 들어 같은 네임스페이스를 공유하는 컨테이너 안에서는 파일과 프로세스 정보를 상호 참조할 수 있지만, 다른 네임스페이스를 갖는 컨테이너의 정보는 볼 수도 참조할 수도 없다. 컨테이너에 대한 자세한 설명은 이 책의 범위를 넘어서므로 여기서는 생략하니 다음 단계의 책을 참고하기 바란다.

컨테이너는 가상머신과 달리 커널을 공유하기 때문에 여러 개를 실행해도 커널은 하나만 사용한다. 따라서 가상머신보다 물리 메모리와 저장 공간 사용량을 획기적으로 줄인다는 장점이 있다. 그래서 컨테이너를 경량 가상화 구조라고 한다. 그러나 엄밀히 말하면 컨테이너는 가상머신이 제공하는 고립보다는 약한weak 고립을 제공한다. 가상머신은 운영체제를 분리하여 고립을 제공하는 반면, 컨테이너는 커널을 공유하면서 고립을 제공하기 때문이다. 그러나 컨테이너는 운영체제로부터 독립적으로 실행할 수 있다는 장점이 있다. 컨테이너는 실행에 필요한 라이브러리를 모두 가지고 있어 운영체제와 상관없이 컨테이너 엔진이 제공되는 환경에 손쉽게 설치하고 실행할 수 있다. 컨테이너의 이러한 장점이 가상머신에 비해 고립이 약하다는 단점보다 더 커 클라우드에서 컨테이너가 널리 사용되고 있다.

요점 정리

* 운영체제의 설계 목표

① 하드웨어의 처리 능력 최대화

② 유연성, 수정 용이성

- 커널의 구조는 매우 복잡하며 여러 사람이 개발에 참여한다.
- 기술 발전에 따라 새로운 하드웨어 장치를 수용해야 한다.
- 코드의 개발 · 확장 · 디버깅이 용이해야 한다.

* 운영체제 설계 방법

① 계층화: 운영체제를 여러 계층으로 나누고 이 계층들이 인접한(adjacent) 계층 간에만 호출하도록 설계한 것이다.

② 모듈화: 운영체제를 작은 단위로 쪼개서 모듈로 만들고, 이 모듈들을 연결하는 것이다. 계층화와 달리, 모든 모듈이 서로 호출할 수 있다.

퀴즈

퀴즈 1) 계층화의 장단점을 설명하시오.

퀴즈 2) 모듈화하면 정보 은닉이 더 효율적인 이유를 쓰시오.

예시 답안

02 운영체제를 이해하기 위한 컴퓨터 하드웨어

Section

이 절에서는 커널을 이해하는 데 필요한 주요 하드웨어 개념을 다룬다. 컴퓨터 구조에 대한 기본적인 이해를 전제로 하며, 커널 관점에서 핵심적인 내용만 간략히 살펴본다.

이 절의 학습 목표

- 기본적인 컴퓨터 시스템 구조를 복습하고 이해를 강화한다.
- 시스템 진입 지점과 프로그램 실행 흐름의 작동 원리를 파악한다.
- DMA와 인터럽트를 활용한 비동기 I/O 모델의 개념과 작동 방식을 이해한다.

1 컴퓨터 시스템의 구조

컴퓨터 시스템의 기본 구조는 [그림 2-15]와 같다. CPU와 메모리, 주변 장치가 하나의 버스로 연결되어 있는데, 이는 초창기 컴퓨터의 구조이기도 하다.

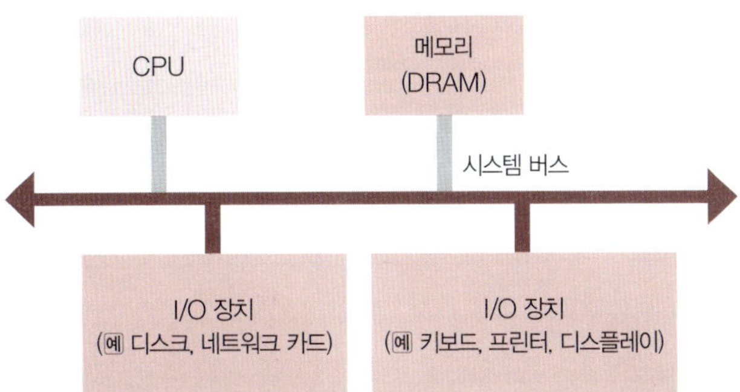

그림 2-15 컴퓨터 시스템의 기본 구조

CPU^Central Processing Unit^는 연산 장치와 제어 로직으로 구성된다. 연산 장치는 계산을 수행하는 부분이고 제어 로직은 프로그램의 명령어를 해석하고 실행하는 부분이다. CPU의 속도는 클록clock 수로 나타내는데, 1990년대에는 40MHz 클록 정도를 사용했으나, 2000년 이후의 최신 CPU는 3GHz 클록 정도의 속도를 갖는다. 또한 CPU의 처리 용량을 올리기 위해 CPU 내에 산술논리장치를 여러 개 두고, 병렬적으로 계산할 수 있게 하였다. 이러한 산술논리장치를 코어core라고 하는데, 요즘 모바일에서 사용되는 CPU에도 코어를 8개 탑재한 octa

코어가 사용되고 있다. 이 책에서는 운영체제에 대한 기본적인 이해를 돕기 위해 CPU가 1개이고 코어도 1개라는 가정 아래 설명을 진행한다. 현재 코어의 개수가 지속적으로 증가할 것으로 예상됨에 따라 커널이 멀티코어를 효율적으로 지원하는 방법에 대한 연구가 활발히 진행되고 있다.

메모리는 CPU가 동작하는 데 필요한 데이터를 가지고 있다. 예전에는 마이크로초 단위로 동작하던 메모리가 오늘날 DDR^Double Data Rate 기술 덕분에 GHz 속도로 데이터를 전송할 정도로 발전했다. 이처럼 CPU와 메모리의 속도는 기하급수적으로 빨라졌는데 주변 장치의 속도는 여전히 제한적이다. 키보드는 말할 것도 없고 하드 디스크는 아직도 밀리초 속도로 작동한다. CPU에서 파일을 저장하는 과정을 떠올려보면, 주변 장치가 느려 CPU가 계속 기다려야 하는 현상이 발생한다. 즉, 주변 장치가 병목^bottleneck된 상태가 되는데, 이 병목을 해결하지 않으면 아무리 빠른 CPU를 사용하더라도 컴퓨터의 성능은 빨라질 수 없다.

주변 장치의 성능 격차를 해결하기 위해 [그림 2-16]과 같은 이중 버스 구조가 사용된다.

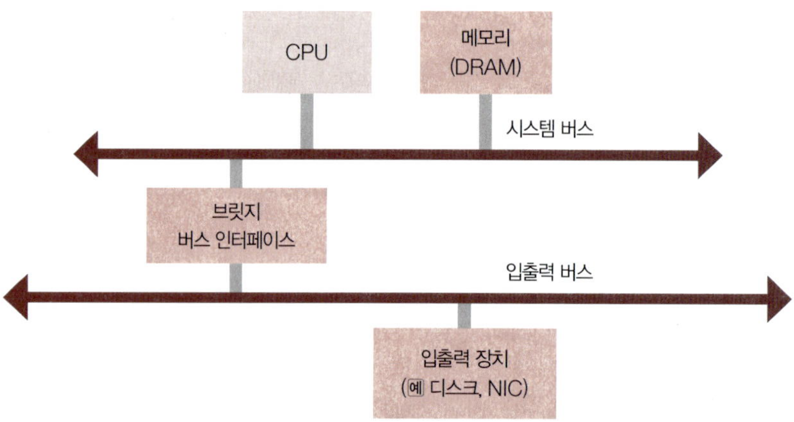

그림 2-16 이중 버스 구조

[그림 2-16]의 구조에는 CPU와 메모리를 연결하는 시스템 버스, 주변 장치를 연결하는 입출력 버스가 있다. 시스템 버스는 매우 빠르고 입출력 버스는 느리다. 그래서 두 버스를 연결하는 브릿지^bridge가 존재한다. 시스템 버스는 CPU별로 정의된다. 입출력 버스는 여러 장치가 CPU에 붙어야 하기 때문에 표준화되어 있으며, 대표적인 예가 PCI 버스다.

구체적인 수치로 생각해 보자. 2GHz의 CPU가 있고, 메모리의 처리 속도는 1GHz라고 가정하자. 메모리 처리 속도는 CPU가 메모리로부터 워드(4바이트)의 데이터를 읽어오는 속도를 의미한다. 하드 디스크에서 데이터를 읽어오는 속도는 보통 20ms다. 이 수치로 CPU와 디스크의 처리 속도를 비교하면, 천만 배의 차이가 남을 알 수 있다. 다시 말해 디스크에서 워드 데이터를 하나 읽어오는 시간에 CPU에서는 천만 개의 명령어가 수행될 수 있다. 만약 이 CPU와 디스크가 단일 버스에 연결되어 있고 디스크 동작이 종료될 때까지 CPU가 기다려야 한다면, 디스크가 작동하는 동안 CPU는 천만 개의 명령어를 수행하지 못하게 되는 것이다stall. 이런 이유로 입출력 버스를 시스템 버스와 분리한 이중 버스 구조가 널리 사용된다. 물론, 임베디드 시스템에서 CPU가 느린 경우에는 단일 버스로 설계하기도 한다.

NOTE CPU의 속도

컴퓨터 구조 수업을 수강한 학생들은 multi-cycle microarchitecture, pipelined architecture, out-of-order execution과 같은 내용을 학습했을 것이다. 현대 CPU는 정확히 1사이클 동안 1개의 명령어를 수행하지 않는다. 컴퓨터의 성능 향상과 관련한 자세한 개념은 컴퓨터 구조 관련 도서의 IPCInstructions Per Cycle를 찾아보길 바란다. 이 책에서는 단순 비교를 위해 CPU의 클록 속도가 CPU의 명령어 처리 속도와 동일하다고 가정했다.

대개 컴퓨터를 구입할 때 다양한 CPU 속도와 메모리 크기, 플래시 용량을 비교하며 고민하게 된다. 2.5GHz 와 3GHz의 속도를 갖는 CPU가 있을 때, 3GHz의 CPU 성능이 더 좋다고 볼 수 있을까? 이에 대한 답은 어떤 앱을 실행하느냐에 따라 달라진다. 웹 브라우징을 많이 한다면 메모리 크기가 성능에 더 큰 영향을 미칠 것이다. 컴퓨터 게임을 하는 데 주로 사용한다면 그래픽 가속 장치의 속도가 CPU 속도보다 더 중요할 것이다. 이처럼 컴퓨터의 성능은 단순히 CPU 속도에 따라 결정되는 것이 아니라, 메모리 속도, 주변 장치의 속도까지 함께 고려되어야 한다는 점을 기억하기 바란다.

NOTE 컴퓨터 하드웨어의 성능 비교

1GHz는 1클록에 1ns가 소요된다. 3.4GHz 클록을 가진 CPU의 클록 사이클 타임(1클록에 걸리는 소요 시간)은 300ps 정도다. https://colin-scott.github.io/personal_website/research/interactive_latency.html 사이트는 1990년부터 2020년까지 널리 사용되는 컴퓨터 하드웨어의 성능latency을 비교하여 보여준다. 2020년 기준으로 보면, CPU 내부의 캐시 메모리 접근 시간과 메인 메모리 접근 시간은 대략 100배 정도의 시간 차이가 난다. 또한 SSD 접근 시간은 메모리 접근 시간의 160배, HDD 접근 시간은 메모리 접근 시간의 2만 배 정도 시간 차이가 남을 확인할 수 있다.

2 시스템 진입 지점

컴퓨터 시스템에서 운영체제와 하드웨어, 사용자 프로그램은 서로 긴밀하게 동작한다. 일반적으로 사용자 프로그램을 실행하면 CPU는 사용자 모드에서 명령어를 수행한다. 그러나 항상 사용자 모드에서만 실행하는 것은 아니고, 경우에 따라 커널 모드로 진입하여 수행하기도 한다. 사용자 모드에서 커널 모드로 진입하는 것을 시스템 진입이라고 한다. 대표적인 시스템 진입 메커니즘인 인터럽트, 트랩, 예외에 대해 자세히 알아보자.

인터럽트

앱들이 동작하기 위해서는 주변 장치와 데이터를 주고받아야 한다. 예를 들어 카톡은 네트워크로 도착한 패킷을 시스템콜을 사용하여 읽으려고 한다. 이때 네트워크는 패킷이 도착했다는 것을 커널에 어떻게 알려줄 수 있을까? 커널에 어떤 이벤트event가 발생했음을 알리기 위해, 주변장치는 인터럽트Interrupt라는 메커니즘을 사용한다.

인터럽트를 사전에서 찾아보면 '가로막다', '중단하다'로 해석된다. 카톡에서 네트워크에 패킷이 도착했을 때, CPU는 어떤 작업을 하고 있을 것이다. 네트워크에 패킷이 도착했다는 것을 CPU가 알게 되면, 커널은 CPU가 하던 작업을 멈추게 하고 도착한 패킷을 커널로 읽어 들인다. CPU에서 수행 중이던 작업의 관점에서는 네트워크 패킷으로 인하여 수행을 (일시적으로) 멈추게 된다. 이처럼, 주변 장치가 CPU에서 수행 중인 작업을 멈추는 이벤트를 발생시킬 때 이를 인터럽트라고 한다. 인터럽트는 CPU의 실행과 비동기적인 이벤트asynchronous event를 뜻하는데, 여기서 CPU의 실행과 비동기적이라는 말은 CPU에서 실행하던 명령어의 흐름 때문에 발생한 것이 아니라는 의미다. 즉, 네트워크에 패킷이 도착하는 것은 CPU에서 수행 중인 작업이 아닌 외부적인 요인으로 발생하는 이벤트다[8].

인터럽트의 다른 예로 키보드가 있다. 만약 인터럽트를 사용하지 않는다면 CPU는 키보드의 입력이 언제 들어올지 몰라 계속 확인해야 하는데, 입력이 없는 경우 이 확인은 불필요한 것이다. 키보드 입력은 초 단위로 이루어지고 CPU는 나노nano초 단위로 작동하므로 대부분의 확인은 불필요하여 CPU 시간을 낭비하는 결과를 초래한다. 인터럽트를 사용하면 사용자가 키보드를 눌렀을 때 이 사실을 CPU에 알려 처리하게 된다. 즉, 키보드의 입력이 없는 동안에는 CPU가 다른 일을 하다가, 키가 눌리면 인터럽트를 통해 키가 눌렸다는 것을 감지하게 된다. 입력된 키가 인터럽트 처리되므로, CPU가 다른 작업을 하고 있더라도 키가 입력되자마자 화면에서 보이는 것이다.

한편, 인터럽트를 처리하려면 결국 CPU를 사용해야 한다. 컴퓨터 시스템에서 연산할 수 있는 장치는 CPU뿐이기 때문이다. 인터럽트를 처리하기 위해 수행하는 작업을 인터럽트 서비스 루틴Interrupt Service Routine, ISR이라고 한다. [그림 2-17]과 같이 어떤 작업을 수행하다가 인터럽트가 발생하면, 커널은 수행 중인 작업을 잠시 멈추고 ISR을 수행하게 된다. ISR 수행을 마친 후에 커널은 멈추었던 작업을 다시 수행한다.

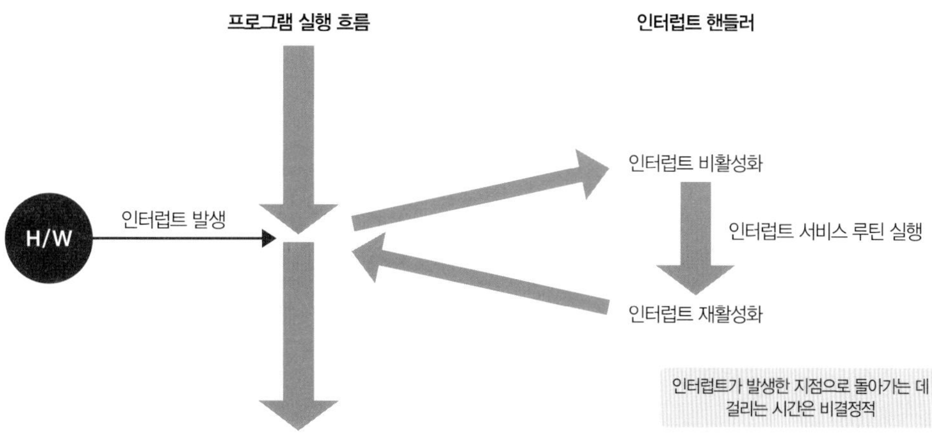

그림 2-17 인터럽트 처리 흐름

8 여기서 설명하는 인터럽트는 CPU가 아닌 장치 하드웨어에서 발생시키는 것으로 하드웨어 인터럽트라고 부르기도 한다.

1장에서 설명한 시분할을 다시 생각해 보자. CPU가 작업을 수행하면서 타임퀀텀이 경과했는지 어떻게 알 수 있을까? 유일한 방법은 주기적으로 시계를 읽는 것이다. 그럼 어떻게 주기적으로 시계를 읽을까? 가능한 방법은 CPU 외부의 타이머 장치를 사용하는 것이다. 이 타이머 장치가 일정한 간격으로 CPU에 인터럽트를 전송한다. 즉, CPU가 타이머 인터럽트를 받으면 일정한 시간이 지났음을 알 수 있다. 따라서 시분할은 CPU 외부에 있는 타이머에서 정해진 타임퀀텀이 경과했을 때 인터럽트를 발생시키도록 하고, 인터럽트 서비스 루틴에서 시분할 기능을 수행하는 것으로 구현된다.

이때 중요한 것은 ISR이 가능하면 짧아야 한다는 것이다. 왜냐하면 ISR은 인터럽트는 원래 수행 중이던 작업을 멈추고 인터럽트를 위한 작업을 처리하는 것이기 때문이다. 또한 ISR를 수행하는 중에 제2, 제3의 인터럽트가 발생할 수 있기 때문에 ISR 수행을 신속하게 끝내야 한다. 만약 ISR이 길어지면 인터럽트 이전에 수행 중이던 작업에 부정적인 영향을 미친다[9].

트랩

인터럽트와 달리, 트랩은 CPU의 실행과 동기적인 이벤트를 처리하는 메커니즘이다. 트랩을 사용하는 대표적인 상황은 시스템콜이다. 앱에서 현재 시간을 알고 싶을 때, 저장된 파일을 불러올 때, 새로운 문서를 작성하여 파일명을 지정해서 저장할 때, 파일을 삭제할 때 시스템콜을 통해 이러한 작업들을 수행한다. 시스템콜이 호출되면 시스템콜 인터페이스에서 트랩을 발생시킨다([그림 2-18]의 시스템콜 구조 참고). 트랩은 사용자 모드에서 커널 모드로 수행 모드 스위칭을 발생시켜서 시스템콜이 커널 내부로 진입하게 한다.

[그림 2-18]에서 트랩 서비스 루틴trap service routine은 시스템콜을 구현하는 커널 함수를 나타낸다. 예를 들어 [그림 2-5]의 오른쪽 그림에서 별색 음영으로 표시된 부분은 `open(2)` 시스템콜을 호출한 앱이 트랩 서비스 루틴이 종료될 때까지 수행을 멈추었다가 시스템콜 수행이 끝난 후 다시 수행하는 것을 보여준다. 이런 점에서 트랩은 인터럽트와 유사한 면이 있으나, 현재 수행 중인 앱에서 발생시킨 이벤트를 처리하므로 동기적이라는 측면에서 차이가 있다[10].

---

9 최근의 운영체제들은 ISR의 처리를 분리하여 처리가 오래 걸리는 인터럽트 서비스 루틴은 스케줄링이 가능한 커널 쓰레드에서 처리하기도 한다. 쓰레드에 대한 내용은 5장에서 설명한다.

10 트랩을 소프트웨어 인터럽트라고 부르기도 한다.

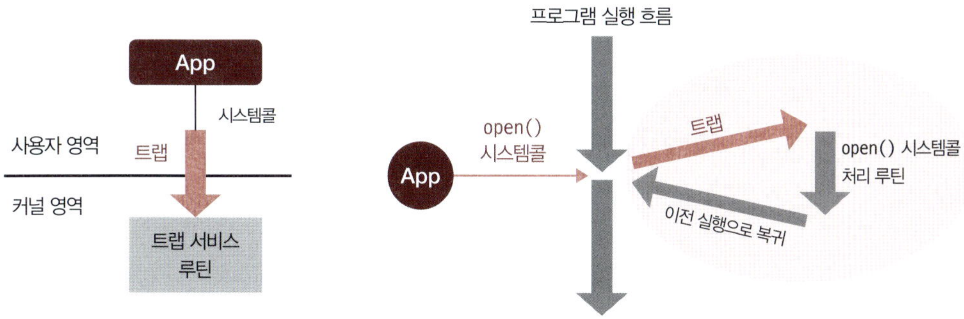

그림 2-18 트랩 처리 흐름

예외

예외exception는 프로그램 실행 오류와 같은 이벤트를 처리하는 메커니즘이다. 예를 들어 C 프로그램을 수행하다 보면 `segmentation fault`라는 메시지를 보게 된다. 이는 프로그램이 `null` 포인터에 접근할 때 발생하는데, 이 경우 CPU에는 실제로 접근할 수 있는 유효한 메모리가 없으므로, 해당 프로그램은 더 이상 진행하지 못하고 실행을 멈추게 된다. 이처럼 CPU가 현재 명령어를 실행할 수 없는 상황을 예외(또는 익셉션)라고 한다. 또 다른 예로 0으로 나누기divide by zero가 있다. 이와 같은 예외적인 상황이 발생하면 CPU는 실행을 멈추고, 해당 명령어를 실행할 수 없으므로 커널 모드로 전환한 후 미리 정의된 예외 처리 함수를 실행하여 프로그램 진행을 중단한다.

인터럽트, 트랩, 예외는 프로세스 실행 중 운영체제 커널로 진입할 수 있는 시스템 진입 지점이다. CPU는 인터럽트, 트랩, 예외가 발생하는 경우 공통 동작을 수행한다. 먼저 실행 모드를 커널 모드로 변경하고, 미리 지정된 커널 함수로 프로그램 카운터PC 혹은 명령어 포인터IP를 변경하여 ISR, 예외 혹은 시스템콜을 실행한다.

이러한 공통 동작에 추가하여 인터럽트, 트랩, 예외는 발생 원인에 따라 고유한 서비스 루틴을 가진다. CPU별로 인터럽트, 트랩, 예외에 대한 서비스 루틴을 지정하는 메커니즘을 제공하며, 운영체제는 CPU가 제공하는 메커니즘을 활용한다. 따라서 인터럽트, 트랩, 예외 처리는 구조 의존적architecture dependent이다. 인터럽트와 트랩의 복귀 과정은 비슷한데, ISR과 시스템콜을 처리한 후 원래 실행하던 사용자 프로그램으로 복귀하게 된다.

③ DMA(직접 메모리 접근)와 I/O 모델

1GB의 파일을 다운로드한다고 하자. 네트워크에서 한 번에 들어오는 패킷의 크기는 1KB 정도이기 때문에, 파일은 대략 백만 개의 패킷으로 바뀌어 네트워크로 들어오게 된다. 만약 패킷이 들어올 때마다 인터럽트가 발생한다면, CPU는 백만 번의 인터럽트를 받고 매번 ISR을 수행하며 ISR에서는 들어온 패킷을 한 번에 1KB씩 네트워크 카드에서 메모리로 복사하게 된다. 그리고 패킷을 메모리로 복사하기 위해 CPU가 지속적으로 동작하게 된다[11].

이때, 좀 더 효율적으로 패킷을 복사하기 위해 고안된 방법이 DMA^Direct Memory Access, 직접 메모리 접근^다. DMA는 들어온 패킷을 네트워크에서 메모리로 옮기는 과정에 CPU가 관여하지 않도록 하는 방법이다. 즉, DMA는 입출력 장치에서 메모리로, 혹은 메모리에서 입출력 장치로 CPU 대신 데이터를 옮기는 역할을 한다.

DMA는 CPU와 독립적으로 작동하는 장치이며, 시스템 버스의 유휴 시간을 사용하여 데이터를 전송한다. 이때, 데이터 복사 완료 시점을 알 수 없으므로 DMA는 데이터 복사를 마친 후에 인터럽트를 발생시킨다. 예를 들어 1GB 파일을 다운로드하는 경우, 백만 번 DMA를 수행한 뒤에 인터럽트를 발생시킨다. DMA가 데이터를 복사하는 동안 CPU는 다른 연산을 할 수 있으므로 CPU 효율이 높아진다.

DMA 처리 과정을 구체적으로 살펴보자. 먼저 CPU는 DMA 내부의 DMA 제어기에서 입력 또는 출력 명령을 보내고 데이터 크기를 알린다. 그러면 다운로드 과정에서 CPU의 역할은 끝난다. 이 명령에 따라 DMA 제어기는 시스템 버스가 빈 시간을 이용해 메모리에 접근하여 네트워크에서 들어온 패킷을 메모리로 복사한다. (최신 DMA 지원 장치들은 장치 내부에 여러 데이터 전송을 위한 별도의 메모리 버퍼를 가지고 있다. 메모리 버퍼에 저장된 데이터는 DMA 제어기가 순차적으로 전송할 수 있으며, 여러 DMA 데이터 전송 명령을 큐에 쌓아두고 처리한다.)

[그림 2-19]는 하드 디스크에서 파일을 읽어오는 DMA 과정을 단계별로 설명한 것이다.

---

11 네트워크 패킷의 크기는 네트워크의 MTU(Maximum Transfer Unit)에 따라 다른데, 가장 널리 사용되는 이더넷의 경우 1,500바이트다. 여기서는 설명의 편의를 위해 1KB라고 가정했다.

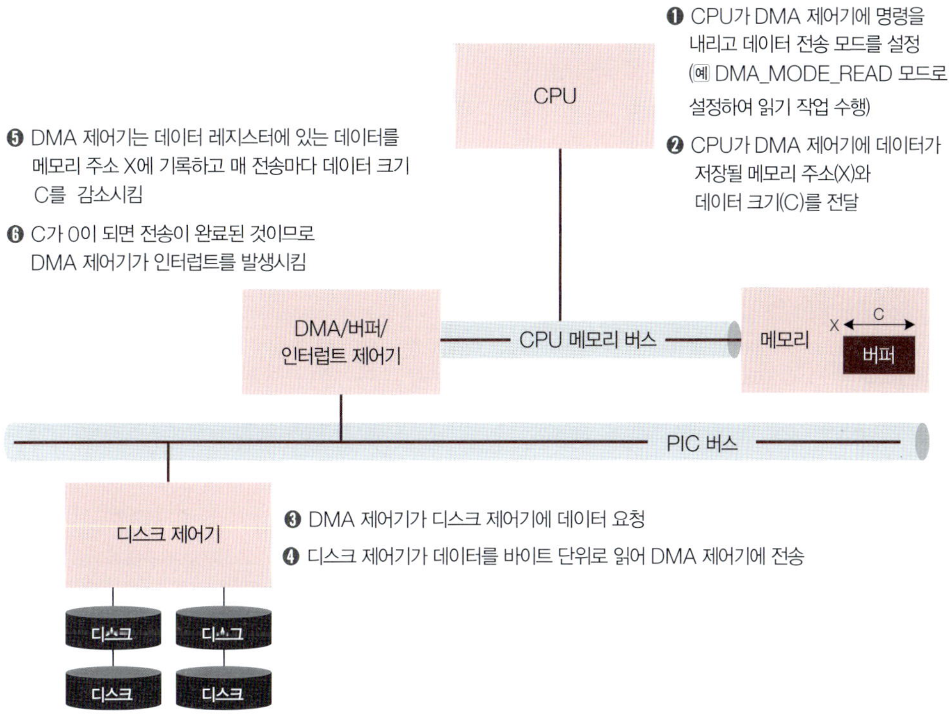

그림 2-19 DMA 처리 과정

❶ DMA를 시작하기 위해 CPU가 DMA 제어기에 명령을 보낸다. DMA 제어기의 주요 구성 요소인 레지스터는 일반적으로 제어 레지스터control register와 데이터 레지스터data register로 이루어져 있다. CPU가 입력 또는 출력 명령을 내린다는 것은 제어 레지스터에 명령어를 저장하는 것이다. 데이터 레지스터는 입출력 장치에서 메모리로 보내거나 받는 데이터를 가지고 있다.

❷ CPU는 DMA 제어 레지스터에 읽어올 메모리 주소(X)와 데이터 크기(C)를 알려준다. 이때 사용하는 주소는 물리 메모리 주소임을 기억하기 바란다.

❸ DMA 제어기는 디스크 제어기에 데이터를 읽어오도록 요청한다.

❹ 디스크 제어기가 데이터를 바이트 단위로 읽어 DMA 제어기의 데이터 레지스터에 저장한다.

❺ DMA 제어기는 데이터 레지스터에 있는 데이터를 메모리 주소 X에 기록한다. 그리고 데이터 크기 C를 감소시킨다.

❻ 데이터 크기 C가 0이 될 때까지 ❸~❺의 과정을 반복한다. C가 0이면 전송이 완료된 것이므로 DMA 제어기가 인터럽트를 발생시킨다(인터럽트를 통해 CPU에 전송이 완료됐음을 알림).

DMA 제어기의 제어 레지스터와 데이터 레지스터에 CPU가 접근하는 방법에는 두 가지가 있다. 하나는 메모리 매핑 입출력memory-mapped I/O이고, 다른 하나는 입출력 명령어I/O instruction를 사용하는 방법이다. 메모리 매핑 입출력은 제어 레지스터와 데이터 레지스터에 메모리처럼 주소를 할당하여, CPU가 `load`, `store` 같은 기계 명령어를 사용해서 그 주소에 접근하는 것이다. 메모리 매핑을 사용하지 않는 경우에 `in`, `out`과 같은 입출력 명령어를 사용한다. 과거에는 입출력 명령어를 주로 사용했으나 메모리 관리 기법이 발전하면서 메모리 매핑 입출력이 더 많이 사용되고 있다.

DMA를 한다는 것은 입출력 장치에 DMA 제어기라는 하드웨어가 추가되는 것을 의미한다. 따라서 DMA 제어기를 장착하면 입출력 장치의 가격이 비싸지기 때문에 모든 입출력 장치가 DMA를 사용하지는 않는다. 예를 들어 키보드는 데이터양이 적기 때문에 DMA를 사용하지 않는다. 저사양 컴퓨터도 디스크나 네트워크에서 데이터를 주고받을 때 DMA를 사용하지 않기도 한다. 이 경우 CPU가 이들 장치에서 데이터를 메모리로 직접 복사하면서 복사가 완료되었는지 지속적으로 확인해야 하는데, 이런 방식을 폴링polling이라고 한다. 폴링은 DMA 제어기 없이 CPU가 메모리로 복사하는 것을 말한다. 폴링은 고성능을 요구하지 않는 경우에 사용된다.

요점 정리

* 운영체제를 이해하기 위한 하드웨어 개념

① 커널: 컴퓨터 시스템의 전원을 처음 켰을 때 메모리로 올라와 그 이후 항상 주기억 장치에 머무르는 부분이다. 운영체제와 상등한 개념이다.

② 인터럽트: 수행 중인 현재의 프로그램과 상관없는 이벤트가 발생했을 때 수행 중인 작업을 잠시 멈추고 새로 발생한 이벤트를 처리하도록 하는 메커니즘이다.

③ 트랩: 커널 모드 안으로 들어가 커널 서비스를 제공받기 위한 하나의 절차다. 커널에 작업을 의뢰하는 시스템콜이 트랩의 예다.

④ 예외: CPU에서 현재 실행 중인 명령어와 관련하여, 해당 명령어를 완료할 수 없는 예외 상황이 발생했을 때 이를 처리하는 메커니즘이다. 실행 중인 프로그램을 더 이상 진행할 수 없으며, 운영체제로 제어를 넘긴다. (예 0으로 나누기, 참조가 불가능한 메모리 접근)

⑤ DMA(Direct Memory Access): 입출력이 동작할 때 CPU와 관계없이 직접 DMA 제어기가 메모리에 접근해 입출력을 처리하는 방법이다. DMA를 하면 입출력을 처리하는 동안에도 CPU는 쉼 없이 다른 처리를 할 수 있다.

퀴즈

퀴즈 1) 커널의 역할을 두 가지로 요약하여 설명하시오.

퀴즈 2) 하나의 프로그램을 수행하는 동안 현재의 프로그램과 상관없는 이벤트가 발생한다면 어떤 방식으로 처리되는가?

퀴즈 3) “인터럽트 서비스 루틴은 가능하면 짧아야 한다.”라는 주장에 대해 근거를 제시하시오.

퀴즈 4) 시스템콜을 간략히 정의하시오.

퀴즈 5) 동 주민센터의 업무 처리를 예로 들어 시스템콜, 커널, 트랩을 설명하시오.

예시 답안

CHAPTER

03

프로세스 관리

01 프로그램의 실행과 프로세스

Section

파일 형태로 저장된 프로그램은 운영체제의 실행 명령을 통해 '실행 중인 상태의 프로그램'인 프로세스가 된다. 이 절에서는 프로세스의 생성과 상태 변화에 따른 라이프 사이클 모델을 소개한다.

이 절의 학습 목표

- 프로그램의 실행 과정과 실행 중인 프로그램인 프로세스의 개념을 이해한다.
- 프로세스의 문맥 교환 원리와 필요성을 파악한다.
- 프로세스의 5-상태 라이프 사이클 모델과 각 상태의 특징을 이해한다.

1 프로그램과 프로세스

1장에서 간단히 설명한 프로그램과 프로세스의 차이를 다시 정리해 보자. 프로그램은 실행 파일이라고도 불리는데, 운영체제가 파일을 읽어들여 실행할 수 있는 형태로 HDD나 SSD 같은 저장 장치에 저장한 것이다. 이렇게 저장된 프로그램이 메모리로 올라와 실행 중이면 프로세스라고 한다. 이 장에서는 프로그램과 프로세스가 어떻게 다르며 프로그램에서 프로세스가 어떤 과정으로 만들어지는지를 구체적으로 설명한다.

[그림 3-1]은 소스 코드부터 실행까지 프로그램과 프로세스가 생성되는 과정을 보여준다. 프로그램은 C 언어나 파이썬 같은 프로그래밍 언어로 작성된다. 이때 작성한 내용이 소스 코드source code다. 소스 코드를 컴파일하여 오브젝트 코드object code를 만드는데, 컴파일러compiler가 소스 코드를 CPU가 이해할 수 있는 `mov`, `store`, `load`, `add`와 같은 기계어로 번역한 것이 오브젝트 코드다[1]. 소스 코드와 오브젝트 코드는 파일에 저장되며 저장된 파일을 소스 파일, 오브젝트 파일이라고 한다.

소스 코드의 변수나 함수 이름function name이 모두 개발자가 지정한 이름symbol으로 되어 있는데, 컴파일러는 이 심볼들을 기계어로 번역하면서 변수, 함수 이름들을 그에 해당하는 데이터나 코드가 저장되는 메모리 주소로 변환한다. 변수는 변수를 저장하는 메모리 주소로, 함수

1 엄밀하게 말해 CPU에서 실행되는 코드는 0과 1로 이루어진 비트열이다. Mov, store와 같은 기계어는 어셈블러를 통해 최종적인 비트열로 변경되며, CPU는 이 비트열을 명령어로 해석하여 실행한다.

이름은 함수가 번역된 기계어가 시작되는 주소로 변환된다. 컴파일러는 소스 파일별로 오브젝트 파일을 만든다. 따라서 소스 코드가 여러 개의 파일로 이루어진 경우, 소스 파일의 개수만큼 오브젝트 파일이 만들어진다.

NOTE 커널의 소스 코드

커널도 일종의 소프트웨어로 소스 코드가 있으며, 컴파일하여 사용할 수 있다. 예를 들어 리눅스 커널을 컴파일하면 8,000여 개의 오브젝트 파일이 만들어진다.

컴파일하여 생성된 오브젝트 파일들을 하나의 실행 파일로 묶어주는 과정이 링킹linking이다. 링킹은 여러 오브젝트 파일에 흩어진 텍스트 영역과 데이터 영역을 통합한다. 또한 C 프로그램에서 `#include <stdio.h>`와 같은 문장은 해당 프로그램이 `printf()`나 `scanf()`와 같은 함수를 사용하고 이 함수들을 가지고 있는 표준 입출력 라이브러리가 링킹에 필요함을 나타낸다. 파이썬 프로그램 역시 `#import numpy`와 같이 필요한 라이브러리들을 표시한다. 링커linker는 이러한 라이브러리를 오브젝트 코드와 묶어서 실행 파일로 만든다. 커널의 경우 수천 개의 오브젝트 파일이 있는데, 링킹를 거치면서 오브젝트 파일 개수에 관계없이 하나의 실행 파일이 생성된다.

링킹하여 생성된 실행 파일은 HDD, SSD, USB와 같은 저장 장치에 저장된다. 사용자가 프로그램을 실행(예 윈도우에서 더블클릭하기)하면 실행 파일이 저장 장치에서 메모리에 로딩loading되면서 프로세스가 된다. 즉, 소스 코드는 컴파일러와 링커를 통해 실행 파일이 되며, 로더에 의해 메모리에 로딩되면 실행 가능한 프로세스가 되는 것이다.

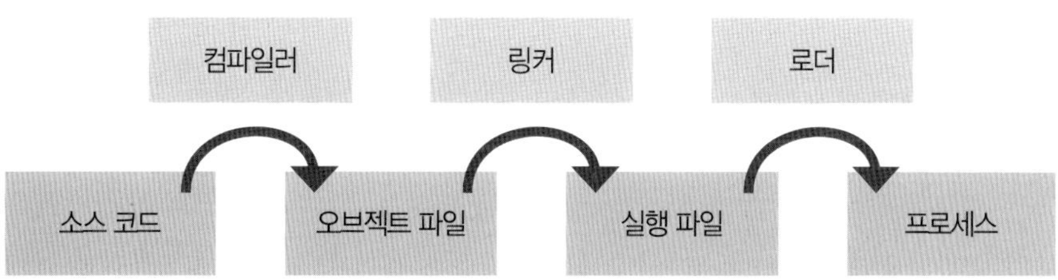

그림 3-1 프로그램과 프로세스가 생성되는 과정

링킹을 좀 더 구체적으로 살펴보면 다음과 같다. 컴파일된 오브젝트 파일에는 내부적으로 텍스트 영역과 데이터 영역이 있다. 텍스트text 영역에는 프로그램의 명령어로 구성된 실행 코드가 들어 있다. C 언어의 `main()` 함수를 비롯한 모든 함수, 파이썬에서 만들어진 모든 함수가 텍스트 영역에 저장된다. 데이터 영역에는 전역 변수들을 저장한다. 특별히, 초깃값이 정해진 전역 변수들이 데이터 영역에 저장된다[2].

링킹은 [그림 3-2]와 같이 정적 링킹과 동적 링킹의 두 가지 방식으로 나뉜다.

정적 링킹

정적 링킹static linking은 실행 파일을 수행할 때 필요한 모든 라이브러리와 코드를 실행 파일에 포함하는 것이다. 정적 링킹은 프로그램에 필요한 모든 라이브러리를 실행 파일에 담기 때문에 생성되는 실행 파일의 크기가 커진다. 심지어 대부분의 프로그램에서 사용되는 libc 같은 라이브러리가 실행 파일에 중복으로 포함되어 저장 공간이 불필요하게 낭비된다는 약점이 있다. 다음과 같이 `hello world`를 출력하는 간단한 프로그램도 C 라이브러리를 포함하면 크기가 880KB나 되지만 C 라이브러리를 제외한 오브젝트 파일은 크기가 1.5KB에 불과하다.

```
$ ls -alh
total 928K
drwxrwxr-x 2 solid solid 4.0K Oct 27 16:39 .
drwxrwxr-x 1 solid solid 4.0K Oct 27 16:38 ..
-rwxrwxr-x 1 solid solid 16K Oct 27 16:38 a.out
-rwxrwxr-x 1 solid solid 16K Oct 27 16:39 hello_shared
-rwxrwxr-x 1 solid solid 880K Oct 27 16:39 hello_static
-rw-rw-r-- 1 solid solid  73 Oct 27 16:37 helloworld.c
-rw-rw-r-- 1 solid solid 1.5K Oct 27 16:38 helloworld.o
$
```

동적 링킹

동적 링킹dynamic linking은 라이브러리를 실행 파일에 넣지 않고, 실행 중 링크 과정을 수행하는 것이다. 실행 중 링크를 수행한다는 것은 프로세스가 실행되는 동안 자신에게 필요한 라이브러리를 찾아 연결한다는 의미다. 따라서 동적 링킹을 사용하면 실행 파일 크기가 정적 링킹보다 훨씬 작아진다. 이때 사용되는 라이브러리를 동적 라이브러리dynamic library라고 하며,

2 지역 변수는 데이터 영역에 들어가지 않고 뒤에서 설명하는 스택을 사용한다.

윈도우에서는 이 라이브러리를 DLL이라고 부른다. 동적 링킹의 약점은 라이브러리의 존재나 버전 불일치로 인한 실패를 미리 알 수 없다는 것이다. 즉, 실행 파일이 필요로 하는 동적 라이브러리가 시스템에 반드시 존재해야 하고, 설치된 동적 라이브러리 버전과 실행하는 프로그램에 필요한 버전이 호환되어야 한다. 이러한 조건을 만족하지 않으면 프로그램이 실행되는 도중 오류가 발생하기도 한다[3].

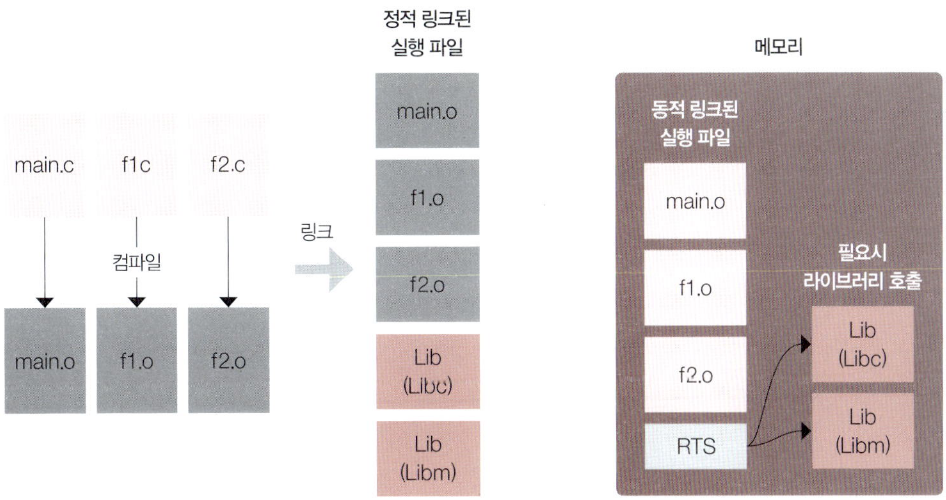

(a) 정적 링킹 (b) 동적 링킹

그림 3-2 정적 링킹과 동적 링킹

[그림 3-2]에서 RTS(Run-Time System, 런타임 시스템)는 프로그래밍 언어별로 존재하며, 실행에 필요한 환경을 제공한다. 예를 들어 C 프로그램의 경우 사용자가 프로그램을 실행할 때 `main()` 함수부터 시작한다. 따라서 프로세스가 실제로 수행되려면 어디선가 `main()`을 호출해야 하는데 그 역할을 담당하는 것이 런타임 시스템이다. 그리고 프로그램이 끝나면 런타임 시스템이 종료에 필요한 작업을 한다. 예를 들어 파일을 더 이상 사용하지 않을 때는 `close(2)`를, 프로세스를 종료할 때는 `exit(2)` 시스템콜을 사용한다. 안드로이드는 ART, 자바스크립트는 Node.js라는 각각의 런타임 시스템을 가지고 있다[4].

3 링크를 다룬 훌륭한 도서 두 권을 소개한다. 『Linkers and Loaders』는 심볼 테이블(symbol table), 리로케이션(relocation), 동적 라이브러리의 로딩 등을 구체적으로 구현하는 방법을 담고 있다. 『Computer Systems: A programmer's perspective』는 링크와 로딩에 관련한 자세한 내용을 다루고 있다.

4 그동안 프로그래밍을 했지만 exit( )를 사용한 적이 없다면? exit( )를 직접 사용하지 않았더라도 C 런타임 라이브러리가 프로그램 종료를 자동으로 처리해 줬던 것이다.

2 프로그램의 로딩-프로세스 생성 과정

[그림 3-3]의 (a)는 디스크에 저장된 실행 파일을 나타낸다. 실행 파일의 맨 앞에는 헤더header가 있고 그 뒤로 텍스트 영역과 데이터 영역이 있다. 실행 파일에는 스택stack이 존재하지 않는다는 점에 유의하기 바란다. 실행 파일의 헤더 형식은 다양한데, 이 그림에서는 a.out의 형식을 보여주고 있다[5].

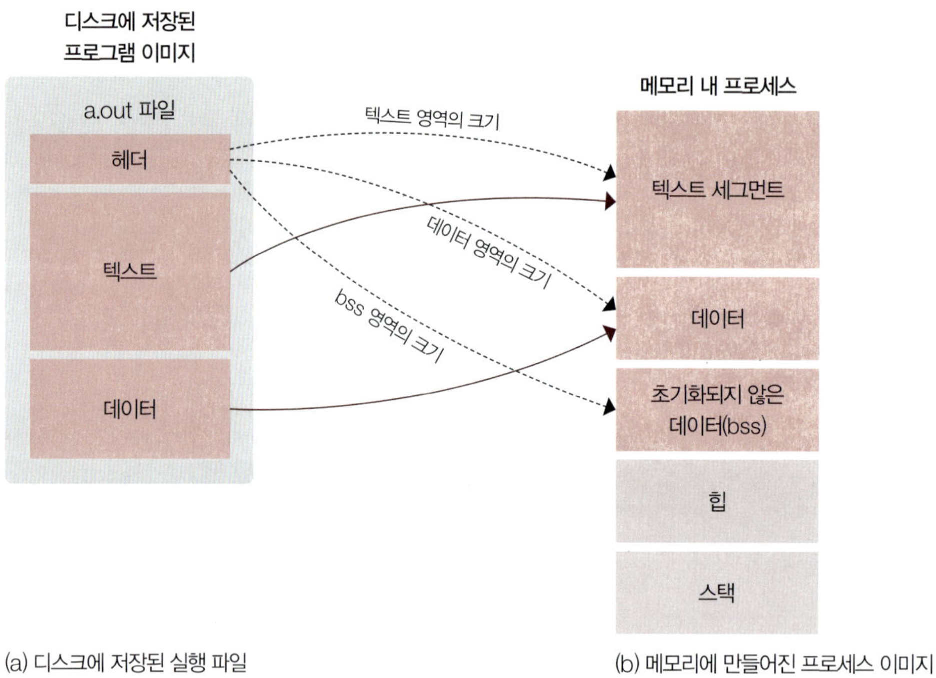

그림 3-3 프로그램에서 프로세스로의 전환

a.out과 같은 실행 파일의 헤더에는 [그림 3-3]에 표시된 다양한 정보가 포함되어 있다. 예를 들어 파일 내 텍스트 영역의 시작 위치, 텍스트 영역의 크기, 데이터 영역의 시작 위치, 데이터 영역의 크기, bss 영역의 크기 등이 포함되어 있다. 운영체제 커널은 이러한 정보를 파일에서 읽어들여 프로세스를 생성한다. 실행 파일로부터 프로세스가 만들어지는 자세한 과정은 다음과 같다.

---

5 실행 파일의 헤더 형식에는 a.out뿐 아니라 COFF(Common Object File Format), ELF(Executable and Linkable Format) 등이 있다.

❶ 저장된 실행 파일을 메모리에 올려놓는다. 이 과정을 로딩loading이라고 한다. 로딩은 순차적으로 이루어진다. 먼저, 실행 파일의 텍스트 영역을 메모리에 복사하여 텍스트 세그먼트text segment를 만든다. 여기에는 실행을 위한 명령어들이 들어 있다. 비슷한 방식으로 실행 파일의 데이터 영역을 메모리에 복사하여 데이터 세그먼트data segment를 만든다. 이로써 초깃값을 가진 데이터들이 메모리에 올라가게 된다.

❷ 로더는 실행 파일에서 초기화가 필요하지 않은 전역 변수들에 대하여, 메모리 값을 0으로 초기화하며 bssBlock Started by Symbol를 만든다. [그림 3-3]의 (b)는 메모리에 만들어진 프로세스 이미지로, 텍스트 세그먼트와 데이터 세그먼트, bss를 보여준다. 그 뒤로 힙heap 세그먼트와 스택stack 세그먼트가 있는데, 프로세스 실행 전에는 힙과 스택 세그먼트의 위치와 크기만 지정되어 있고, 실제 접근은 이루어지지 않는다. 힙은 프로세스에서 동적으로 할당하는 메모리가 사용하는 세그먼트다. 메모리를 동적으로 할당한다는 것은 프로세스가 실행되는 동안 필요한 때에 필요한 만큼 메모리를 사용할 수 있도록 하는 것을 의미한다. C 언어의 경우 `malloc()`을 통해 할당되는 메모리가 힙에 위치한다. 스택은 프로세스에서 수행되는 지역 변수local variable와 함수 호출에 따른 반환 주소 등에 해당하는 함수의 실행과 복귀를 위해 필요한 임시 저장소 역할을 한다. 즉, 함수가 시작될 때 지역 변수가 사용하는 메모리가 스택 세그먼트에 할당되고, 해당하는 수행이 끝나면(함수가 반환하면) 할당된 지역 변수 메모리가 스택 세그먼트에서 반환되어 없어진다. 스택 세그먼트의 시작은 프로세스가 사용하는 사용자 영역의 가장 높은 주소가 되고, 가장 높은 주소에서 아래로 주소를 할당하며 스택 세그먼트를 사용한다. 반면, 힙 세그먼트는 bss에서 시작하여 아래 주소에서 위로 올라가면서 동적 메모리를 할당한다.

NOTE 스택의 가장 높은 시작 주소

예를 들어 32비트 리눅스에서 사용자 영역이 3GB 영역을 사용하도록 설정한 경우 0xBFFF:FFFF가 스택의 가장 높은 시작 주소(stack_top)가 된다.

이러한 과정을 통해 운영체제는 저장 장치에 있는 실행 파일(프로그램)로부터 실행 가능한 프로세스를 메모리에 만들어낸다. 이렇게 만들어진 프로세스에 대하여, 스택 포인터SP, 인자 전달 레지스터argument register 등 CPU의 주요 레지스터 값을 초기화하고 프로그램 카운터PC를 프로그램의 시작 주소로 설정함으로써 프로세스는 수행을 시작한다.

이렇게 만든 프로세스의 의미는 무엇인가? 프로세스는 수행 단위execution unit와 보호 영역protection domain을 모두 제공하는 추상개념이다. 먼저 수행 단위를 제공한다는 것은 프로세스를 수행 단위로 하여 CPU 스케줄링이 이루어짐을 의미한다. 보호 영역을 제공한다는 것은 프로세스 외부, 즉 다른 프로세스에서 프로세스의 변수를 읽을 수 없으며 함수를 호출할 수 없음을 의미한다. [그림 3-4]는 프로세스 A가 프로세스 B에 접근하지 못하는 상황을 보여준다[6].

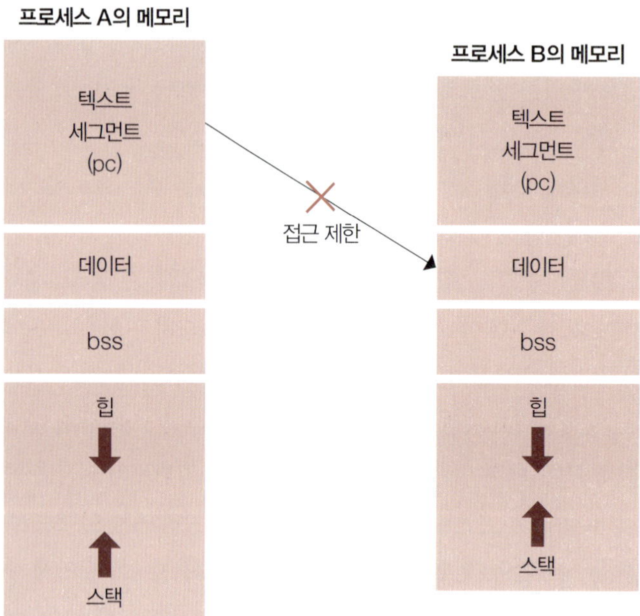

그림 3-4 보호 영역

운영체제는 CPU의 기능을 이용하여 프로세스 외부에서 접근하려는 시도를 원칙적으로 차단하는데, 이에 대한 자세한 내용은 5장에서 다룬다. 물론, 커널 자체의 취약점vulnerability을 이용하여 해커들이 프로세스의 보호 영역을 공격할 수 있다. 예를 들어 데이터 영역에 악성 코드를 넣어서inject 수행하도록 하여 프로세스의 보호 영역을 무력화하기도 한다.

---

6 리눅스의 경우 엄밀한 의미에서 스케줄러가 선택하는 수행 단위는 쓰레드(thread)다. 쓰레드에 대한 자세한 내용은 4장에서 설명한다.

프로세스는 멀티 프로그래밍이 일반화된 이후, 메모리에 상주하는 여러 프로그램의 실행이 다른 프로세스로부터 방해받지 않고, 서로를 보호하기 위해 만들어진 추상개념이다. 물리학이나 화학 분야는 자연의 이치를 발견해 가는 학문인 데 반하여, 전산학 분야는 사람의 머리 속에서 구성한 새로운 설계에 기반하여 추상개념을 만들어가는 학문이다. 따라서 상상력과 창의력이 필요한 분야다.

시분할 시스템은 프로세스별로 일정 시간(타임퀀텀)을 할당하여 여러 프로세스가 CPU를 공평하게 사용하게 하는 시스템이다. 그리고 이 시스템이 클라우드와 같이 여러 사람이 자원을 공유하는 멀티테넌트 환경Multi-Tenant Environment에서 자원 고립 기법과 결합함으로써 프로세스가 컨테이너로 발전한다. 이 장의 후반부에서 컨테이너에 대해 더 자세히 설명한다.

3 문맥 교환

시분할 시스템에서는 여러 프로세스가 CPU의 실행 시간을 나누어 사용하므로 프로세스들은 저마다 일정한 시간 동안 실행되다가 실행을 멈추고, 나중에 운영체제가 다시 실행 기회를 제공해 줄 때 실행을 재개한다. 문맥 교환Context Switching은 이처럼 CPU에서 수행되는 프로세스가 바뀔 때 발생한다. 즉, CPU에서 수행 중이던 프로세스가 주어진 시간을 모두 소진하는 경우, 문맥 교환이 일어난다. 또한 수행 중인 프로세스가 I/O 작업을 요청하면 문맥 교환이 발생한다. 문맥 교환이 발생하면, 현재 수행 중인 프로세스(old)가 일시적으로 수행을 멈추고, 다른 프로세스(new)가 수행된다.

여기서 문맥context은 CPU에서 수행되면서 프로세스가 가지고 있는 CPU의 상태state, 즉 프로그램 카운터PC, Program Counter, 스택 포인터SP, Stack Pointer와 프로세스가 사용하던 모든 CPU 레지스터의 값들을 의미한다.

프로세스 간 문맥 교환이 일어나면 이전에 실행되던 프로세스(old)는 CPU를 더 이상 사용하지 못한다. 그리고 나중에 다시 실행될 때 문맥 교환이 발생했던 바로 그 CPU 상태에서 다시 수행을 재개resume하는데, 이렇게 할 수 있는 이유는 문맥을 저장해 두었다가 해당 문맥을 다시 가지고 오기 때문이다. 일반적으로, 문맥은 커널 내부의 자료구조인 PCBProcess Control Block에 저장된다. 즉, old 프로세스의 문맥을 저장하고, new 프로세스의 PCB에서 문맥을 복구하여 new 프로세스의 문맥을 CPU에 로드한 후, new 프로세스의 PC와 SP를 사용하여 new 프로세스의 수행을 재개한다. [그림 3-5]는 이러한 문맥 교환 과정을 표현한 것이다.

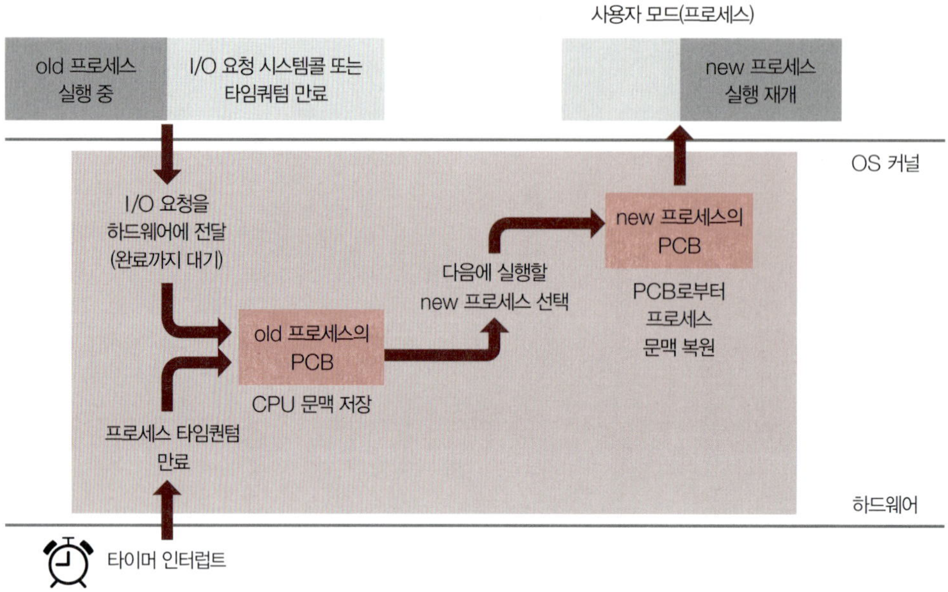

그림 3-5 문맥 교환

I/O 호출로 인한 문맥 교환 과정은 다음과 같다.

❶ 사용자 모드user mode에서 old 프로세스가 수행되고 있다.

❷ old 프로세스가 입출력을 실행하기 위해 시스템콜을 호출한다.

❸ 수행되던 old 프로세스는 모드 전환을 통해 커널에서 수행된다.

❹ 커널은 입출력 작업을 위한 하드웨어 동작을 지시한다.

❺ 커널은 시스템콜 핸들러system call handler를 통하여 old 프로세스의 문맥을 PCB에 저장한다.

❻ old 프로세스를 대기sleep시키고 PCB에서 new 프로세스의 문맥을 반환하여 문맥 교환을 한다.

❼ CPU는 new 프로세스의 수행을 시작한다.

만약 입출력 호출이 아니라 타임퀀텀이 만료된 상황이면, 커널의 타이머 인터럽트 핸들러에서 old 프로세스의 문맥을 저장하고, 인터럽트를 처리한 후 사용자 프로세스로 복귀하는 과정에서 new 프로세스로 문맥 교환을 한다. 이때 어떤 프로세스를 new로 선택할 것인지는 잠시 뒤에 설명하는 스케줄러에서 결정한다. 최신 리눅스에서는 입출력이 아닌 일반적인 시스템콜 종료 후에도 문맥 교환이 발생한다.

PCB

프로세스와 같은 추상개념을 커널에서 구현하기 위해 여러 커널 자료구조가 사용되는데 그중 하나가 PCB Process Control Block 다. OS 커널은 하나의 프로세스에 대하여 PCB를 하나 생성한다. PCB에는 프로세스의 문맥 교환에 필요한 정보와 기타 프로세스의 상태를 나타내는 일체의 정보가 수록되어 있다. [그림 3-6]은 PCB의 예다. PCB에는 다음과 같이 프로세스에 대한 모든 정보가 꼼꼼히 저장되어 있다.

- 프로세스 상태
- 프로세스 id
- 프로세스 문맥(CPU 레지스터)
- 프로세스의 CPU 사용량
- 프로세스가 사용하는 메모리 용량

NOTE 프로세스의 문맥(context)을 저장하는 커널 자료구조

리눅스의 PCB는 task_struct라는 이름으로 커널 소스 트리의 include/linux/sched.h 파일에 정의되어 있다. 위에서 언급한 항목들이 멤버 필드로 정의되어 있으니 실제로 한번 찾아보자. 또한 ARM CPU의 문맥 저장을 위한 pc, sp 등 레지스터를 포함한 CPU 문맥을 위한 자료구조가 arch/arm/include/asm/thread_info.h 파일에 정의되어 있다.

그렇다면 문맥 교환은 컴퓨터 성능에 어떤 영향을 미칠까? 문맥 교환은 시분할 시스템에서 생각보다 빈번하게 발생한다. 시분할 시스템에서 한 프로세스에 주어진 수행 시간(타임퀀텀)이 10ms라고 하면, 문맥 교환이 1초에 100번 일어난다. 따라서 문맥 교환 오버헤드를 최소화하는 일이 매우 중요하다. 한편, 문맥 교환으로 인한 오버헤드는 CPU 구조의 영향을 받는다. RISC Reduced Instruction Set Computer 구조가 처음 제안되었을 때 약점으로 지적된 것이 문맥 교환 오버헤드다. 즉, RISC 구조의 특성상 CPU 내 레지스터의 수가 많아, 레지스터 수가 적은 CISC Complex Instruction Set Computer 구조보다 문맥 교환 오버헤드가 크다는 것이다. 문맥 교환을 위하여 프로세스가 사용하는 레지스터가 모두 PCB에 저장·복구되어야 하기 때문이

다. 최근 RISC 구조 기반의 CPU들은 문맥 교환의 오버헤드를 최소화하기 위한 다양한 하드웨어 최적화 기능을 탑재하고 있다. 이 덕분에 문맥 교환 오버헤드는 타임퀀텀 계산에 포함되지 않고 무시할 만한 수준이 되었다.

4 5-상태 프로세스 라이프 사이클

프로그램에서 생성된 프로세스가 작업을 수행하는 동안 여러 상태를 거치게 된다. 프로세스의 생성부터 종료까지 실행에 따른 상태 변화는 다음과 같다.

❶ 생성new: 실행 파일이 디스크에서 메모리로 올라가 프로세스가 만들어진 상태

❷ 준비ready: CPU에서 수행할 수 있는 준비가 된 상태

❸ 실행running: 작업이 처리되고 있는 상태

❹ 대기sleep: 프로세스가 어떤 조건이 해결되기를 기다리는 상태

❺ 종료terminated: 프로세스가 없어지는 상태

프로세스는 상태를 계속 바꾸면서 수행하는데 이를 프로세스 라이프 사이클process life cycle이라고 부른다. 각 상태마다 커널 자료구조인 큐queue가 존재한다. [그림 3-6]은 프로세스의 라이프 사이클을 나타낸다.

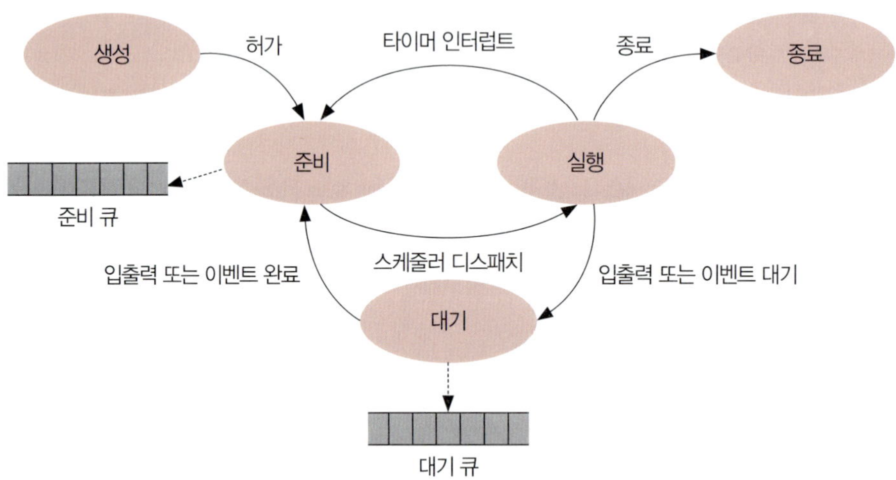

그림 3-6 프로세스 라이프 사이클

라이프 사이클에서 준비 상태에 있는 프로세스는 준비 큐ready queue에 위치하게 된다. 따라서 실행 파일에서 생성된 프로세스는 준비 큐로 이동한다. 컴퓨터 시스템 내부에는 여러 프로세스가 존재하는데, CPU를 할당받으려면 모두 준비 큐에 들어가야 한다. 커널이 스케줄링 정책에 따라 준비 큐에 있는 프로세스를 선택하고, 그 프로세스는 CPU를 할당받아 수행을 시작한다. 이때 프로세스 상태는 실행이 된다.

실행 중인 프로세스는 입출력 작업을 수행하기도 한다. 이 경우, 입출력을 요청한 프로세스는 입출력이 끝날 때까지 기다리게 된다. 즉, 프로세스가 더 이상 실행할 수 없는 상태가 되므로 이 프로세스는 대기 상태로 이동한다. 이때 커널은 대기 상태인 프로세스를 준비 큐에서 제거하고 대기 큐sleep queue에 넣는다. 그 후에 운영체제는 준비 큐에 있는 다른 프로세스를 선택하여 문맥 교환을 하고 다른 프로세스가 실행되도록 한다.

입출력 작업이 완료되면 커널은 대기 큐에 있던 프로세스를 다시 실행이 가능한 준비 상태로 변경하여 준비 큐에 넣는다.

수행 중인 프로세스의 타임퀀텀이 만료된 경우에는 입출력을 수행하는 경우와 비슷하게 문맥 교환을 통해 실행되는 프로세스가 변경된다. 하지만 두 경우는 프로세스의 상태 측면에서 차이가 있다. I/O를 요청한 프로세스는 I/O 작업이 완료될 때까지 대기 상태에 머무른다. 반면, 타임퀀텀이 만료된 프로세스는 언제든지 CPU가 할당되면 실행을 진행할 수 있기 때문에, 커널은 타임퀀텀이 만료된 프로세스를 준비 큐에 넣는다. 프로세스가 수행 상태에서 종료 상태로 이동하는 경우는 작업이 성공적으로 완료되었거나 예외가 발생하여 수행이 종료되는 경우다.

요점 정리

*** 프로세스**

실행 중인 프로그램

*** 프로세스 라이프 사이클**

① 생성 – 실행 파일이 디스크에서 메모리로 올라가 프로세스가 만들어진 상태

② 준비 – CPU에서 수행할 수 있는 준비가 된 상태

③ 실행 – 작업이 처리되고 있는 상태

④ 대기 – 프로세스가 어떤 조건이 해결되기를 기다리는 상태

⑤ 종료 – 프로세스가 없어지는 상태

*** 링킹과 프로그램의 로딩**

① 링킹: 컴파일하여 생성된 오브젝트 파일들을 하나의 실행 파일로 묶어주는 과정

② 프로그램 로딩: 저장 장치에 있는 프로그램을 메모리로 읽어들여 실행 가능한 프로세스로 만드는 과정

*** 프로세스의 문맥 교환**

실행 중인 프로세스가 변경될 때, 프로세스가 가지고 있는 CPU의 상태 정보를 실행할 프로세스에 맞게 변경하는 것. 타임퀀텀의 만료나 프로세스의 I/O 요청 등에 의해 발생

*** PCB(Process Control Block)**

프로세스의 문맥을 저장하는 커널 자료구조

퀴즈

퀴즈 1) 타임퀀텀을 다 사용했을 경우에는 어떻게 되는가?

퀴즈 2) 문맥 교환에서 old 프로세스의 상태는 어디에 저장되는가?

퀴즈 3) 싱글 코어 시스템에서 커널이 시스템콜을 수행하고 있을 때 다른 프로세스가 실행될 수 있는가?

예시 답안

02 프로세스 관련 프로그래밍 API

Section

운영체제는 프로세스를 관리하기 위한 다양한 프로그래밍 인터페이스를 제공한다. 이 절에서는 프로세스와 관련한 다양한 API를 통해 운영체제가 제공하는 여러 프로세스 관련 기능에 대해 살펴본다.

- fork( )와 exec( )를 이용한 프로세스 생성 API의 동작 방식을 이해한다.
- 프로세스 간 통신을 위한 다양한 API와 그 동작 원리를 파악한다.
- 경량 가상화를 구현하는 컨테이너의 개념과 프로세스와의 차이를 이해한다.

1 프로세스의 생성 과정(리눅스 중심)

커널에서는 프로세스를 생성하기 위해 프로그래밍 인터페이스를 제공한다. 리눅스의 API는 fork()/exec(), 윈도우의 API는 CreateProcess()다. 리눅스의 경우 fork()를 호출하여 새로운 프로세스를 만들고, exec()를 호출하여 새로 만들어진 프로세스에서 새로운 실행 파일을 수행한다. 이 과정을 [그림 3-7]을 통해 살펴보자.

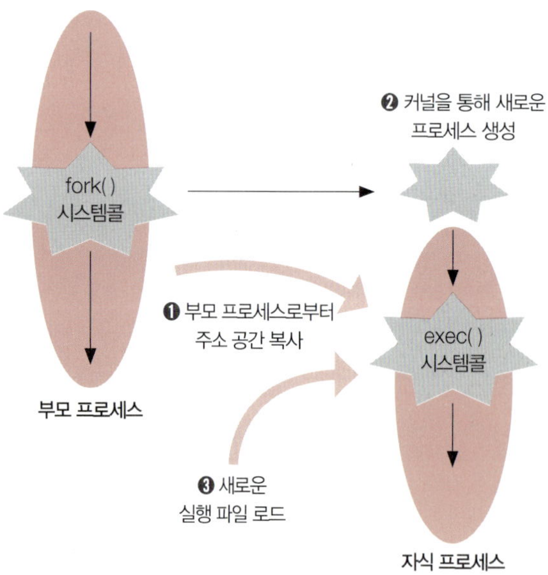

그림 3-7 fork( )와 exec( )

fork()를 호출하는 프로세스를 부모parent 프로세스, 새로 만들어지는 프로세스를 자식child 프로세스라고 한다. 부모 프로세스는 fork()를 호출하여 새로운 프로세스를 만들고, 자기 자신을 자식 프로세스에 복사한다. 그 뒤에 자식 프로세스는 exec()를 호출하여 새로운 실행 파일을 로딩한다. 따라서 자식 프로세스는 처음 만들어질 때는 부모와 같지만, 실제로 실행이 시작되면 새로운 실행 파일을 수행하게 된다.

코드 3-1 부모와 자식 프로세스 생성 예

```
#include <stdio.h>
#include <stdlib.h>
#include <errno.h>
#include <unistd.h>
int main(int argc, char* argv[]) {
    int counter = 0;
    pid_t pid;
    printf("Child 프로세스 생성 중\n");
    pid = fork();
    if(pid < 0){            // fork에서 오류 발생
        fprintf(stderr, "fork 실패, errno: %d\n", errno);
        exit(EXIT_FAILURE);
    }
    else if(pid > 0){       // 부모 프로세스
        int i;
        printf("부모(%d)가 자식(%d)을 생성하였습니다.\n", getpid(), pid);
        for(i=0; i<10; i++) {
            printf("카운터: %d\n", counter++);
        }
    }
    else if(pid == 0){      // 자식 프로세스
        int i;
        printf("저는 자식 프로세스 %d입니다!\n", getpid());
        execl("/bin/ls", "ls", "-l", NULL);          // /bin/ls에서 ls -l 실행
        for(i=0; i<10; i++) {                        // 실행되지 않음
            printf("카운터: %d\n", counter++);
        }
    }
    wait(NULL);             // 자식 프로세스 종료 대기
    return EXIT_SUCCESS;
}
```

[코드 3-1]에서 시스템콜 `fork()`를 호출하면 자식 프로세스가 생성된다. 주의할 점은 `fork()`가 반환할 때 부모 프로세스와 자식 프로세스에 서로 다른 값을 반환한다는 것이다. 부모 프로세스에는 자식 프로세스의 프로세스 ID를, 자식 프로세스에는 0을 반환한다. 따라서 `fork()`의 반환값에 대하여 `if`와 `else`를 사용함으로써 `fork()` 이후에 실행할 부모 프로세스의 코드와 자식 프로세스의 코드를 구분하여 작성할 수 있음을 보여준다. 그리고 자식 프로세스가 시스템콜 `execl()`을 호출하여 `/bin/ls`를 수행하는 것을 보여준다.

NOTE exec()

리눅스에서 exec()를 구체적으로 살펴보면, 여러 시스템콜로 구성되어 있어 인자를 달리하여 다양한 형태로 exec()를 호출할 수 있다. 명령어 'man exec()'와 'man execl'을 입력해 보고 그 차이를 이해해 보자.

`fork()`에 의해 생성된 자식 프로세스는 부모 프로세스와 독립적으로 실행된다. 하지만 [코드 3-1]을 보면 부모 프로세스는 자식 프로세스가 종료되기를 기다리면서 `wait()` 시스템콜을 호출한다. 실제로 셸shell뿐 아니라 많은 서버 프로그래밍에서 부모 프로세스는 자식 프로세스에 작업을 분배하는 역할만 수행하고, 자식 프로세스가 구체적인 작업을 수행하는 경우가 많다[7].

루프에서 `fork()` 시스템콜을 이용할 때는 특별히 주의를 기울여야 한다. 자식 프로세스 안에서 재귀적으로recursive `fork()`를 시스템콜할 수 있기 때문이다. `fork()`를 너무 많이 호출하면 시스템은 더 이상 새로운 프로세스를 생성하지 못하는 상태가 된다.

NOTE fork()

fork()를 너무 많이 호출하는 것은 fork bomb이라는 보안 공격의 일종이다. 서버와 같은 다중 사용자 시스템에서 fork bomb은 치명적인 DoSDenial of Service 공격에 해당한다.

7 이것이 1장에서 설명한 멀티 태스킹의 원래 의미다.

리눅스가 왜 fork()와 exec()를 나누어서 새로운 프로세스를 생성하는지 언뜻 보면 이해하기 쉽지 않다. 이는 실행 파일에서 프로세스를 만드는 과정이 상당히 복잡하므로 그 과정을 줄이기 위함이다. 프로세스를 만들려면 커널이 여러 커널 자료구조를 생성하고 초기화해야 한다. fork()는 부모 프로세스를 단순하게 복사하므로 프로세스 생성 과정을 단순화할 수 있다[8].

2 프로세스 간 통신

일반적으로 각 프로세스는 서로 독립된 보호 영역protection domain에서 실행되므로 다른 프로세스의 함수를 호출하거나 다른 프로세스의 변수에 접근할 수 없다. 하지만 프로세스들이 서로 협력해야 할 때가 있다. 많은 양의 데이터를 처리하는 빅데이터 시스템에서는 프로세스들이 서로 협력하여 데이터를 처리한다. [그림 3-8]에서 P1 프로세스는 데이터를 메모리로 읽어오는 역할을, P2 프로세스는 메모리에 있는 데이터를 분석하는 역할을, P3 프로세스는 로그[9]를 쓰는 역할을 담당하여 전체 시스템의 성능을 최대화한다. 이처럼 여러 프로세스가 협력해서 작동하는 소프트웨어를 위해 커널은 프로세스 간 통신 기법을 제공한다.

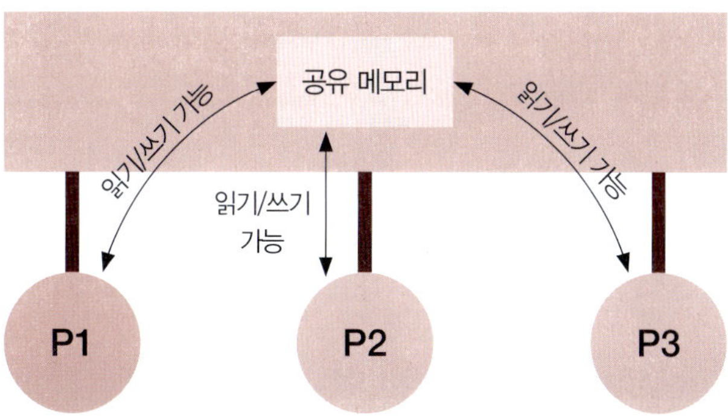

그림 3-8 빅데이터 처리 시스템

8 리눅스는 vfork()라는 시스템콜을 이용해 fork()/exec()를 최적화할 수 있다. 리눅스의 vfork()는 부모 프로세스를 복사하는 과정마저 생략한다. 대신 부모 프로세스의 메모리를 임시로 빌려서 사용한다.

9 로그(log)의 어원은 나무의 '나이테'다. 로그는 소프트웨어에서 매 단계를 처리할 때마다 나이테처럼 기록을 남기는 것을 의미한다. 로그는 대개 복잡한 처리 중간에 오류가 발생했을 때 손상된 코드를 복구하는 데 사용된다.

프로세스 간 통신 기법을 IPCInter-Process Communication라고 부른다. IPC 기법은 다양하지만 크게 메모리 공유 모델과 메시지 교환 모델의 두 가지로 구분된다.

■ **메모리 공유 모델**

메모리 공유 모델은 프로세스들이 메모리 일부를 서로 공유하는 방식이다. 이렇게 공유되는 메모리를 '공유 메모리'라고 부르며, 각 프로세스는 공유 메모리 영역을 자신의 메모리처럼 사용할 수 있다. 메모리 공유 모델은 프로세스들이 공유 메모리 영역을 직접 읽고 쓰므로, 읽기/쓰기 작업에 커널이 관여하지 않는다. 이 방식은 많은 프로세스가 공유된 메모리 영역에 동시에 접근할 수 있다는 장점이 있다. 다만, 여러 프로세스가 같은 메모리 주소에 동시에 접근하기 때문에 데이터 일관성consistency 문제가 생길 수 있으므로 이 문제를 해소하기 위해 프로세스 간 동기화synchronization가 필요하다. 일관성과 동기화에 대한 내용은 4장에서 다룬다.

■ **메시지 교환 모델**

메시지 교환 모델은 프로세스와 프로세스가 서로 메시지를 주고받는 방식이다. [그림 3-9]에서 P1 프로세스가 메시지를 그냥 보내면 P2 프로세스는 서로 다른 보호 영역이기 때문에 이 메시지를 받을 수 없다. 따라서 P1 프로세스가 보낸 메시지를 먼저 커널로 복사하고, 커널이 이 메시지를 P2 프로세스에 다시 복사하여 전달하는 것이다.

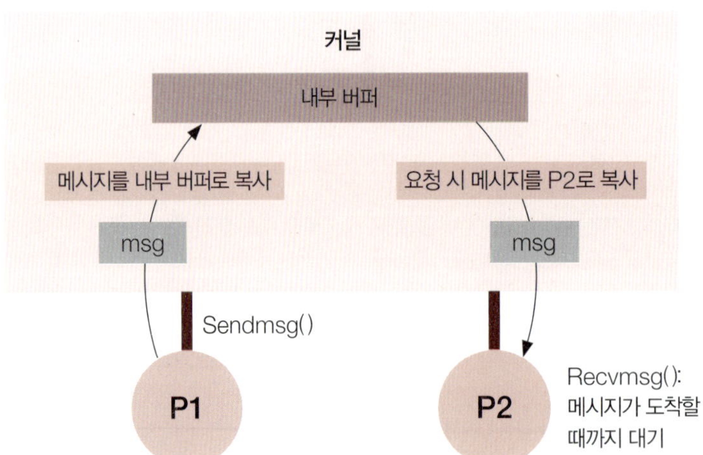

그림 3-9 메시지 교환

이때 P1 프로세스는 메시지 송신send을 위한 시스템콜을 호출하고, P2 프로세스는 메시지 수신receive을 위한 시스템콜을 호출한다. send()를 통하여 메시지가 커널로 복사되며, 메시지는 수신이 완료될 때까지 커널에 남는다. 즉, 커널이 일종의 버퍼buffer 역할을 한다. P2 프로세스는 P1 프로세스와 별도로 실행되기 때문에 P1 프로세스가 send()를 호출하기 전에 receive()를 호출할 수 있다. P2 프로세스가 receive()를 호출하면 데이터를 모두 수신하기 전까지 P2 프로세스는 대기 상태로 전환된다. 메시지 수신이 완료되면 P2 프로세스의 실행이 재개된다.

앞서 살펴본 두 IPC 모델을 바탕으로 리눅스에서 제공하는 구체적인 IPC 메커니즘을 살펴보자. 이때 각 메커니즘을 구현하는 C 예제 코드를 함께 살펴본다. 각 예제에서 사용하는 시스템콜들을 찾아보면 IPC에 대한 이해가 더 깊어질 것이다.

파이프

파이프pipe는 2개의 프로세스가 데이터를 주고받을 수 있는 통로를 생성하여 데이터를 전달하는 방식이다. 파이프는 메시지 교환 모델을 기반으로 하여 [그림 3-10]과 같이 프로세스 A에서 데이터를 보내면 프로세스 B에서 데이터를 수신하는 방식으로 작동한다.

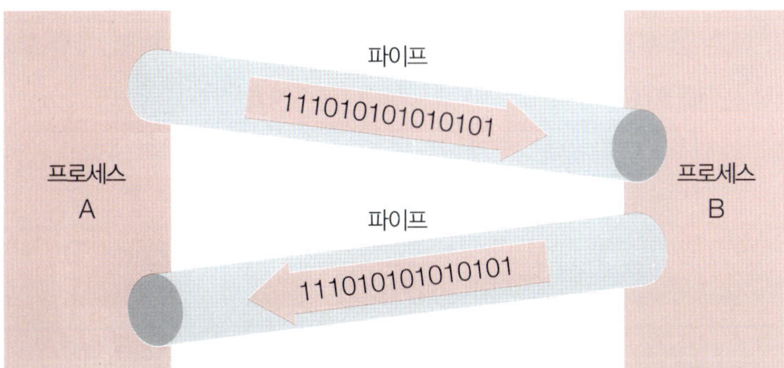

그림 3-10 파이프 개념

파이프 IPC의 특성을 구체적으로 살펴보면 다음과 같다.

- **하나의 파이프가 연결되면 한쪽 프로세스에서 메시지를 보낼 수 있다.**

  따라서 한쪽 파이프는 무조건 보내기만 하고 다른 쪽 파이프는 무조건 받기만 하는 단방향 시스템으로 사용한다. 양방향으로 의사소통하려면 파이프가 2개 필요하다.

- **두 프로세스 간에 파이프가 만들어지고, 두 프로세스 간의 일대일 의사소통만 가능하다.**

  즉, 여러 프로세스가 하나의 파이프를 공유할 수 없다.

- **메시지가 파이프로 보내진 순서대로 받는다.**

  메시지 1, 2, 3을 보내면 파이프를 통하여 받는 프로세스는 반드시 메시지 1, 2, 3의 순서로 받게 된다. 이것을 순차 전달in-order delivery이라고 한다. 메시지 교환 모델에서는 메시지가 순서대로 전달되는지가 중요한 요소다[10].

- **파이프 용량이 제한되어 있어 파이프가 꽉 차면 더 이상 쓰기를 할 수 없다.**

  파이프는 커널에 메시지를 일시적으로 저장하기 때문에 파이프에 저장할 수 있는 용량이 제한된다.

파이프 방식에서는 두 프로세스가 서로의 pid를 알아야 하기 때문에, 대개 `fork()`를 통하여 부모와 자식 프로세스가 만들어졌을 때 이 둘 간의 통신에 파이프를 사용한다. [코드 3-2]는 파이프를 사용하는 C 코드 예제로, 부모 프로세스가 자식 프로세스에 `hello world`를 보내는 예다. 이때 부모 프로세스는 `fd[0]`을 닫고 `fd[1]`을 통하여 `hello world`를 보내며, 자식 프로세스는 `fd[1]`은 닫고 `fd[0]`으로 `hello world`를 받는다. 이렇게 하는 이유는 `pipe(2)`의 결과로서 `fd[0]`은 읽기용으로, `fd[1]`은 쓰기용으로 설정되기 때문이다. 이것을 자식 프로세스가 그대로 공유하기 때문에, 부모 프로세스가 쓰고 자식 프로세스가 읽으려면 예제에서 보여주듯이 부모 프로세스는 `fd[0]`을, 자식 프로세스는 `fd[1]`을 닫아야 한다.

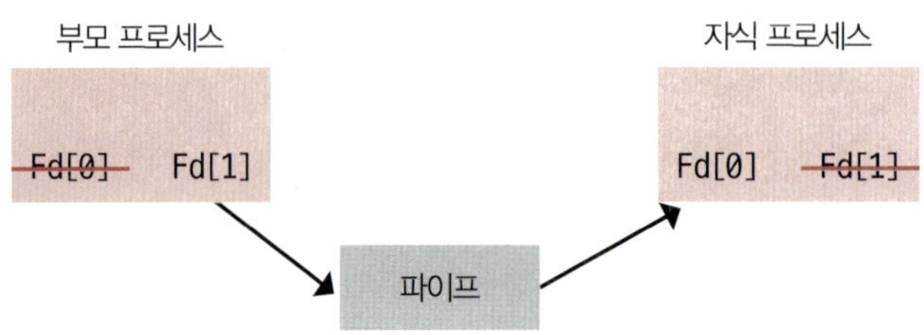

그림 3-11 파이프 사용 예

10 컴퓨터 네트워크에서 UDP는 순차 전달 기능을 제공하지 않는다. 1, 2, 3의 순서로 메시지를 보내더라도 받는 순서는 1, 3, 2 혹은 3, 2, 1이 될 수 있다.

코드 3-2 파이프 IPC 예

```
// 부모: 파이프를 통해 "hello world" 문자열을 자식 프로세스에 전송
//       파이프의 수신 끝(fd[0])을 닫음
// 자식: 파이프를 통해 메시지를 수신
//       파이프의 송신 끝(fd[1])을 닫음

#include <stdio.h>
#include <sys/types.h>
#define MAXLINE 4096

int main(void) {
    int n, fd[2];
    pid_t pid;
    char line[MAXLINE];

    if (pipe(fd) < 0) {
        perror("pipe error");
        exit(-1);
    }

    if ((pid = fork()) < 0) {
        perror("fork error");
        exit(-1);
    } else if (pid > 0) {          // 부모 프로세스
        close(fd[0]);
        write(fd[1], "hello, world.\n", 14);
        waitpid(pid, NULL, NULL);
    } else {                       // 자식 프로세스
        close(fd[1]);
        n = read(fd[0], line, MAXLINE);
        write(STDOUT_FILENO, line, n);
    }

    exit(0);
}
```

시그널

시그널signal은 [그림 3-12]와 같이 프로세스 A가 프로세스 B에 간단한 이벤트의 통지notification를 보내는 메커니즘이다. 시그널은 휴대전화의 문자 메시지SMS, Short Message Service와 성질이 유사하다. 문자를 보내는 사람은 상대방이 문자를 받았는지 확인할 수 없는 것처럼, 시그널을 보낸 프로세스 A는 대상 프로세스 B가 시그널을 수신했는지를 확인할 수 없다.

그림 3-12 시그널 개념

또한 SMS로 문자를 받은 사람이 메시지를 확인한 후 어떻게 반응할지를 결정하는 것처럼, 프로세스 B가 시그널을 받으면 두 동작 중 하나를 하게 된다. 하나는 시그널을 무시하는 것이고, 다른 하나는 수행하던 코드를 멈추고 시그널 핸들러를 수행하는 것이다. 시그널 핸들러는 시그널을 수신했을 때 시그널을 처리하기 위해 실행하는 함수로, 일반적으로 프로세스가 시작될 때 등록된다. 어떤 시그널은 무시할 수 없이 강제적으로 핸들러가 수행되기도 한다.

시그널 핸들러가 강제적으로 수행되는 예가 `SIGSEGV`다. 이것은 C 프로그래밍을 하면서 많이 경험하게 되는 세그멘테이션 폴트segmentation fault인데, 프로세스가 접근할 수 없는 주소(예 주소 `0x0`)에 접근할 때 발생한다. 가장 흔한 사례가 `null` 포인터 `p`에 접근하는 것이다(`*p`). 이 경우 프로세스는 더 이상 수행을 계속할 수 없다. 따라서 CPU는 예외를 발생시키고(2장 참고), 운영체제의 예외 핸들러는 `null` 포인터 `p`에 접근한 프로세스에 `SIGSEGV`라는 시그널을 보낸다. 그러면 `SSIGSEGV` 시그널 핸들러는 프로세스를 종료한다(`SIGSEGV`를 받는 프로세스는 이 시그널을 무시할 수 없다).

다른 예를 들어보자. 프로세스 A가 프로세스 B에 SIGUSR1이라는 시그널을 보낸다고 하자. 프로세스 B가 SIGUSR1 시그널 핸들러를 설정해 두었다면 해당 핸들러가 수행되지만, 설정하지 않았다면 디폴트 핸들러default handler가 수행된다. 일반적으로 디폴트 핸들러는 프로세스를 종료하는 것이기 때문에, 프로세스 B는 그냥(조용히, 아무 메시지 없이) 종료된다. [코드 3-3]의 C 코드에서 구체적으로 살펴보자. 이 코드는 자식 프로세스에 SIGUSR1을 보내는 예다. 자식 프로세스는 sigaction 시스템콜의 act_child 구조체를 통하여 SingalHanlderChild 함수를 SIGUSR1 시그널의 핸들러로 등록해 놓아(코드에는 fork하기 전에 부모 프로세스가 act_child를 등록했는데, fork가 되면 자식 프로세스도 같은 시그널 핸들러를 가짐), SIGUSR1이 도착하면 자식 프로세스는 SingalHanlderChild를 수행한다.

코드 3-3 **시그널 IPC 예**

```
// 공통: fork 전에 시그널 핸들러를 설정
// 부모: 자식에게 SIGUSR1 시그널 전송
// 자식: 시그널을 수신하면 SignalHandlerChild 루틴 호출
//       시그널 핸들러 함수는 "signal handler" 메시지 출력

#include <stdio.h>
#include <stdbool.h>
#include <stdlib.h>
#include <signal.h>
#include <unistd.h>
#include <sys/types.h>
#include <sys/wait.h>

void SignalHandlerChild(int signo) {
    printf("signal handler\n");
    fflush(stdout);
}

int main(void) {
    pid_t pid;
    struct sigaction act_child;

    act_child.sa_handler = SignalHandlerChild;
```

```
    act_child.sa_flags = 0;
    sigemptyset(&act_child.sa_mask);
    sigaction(SIGUSR1, &act_child, 0);

    switch (pid = fork()) {
    case -1:
        perror("fork failed ");
        exit(-1);

    case 0:
        sigpause(SIGUSR1);
        return 0;

    default:
        sleep(3);
        kill(pid, SIGUSR1);
        waitpid(pid, 0, 0);

    }
    return 0;
}
```

시그널은 흔히 인터럽트와 비교된다. 시그널 처리 과정이 인터럽트 처리 과정과 유사하기 때문이다. 즉, 수행 중인 프로세스 B가 시그널을 수신하면 현재 수행을 멈추고 시그널 핸들러를 호출하여 시그널을 처리한 후 수행을 재개한다.

일반적으로 시그널은 커널의 PCB 자료구조에 비트로 표시된다. 따라서 같은 시그널이 중첩되어 발생한 경우, 두 시그널 이벤트를 구분할 수 없다. 최근 운영체제들이 제공하는 실시간 시그널의 경우, 발생한 시그널들을 큐에 저장한 후 순차적으로 시그널을 처리한다.

공유 메모리

공유 메모리shared memory는 앞에서 설명한 메모리 공유 모델을 사용하는 메커니즘이다. 통신을 원하는 프로세스들이 공유 메모리 영역을 설정하고 공유 메모리를 프로세스 메모리의 일부로 사용하는 것이다. [그림 3-13]은 2개의 프로세스가 공유 메모리를 사용하는 상황을 나타낸다.

그림 3-13 공유 메모리 개념

[그림 3-13]에서는 간단하게 2개의 프로세스만 나타냈지만 공유 메모리를 사용하는 프로세스의 개수에는 제한이 없다. 따라서 많은 프로세스가 데이터를 공유할 수 있으며, 하나의 프로세스가 공유 메모리에 있는 내용을 변경하면, 다른 프로세스들은 즉각적으로 변경 내용을 알 수 있다.

기업의 여러 부서에서 회사의 데이터(인사, 회계 등)에 접근한다고 하자. 데이터에 접근하는 부서가 많아질수록 파이프를 사용하거나 시그널을 통해서 데이터를 주고받는 방식은 매우 불편하고 비효율적이다. 이때 공유 메모리에 공유가 필요한 데이터를 모두 올려놓고 부서들이 접근하여 사용한다면 훨씬 효율적이다.

공유 메모리 메커니즘을 [코드 3-4]의 C 코드 예제를 통해 구체적으로 살펴보자. 이 예제에서 부모 프로세스는 `shmget(2)`를 사용하여 공유 메모리를 만들고 `shmId`를 반환한다[11]. 또한 부모 프로세스는 만들어진 공유 메모리를 `shmat(2)`를 통하여 자신에게 부착한다. 이어서 `fork`를 통해 자식 프로세스를 만들고, `shmId`를 자식 프로세스에 넘겨준다. 자식 프로세스는 `ChildRun` 함수를 수행하면서 `shmId`를 사용하여 공유 메모리를 부착한다. 공유 메모리에 `1122`로 되어 있는 값을 `3344`로 변경하고, `shmdt`를 통하여 공유 메모리를 탈착한다.

11 POSIX API에서는 shmget(), shmat() 대신 shm_open(), mmap() 함수를 각각 사용하고 있다. 이러한 차이는 특정 유닉스에서만 지원하던 프로세스 간 통신 기법이 POSIX에서 open(), close()를 이용하는 형태로 표준화되었기 때문이다. 현재 리눅스는 두 API를 모두 지원한다.

코드 3-4 공유 메모리 IPC 예

```c
// 공통: fork 전에 공유 메모리 영역을 생성하고, 공유 메모리에 값을 작성
// 부모: 자식 프로세스가 종료될 때까지 대기하고 정리 작업 수행
// 자식: 공유 메모리의 원래 값을 수정

#include <stdio.h>
#include <stdlib.h>
#include <string.h>
#include <sys/types.h>
#include <unistd.h>
#include <sys/ipc.h>
#include <sys/shm.h>
#include <sys/wait.h>

#define SHM_SIZE  1024

void ChildRun(int shmid);

int main(int argc, char **argv) {
    int shmId, pid;
    char    *ptrShm;

    if ((shmId = shmget(IPC_PRIVATE, SHM_SIZE, SHM_R | SHM_W)) < 0) {
        perror("shmget error");
        exit(-1);
    }

    if ((ptrShm = shmat(shmId, 0, 0)) == (void *)-1) {
        perror("shmat error");
        exit(-1);
    }

    ptrShm[0] = 11;
    ptrShm[1] = 22;

    printf("Parent : %d, %d\n", ptrShm[0], ptrShm[1]);

    switch (pid = fork()) {
    case 0:
        ChildRun(shmId);
        return 0;
```

```
    case -1:
        perror("fork error");
        exit(-1);

    default:
        break;
    }

    waitpid(pid, NULL, 0);

    printf("Parent : %d, %d\n", ptrShm[0], ptrShm[1]);

    if (shmdt(ptrShm) < 0) {
        perror("shmctl error");
        exit(-1);
    }

    if (shmctl(shmId, IPC_RMID, 0) < 0) {
        perror("shmctl error");
        exit(-1);
    }

    return 0;
}

void ChildRun(int shmid) {
    int shmId;
    char    *ptrShm;

    shmId = shmid;

    if ((ptrShm = shmat(shmId, 0, 0)) == (void *)-1) {
        perror("shmat error");
        exit(-1);
    }

    printf("Child  : %d, %d\n", ptrShm[0], ptrShm[1]);
    printf("Child  : Modify value.\n");
    ptrShm[0] = 33;
    ptrShm[1] = 44;
```

```
    if (shmdt(ptrShm) < 0) {
        perror("shmctl error");
        exit(-1);
    }
}
```

메시지 큐

메시지 큐는 프로세스 A가 메시지를 메시지 큐에 쓰고(송신), 프로세스 B는 이 메시지를 읽어가는(수신) 메커니즘이다. 메시지 큐는 파이프와 달리 여러 프로세스 간 공유가 가능하다. 파이프는 부모/자식 프로세스 간 일대일 통신을 위해 활용되는 반면, 메시지 큐의 경우 [그림 3-14]처럼 여러 프로세스가 하나의 메시지 큐에 메시지를 송신하고 여러 프로세스가 같은 메시지 큐로부터 메시지를 수신할 수 있다.

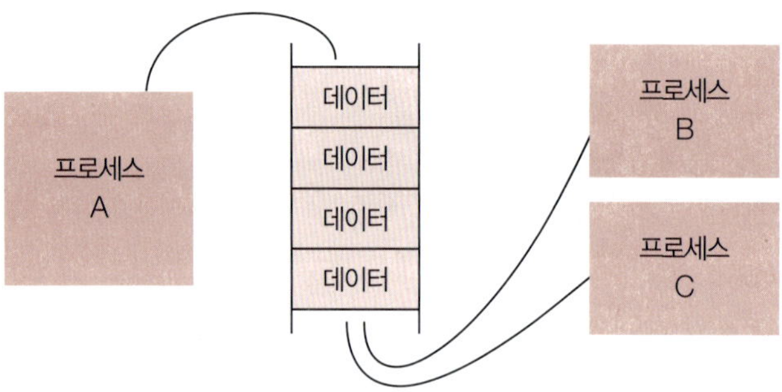

그림 3-14 메시지 큐 개념

이때 송신자와 수신자가 독립적으로 송신과 수신을 할 수 있다. 이 경우 2개 이상의 프로세스가 동시에 큐를 송신하거나 수신할 수 있기 때문에 동기화가 필요하다. 메시지 큐의 구체적인 동작은 [코드 3-5]의 C 코드 예제에서 설명한다. 이 코드에서는 `msgget(2)`를 통하여 새로운 메시지 큐를 만들고 그 `id`를 `msg_id`에 저장한다[12]. 이어서 자식 프로세스를 만들고, 자식 프로세스는 `"Hello, world"` 메시지를 메시지 큐에 송신한다. 부모 프로세스는 메시지에서 해당 메시지를 수신한다.

12 msgget()에 대응하는 POSIX API는 mq_open()이다. POSIX API는 메시지 큐와 관련해 mq_send(), mq_receive(), mq_close() 등의 함수를 정의하고 있다.

코드 3-5 메시지 큐 IPC 예

```
// 공통 코드(fork 이전): 메시지 큐 생성
// 부모: 1) 자식 프로세스가 종료될 때까지 대기, 2) 메시지 큐에서 메시지 수신,
//       3) 메시지 큐 정리
// 자식: 메시지 유형 1로 "hello world" 문자열 메시지 전송

#include <stdio.h>
#include <string.h>
#include <stdlib.h>
#include <stdbool.h>
#include <errno.h>
#include <unistd.h>
#include <sys/types.h>
#include <sys/ipc.h>
#include <sys/msg.h>
#include <sys/wait.h>

typedef struct _MSG {
    long type;
    char message[256];
} MSG, *PMSG, **PPMSG;
#define MSG_ sizeof(MSG)

int main(void) {
    pid_t pid;
    key_t msg_id;
    MSG msg;

    if (-1 == (msg_id = msgget(IPC_PRIVATE, 0660 | IPC_CREAT))) {
        perror("msgget failed");
        exit(1);
    }

    switch (pid = fork()) {
        case -1:
            perror("fork failed ");
            exit(-1);
```

```
        case 0:
            msg.type = 1;
            strcpy(msg.message, "Hello, world.");
            msgsnd(msg_id, &msg, MSG_-sizeof(long), 0);
            return 0;

        default:
            memset(&msg, 0, MSG_);
            msgrcv(msg_id, &msg, MSG_-sizeof(long), 1, 0);

            printf("PARENT - message from child : %s\n", msg.message);
            fflush(stdout);
    }

    if (-1 == msgctl(msg_id, IPC_RMID, 0)) {
        perror("msgctl failed");
        exit(-1);
    }

    return 0;
}
```

소켓

소켓은 포트port를 이용하여 통신하는 IPC다. 포트는 운영체제가 네트워킹을 위하여 제공하는 추상개념으로서, 외부로 공개한 통신 끝점endpoint이다. 예를 들어 웹 브라우저로 네이버나 구글, 유튜브 등의 사이트를 본다고 하자. 해당 사이트의 IP 주소와 포트 번호를 알면, 어느 사이트든 웹 브라우저를 통하여 내용을 받을 수 있다. 이처럼 포트는 컴퓨터 외부로 메시지를 보내고 받을 수 있게 한다.

그렇다면 소켓과 포트는 어떤 관계일까? [그림 3-15]에서 볼 수 있듯이, 소켓은 프로세스에서 포트에 접근하는 메커니즘이다. 프로세스 A, B, C는 포트와 연결된 각자의 소켓을 만들고, 이 소켓을 통하여 읽기/쓰기를 함으로써 소켓과 연결된 포트의 메시지를 읽거나 포트에 메시지를 보내는 것이다. 즉, 하나의 포트에 대해 여러 프로세스가 각각 혹은 동시에 메시지를 보내거나 받을 수 있는데, 이는 프로세스마다 각자의 소켓을 이용하기 때문이다. 웹 브라우저를 여러 개 띄워놓고 각 웹 브라우저가 네이버나 유튜브 사이트에 접근할 때, 각 웹브라우저는 소켓을 통하여 포트 80번을 공통으로 사용하는 것이다. 소켓에서 포트로 메시지를 보내고 포트에서 메시지를 받는 과정은 커널의 네트워킹 부분이 담당한다.

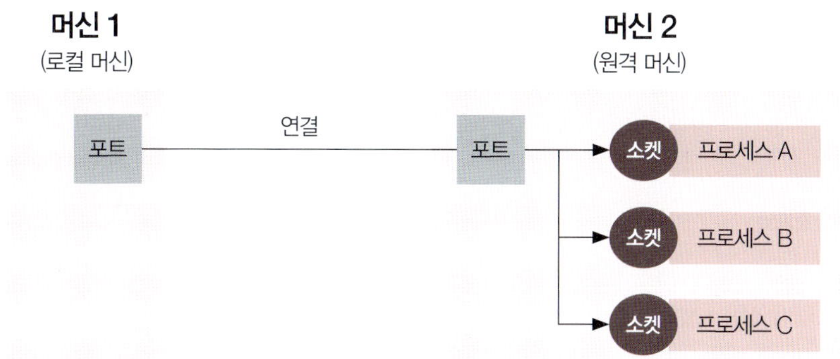

그림 3-15 소켓 개념

소켓을 컴퓨터 내부에 있는 프로세스 간 통신IPC에도 사용할 수 있다. 이에 대한 간단한 C 코드 예제는 [코드 3-6]~[코드 3-7]과 같다. [코드 3-6]의 클라이언트 소켓 예제와 [코드 3-7]의 서버 소켓 예제에서 53003이라는 포트 번호를 사용해서 통신하는 과정을 보여준다. 클라이언트 소켓 예제에서는 `socket(2)` 호출을 통하여 소켓을 만들고, 그 `id`를 `socketFd`에 저장한다. 그리고 `connect(2)`를 통하여 소켓(`socketFd`)을 53003 포트에 연결시킨다. 이후 소켓으로 `HI` 메시지를 5번 보낸다. 서버 소켓 예제에서는 `socket(2)` 호출을 통하여 소켓을 만들고, 그 `id`를 `serverSocketFd`에 저장한다. 그 후에 `bind(2)` 호출을 통하여 소켓을 53003 포트에 연결시킨다. 그리고 `listen(2)`를 하여 연결 요청 메시지를 기다리고 있다가 메시지가 도착하면 `accept(2)`를 호출한다. 이 호출에 대한 반환값이 이후 메시지를 받기 위한 `clientSocketFd`가 된다. 이 `clientSocketFd`를 사용하여 `read(2)`를 호출해서 메시지를 받는다. 클라이언트 소켓 예제에서 `clientSocketFd`를 별도로 사용하는 이유는 53003 포트로 메시지를 보내는 클라이언트가 여러 개일 수 있기 때문이다. 따라서 `accept(2)`를 통해 클라이언트별로 `clientSocketFd`를 구분하는 것이 필요하다.

코드 3-6 클라이언트 소켓 IPC 예

```
// 소켓 열기, 연결하기
// 소켓을 통해 데이터 쓰기

#include <stdio.h>
#include <stdlib.h>
#include <unistd.h>
#include <errno.h>
#include <string.h>
#include <sys/types.h>
#include <sys/socket.h>
#include <netinet/in.h>
#include <arpa/inet.h>

#define PORT_NUM 53003

int main() {
    int socketFd = 0;
    struct sockaddr_in serverAddress;
    int result = 0;
    char ch[3] = "HI";
    int i;

    socketFd = socket(AF_INET, SOCK_STREAM, 0);

    memset(&serverAddress, 0, sizeof(serverAddress));
    serverAddress.sin_family = AF_INET;
    serverAddress.sin_port = htons(PORT_NUM);
    inet_pton(AF_INET, "127.0.0.1", &serverAddress.sin_addr.s_addr);

    connect(socketFd, (struct sockaddr *) &serverAddress, sizeof(serverAddress));

    for(i = 0; i < 5; i++){
        // 서버에 "HI"를 5번 쓰기
        printf("서버에 데이터 전송.\n");
        write(socketFd, ch, sizeof(ch));
        sleep(1);
    }
    close(socketFd);
}
```

코드 3-7 서버 소켓 IPC 예

```
// 소켓 열기, 주소에 바인딩, 대기(listen)
// 소켓에서 데이터 읽기

#include <stdio.h>
#include <stdlib.h>
#include <unistd.h>
#include <errno.h>
#include <string.h>
#include <sys/types.h>
#include <sys/socket.h>
#include <netinet/in.h>
#include <arpa/inet.h>

#define PORT_NUM 53003

int main() {
    int serverSocketFd = 0;
    int clientSocketFd = 0;
    socklen_t clientAddrSize = 0;
    char ch[3];

    struct sockaddr_in serverAddress;
    struct sockaddr_in clientAddress;

    serverSocketFd = socket(AF_INET, SOCK_STREAM, 0);

    memset(&serverAddress, 0, sizeof(serverAddress));
    serverAddress.sin_family = AF_INET;
    serverAddress.sin_port = htons(PORT_NUM);
    serverAddress.sin_addr.s_addr = INADDR_ANY;

    bind(serverSocketFd, (struct sockaddr *)&serverAddress,
         sizeof(struct sockaddr));

    listen(serverSocketFd, 1);
    printf("클라이언트의 연결을 기다리고 있습니다.\n");
    memset(&clientAddress, 0, sizeof(clientAddress));
```

```
    clientAddrSize = sizeof(clientAddress);
    clientSocketFd = accept(serverSocketFd, (struct sockaddr *)&clientAddress,
                &clientAddrSize);
    printf("클라이언트와 연결되었습니다.\n");

    while(1) {
        int rtn;
        rtn = read(clientSocketFd, ch, sizeof(ch));
        if(rtn <= 0){
            break;
       }
        printf("받은 데이터: %s \n", ch);
    }
    close(serverSocketFd);
    printf("클라이언트와의 연결이 종료되었습니다.\n");

    return 0;
}
```

정리

앞서 설명한 여러 IPC 메커니즘 중에서 어느 것이 가장 적절한 방법일까? 답은 용도에 따라 다르다. 즉, 사용하고자 하는 용도에 가장 맞는 IPC를 찾는 것이 중요하다.

파이프는 부모/자식 프로세스의 입출력을 연결하는 방식에 편리하여, 현재도 셸 스크립트 shell script와 같이 텍스트 기반으로 프로그램들의 입출력을 연결하는 경우에 널리 활용되고 있다. 대표적인 예가 셸에서 명령어를 연결시키는 것이다. 예를 들어 `#ls | sort`의 결과는 디렉터리의 내용을 정렬하여 보여준다. `ls`의 결과를 파이프를 통하여 `sort`의 입력으로 보내서 `sort`에서 정렬된 결과가 나오게 한다.

메시지 큐와 소켓은 동작 방식과 메시지 전달 방식 측면에서 매우 비슷하게 동작한다. 하지만 네트워크 장치들이 고속으로 발전하면서 소켓이 고속 데이터 처리에 최적화됨에 따라 메시지 큐 기반의 프로그램들은 소켓으로 급속히 대체되었다. 파이프, 메시지 큐, 소켓을 이용하는 경우 메시지를 송수신할 때마다 문맥 교환을 동반하기 때문에, 메시지 수가 많아지면 성능에 영향을 미치게 된다.

반면, 공유 메모리는 메시지를 송수신할 때 발생하는 문맥 교환 오버헤드가 없으므로 성능상 이점이 있다. 또한 공유 메모리는 프로세스-커널 간 메시지의 복사 과정이 필요 없으므로, 공유하는 데이터가 큰 경우에도 효율적으로 동작한다. 프로세스의 수가 많아질 때 확장성scalability 측면에서도 유리하다.

3 프로세스와 컨테이너

2장에서 경량 가상화를 제공하는 추상개념으로 컨테이너에 대해 설명하였다. 컨테이너의 가장 큰 특징은 고립을 제공한다는 것이다. 즉, 컨테이너들은 프로세스에서 제공하는 보호 영역 수준을 넘어 서로의 존재를 알지 못한다. 이제 컨테이너와 프로세스의 차이에 대해 살펴보자.

컨테이너는 프로세스에 네임스페이스namespace를 도입하여 가상머신에서 게스트 운영체제가 제공하는 고립과 유사한 기능을 제공한다. 네임스페이스는 고유한unique 이름들의 집합으로 정의된다. 네임스페이스 내에서는 이름이 고유해야 하고, 네임스페이스 간에는 동일한 이름을 사용할 수 있다. 네임스페이스 X에 A, B, C가 있다면, 네임스페이스 Y에도 A, B, C가 존재할 수 있다. 이때 같은 네임스페이스 내의 컨테이너만 A를 볼 수 있다. 그래서 X의 A와 Y의 A는 고립되어 있다.

예를 들어 커널은 프로세스를 식별하기 위해 프로세스에 번호를 부여하는데, 이 번호를 pidprocess id라고 한다. 이 pid를 통하여 커널은 프로세스를 관리하고 제어할 수 있다. pid는 시그널을 보낼 때도 사용된다(이는 시그널을 보내는 프로세스가 받는 프로세스의 pid를 알 수 있다고 전제하기 때문임). 우리는 pid를 통하여 다른 프로세스의 존재를 알 수 있지만, 운영체제가 프로세스별로 보호 영역을 분리하였기 때문에 다른 프로세스 내부에 접근할 수 없다.

컨테이너를 사용하지 않는 경우에는 네임스페이스가 구분되어 있지 않으므로 프로세스의 pid는 단일 네임스페이스를 사용하는 것이 된다. 만약 컨테이너가 다른 네임스페이스를 만든다면, 네임스페이스별로 pid가 별도로 만들어지기 때문에 같은 pid라도 다른 네임스페이스 상에 같이 존재할 수 있다. 즉, 프로세스를 다른 네임스페이스에서 생성한다면, 생성된 프로세스는 다른 네임스페이스에 있는 pid와 같은 pid를 가질 수 있다. 그러나 네임스페이스가 다르기 때문에 서로 존재를 알 수 없다.

컨테이너를 지원하는 리눅스는 컨테이너별로 pid를 위한 고유한 네임스페이스를 사용한다. 따라서 호스트 커널을 공유하면서도 컨테이너별로 다른 네임스페이스를 통해 컨테이너의 프로세스들을 고립시킬 수 있다. 최근 언급되는 컨테이너 기반 Micro Service Architecture(MSA, 마이크로 서비스 아키텍처)는 긴밀히 협력하는 프로세스들을 별도의 네임스페이스에 배치하여 구별된 실행 환경을 구성한다.

각 컨테이너는 파일 시스템에 대한 네임스페이스도 별도로 가진다. 즉, 컨테이너는 고유의 파일 시스템을 가지고 있어서, 다른 컨테이너와 분리하여 파일에 접근할 수 있다. 또한 컨테이너 파일 시스템에서는 해당 프로세스를 구동하는 데 필요한 모든 라이브러리를 함께 가지고 있으므로 프로세스를 손쉽게 다른 호스트로 옮겨(migration) 동작시킬 수 있다. 이 기능은 경량 가상화와 함께 컨테이너의 또 다른 장점이라 할 수 있으며, 클라우드에서 컨테이너가 널리 쓰이게 되는 이유이기도 하다. 이런 장점을 종합하면, 컨테이너는 [그림 3-16]처럼 배에 싣는 컨테이너와 같이 컨테이너 엔진(그림에서는 도커(docker))이 있는 호스트에서는 어디든지 동작할 수 있다.

따라서 컨테이너화된(containerized) 앱은 한번 만들어지면 라이브러리와 프로세스 간의 의존성 문제를 깔끔하게 해결하여 어디서나 실행(write once, run everywhere)할 수 있다. 자바는 이를 프로그래밍 언어에서 구현하려고 하였고, 컨테이너는 운영체제에서 구현하였다.

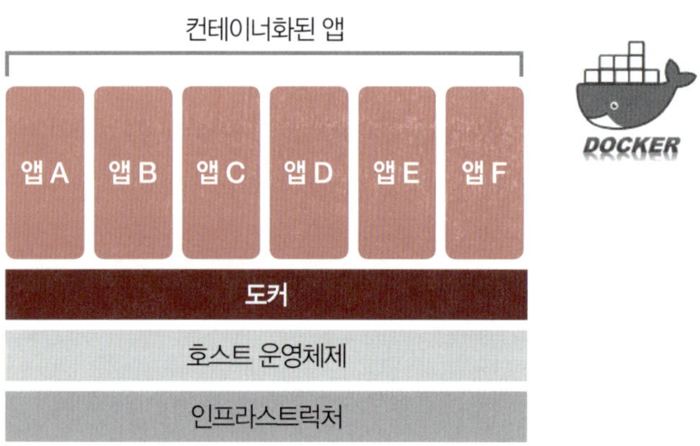

그림 3-16 컨테이너화

요점 정리

*** 프로세스 관련 프로그래밍 API**

① fork( ): 현재 실행 중인 프로세스와 동일한 자식 프로세스를 생성한다.

② exec( ): 현재 실행 중인 프로세스에 새로운 실행 파일을 메모리로 로드하여 실행한다.

*** 프로세스 간 통신(IPC)**

① 메모리 공유 모델, 메시지 교환 모델: 메시지 공유 모델은 커널에 복사하는 작업이 필요하고, 메모리 공유 모델은 복사 작업이 불필요하다.

② 파이프: 두 프로세스 간 데이터를 송수신할 수 있다.

③ 시그널: 특정한 프로세스로 미리 정의된 이벤트를 전달한다.

④ 공유 메모리: 프로세스의 메모리 영역 일부를 공유한다. 대량의 정보를 공유하는 데 효율적이다.

⑤ 소켓: 스트림 형태 또는 데이터그램 형태로 데이터를 전달한다.

퀴즈

퀴즈 1) 프로세스 간 양방향 의사소통을 위해 파이프로 연결되었을 때 파이프가 2개여야 하는 이유를 쓰시오.

퀴즈 2) 시그널 핸들러는 어떤 기능을 하는가?

퀴즈 3) 공유 메모리에서 한 프로세스에 의해 변화된 사실을 다른 프로세스들이 어떠한 방법으로 알게 되는가?

퀴즈 4) 메시지 큐에서 각각의 메시지 의미가 정의되어 있지 않는 이유를 쓰시오.

예시 답안

03 프로세스 스케줄링

Section

다중 프로세스 시스템에서 스케줄링은 필수적이다. 어떤 프로세스를 언제 실행하느냐에 따라 시스템 성능이 달라진다. 이 절에서는 프로세스 스케줄링의 개념과 다양한 기법의 동작 방식을 살펴보고, 각 기법의 장단점을 비교한다.

이 절의 학습 목표

- CPU 스케줄링 정책의 개념과 목적을 이해한다.
- 프로세스 수행 사이클(CPU/IO)의 원리와 흐름을 파악한다.
- 다양한 CPU 스케줄링 알고리즘의 동작 방식을 이해한다.
- 여러 CPU 스케줄링 알고리즘의 장단점을 비교하고 분석할 수 있다.

1 프로세스 스케줄링(CPU 스케줄링)

프로세스 스케줄링은 수행 가능한 상태에 있는 프로세스에 CPU를 할당하는 것이다. 멀티 프로그래밍과 시분할 환경에서 프로세스들이 메모리 위에서 수행 가능하고 여러 프로세스가 대기 상태일 때, CPU를 프로세스에 할당하는 정책을 의미한다. 여기서 설명하는 프로세스 스케줄링은 CPU 스케줄링임을 기억하자. 프로세스가 커널의 다른 부분, 예를 들어 네트워크나 저장 장치를 처리할 때도 스케줄링되는데 네트워크나 저장 장치의 스케줄링은 CPU 스케줄링과 다르다.

CPU 스케줄링의 목표는 CPU를 최대한 활용하는 것이다. CPU 활용성utilization은 CPU 유휴idle 상태의 정도를 나타내는 척도가 된다. 예를 들면 활용성 100%는 CPU가 유휴 없이 동작하는 것을 뜻한다. 시분할 방식으로 프로세스들이 동작할 때, 수행 가능한 상태에 있는 프로세스들이 동적으로 바뀐다. 이때 어떻게 프로세스를 선택하여 CPU를 할당하느냐에 따라[13] CPU의 활용성이 달라지기 때문에 CPU 스케줄링이 중요하다. 스케줄링을 담당하는 커널 기능을 스케줄러 또는 디스패처dispatcher라고 부른다. CPU 스케줄러는 운영체제의 기본적인 기능에 해당한다.

13 멀티코어 시스템에서는 멀티코어에 여러 개의 프로세스를 할당한다.

CPU 스케줄링이 언제 일어나는지를 살펴보자. 첫째, 타임퀀텀이 만료될 때마다 (타이머 인터럽트를 통하여) CPU 스케줄러가 동작하여 '적당한' 프로세스를 선택하고, CPU는 선택된 프로세스로 문맥 교환을 한다. 이때 선택된 적당한 프로세스가 현재 수행 중인 프로세스가 될 수도 있다. 둘째, 스케줄러는 프로세스가 입출력을 하여 상태가 실행에서 대기로 바뀔 때도 동작한다. 즉, 현재 프로세스가 입출력을 하면, 그 프로세스는 입출력이 끝날 때까지, 좀 더 구체적으로 말해 해당 입출력에 대한 인터럽트가 들어올 때까지 대기 큐에서 대기한다. 이 때도 스케줄러는 준비 큐에 있는 '적당한' 프로세스를 선택하여 해당 프로세스로 문맥 교환을 한다[14].

스케줄링의 종류는 크게 선점형과 비선점형으로 나뉜다. 선점형preemptive, 先占 스케줄링은 현재 수행 중인 프로세스가 언제든 다른 프로세스에 의해 실행을 점령당할 수 있는 스케줄링 정책을 말한다. 즉, 현재 수행 중인 프로세스를 강제로 중단시키고 CPU를 다른 프로세스에 할당하는 것이다. 그래서 선점형이라고 한다. 비선점형은 현재 수행 중인 프로세스가 입출력을 하므로 더 이상 CPU를 사용할 수 없는 경우에 다른 프로세스로 문맥 전환하는 것을 의미한다. 이것을 자발적 양보voluntary yield라고 한다. 멀티 프로그램에서는 비선점형 스케줄링을 하고, 시분할에서는 선점형 스케줄링을 한다.

그렇다면 '적당한' 프로세스는 어떻게 결정될까? 프로세스는 프로세스 라이프 사이클에서 언급되는 여러 상태(준비·실행·대기 상태)로 바뀌는데, 준비 상태와 대기 상태에서는 프로세스들이 줄을 서서 기다리는 큐가 있다. 스케줄링에서는 준비 큐에 들어 있는 프로세스 중에서 어떤 것을 선택할지 결정한다. 예를 들어 준비 큐에 놓인 프로세스는 우선순위에 따라 정렬되어 있을 수 있고, 단순히 준비 상태가 되는 순서대로 큐에 들어 있을 수도 있다. 이 준비 큐에서 스케줄링 정책에 의해 프로세스가 선택되는데, 이렇게 선택된 프로세스가 적당한 프로세스다. 참고로, 입출력을 하는 프로세스는 대기 큐에 있게 되는데 이때 프로세스들 간에는 우선순위가 없다. 왜냐하면 대기 상태에서 벗어나는 것은 정해진 순위가 아니라 대기 상태로 머물러야 했던 조건(예 기다리던 네트워크 패킷이 들어오는 경우)에 달렸기 때문이다. 이 조건이 해결되면 프로세스는 다시 준비 상태로 돌아간다.

14 리눅스는 입출력이 종료된 후나 커널의 실행 중에도 스케줄러를 호출한다. 이렇게 빈번한 스케줄러의 호출은 입출력이 종료된 후, 프로세스가 준비 큐에서 다시 실행될 때까지의 스케줄링 지연 시간을 최소화하여 사용자가 느끼는 응답 시간을 향상시키는 데 도움이 된다.

2 프로세스 수행 사이클

프로세스의 수행을 간단히 말하면 CPU 사용과 입출력 그리고 이 과정의 반복이다. 그래서 프로세스 수행 사이클은 CPU 버스트CPU burst와 I/O 버스트I/O burst로 이루어진다고 말한다. CPU 버스트는 CPU를 사용하는 시간이고, I/O 버스트는 I/O를 위하여 기다리는 시간이다. CPU 버스트가 긴 프로세스를 CPU 바운드bound라고 부르고, CPU 버스트가 짧은 프로세스를 I/O 바운드라고 부른다.

실행 환경

CPU	인텔 코어 i7-4770 CPU@3.4GHz / 8코어
메모리	8GB
OS	우분투 20.04.5 LTS
커널 버전	5.15
실행 응용 프로그램	2분간 파이어폭스에서 유튜브 실시간 방송(YTN 24) 실행

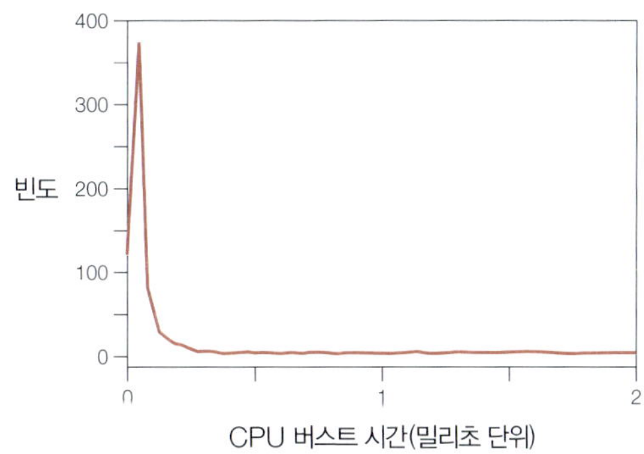

그림 3-17 CPU 버스트 측정

[그림 3-17]은 리눅스 기반 PC에서 실행 중인 프로세스(앱 포함)들의 CPU 버스트 시간을 측정한 것이다. 90% 이상의 프로세스가 1ms 이내의 CPU 버스트를 보이므로, 타임퀀텀을 1ms로 설정하면 대부분의 프로세스는 한 번에 작업을 처리할 수 있다. 타임퀀텀 값은 임의로 정해지는 것이 아니라 이런 데이터를 기반으로 하여 대부분의 프로세스에 적합하도록 설정된다. 물론 CPU 성능에 따라 작업 시간이 달라지므로 다양한 CPU와 앱 환경을 고려하여 타임퀀텀을 결정한다. 현재 리눅스 CPU 스케줄러인 CFSCompletely Fair Scheduler는 3ms를 기본 타임퀀텀으로 설정하고 있는데, 과거에는 10ms였다. CPU 속도가 향상되면서 CPU 버스트 값이 줄어든 것이다. CPU 버스트가 긴 프로세스의 경우 여러 번의 타임퀀텀 동안 작업을 수행하게 된다. CFS에 대한 좀 더 자세한 설명은 뒤에서 다시 다룬다.

3 프로세스 스케줄링 알고리즘

스케줄링 정책은 스케줄러가 사용하는 알고리즘을 통하여 구현된다. 대표적인 알고리즘을 소개하면 다음과 같다.

FCFS^First Come First Served^ 알고리즘은 준비 큐에 도착한 순서대로 CPU를 할당하여 프로세스를 처리하는 방법이다. 이 알고리즘의 가장 큰 장점은 FIFO 큐를 사용해 구현하기가 쉽다는 것이다. 그러나 FCFS는 우선순위를 두지 않고 처리하여 입출력을 마친 프로세스와 같이 급히 수행해야 하는 작업은 제때 처리하지 못한다는 단점이 있다. 또한 큐에 CPU 버스트가 긴 프로세스가 있으면 다른 프로세스들의 평균 대기 시간이 길어진다.

간단한 예를 들어보자. [그림 3-18]의 (a)와 같이 CPU 버스트가 P1 = 7초, P2 = 3초, P3 = 2초인 프로세스가 있다고 가정하고, 스케줄링 순서가 다른 두 경우를 비교해 보자. (b)와 같이 스케줄링 순서가 P1, P2, P3이라면 대기 시간은 P1 = 0, P2 = 7, P3 = 10이 되어 평균 5.7초가 된다. (c)와 같이 스케줄링 순서가 P3, P2, P1이라면 대기 시간은 P3 = 0, P2 = 2, P3 = 5가 되어 평균 2.3초가 된다. 이처럼 스케줄링에 따라 프로세스들의 평균 대기 시간이 2배 이상 차이가 난다. P1, P2, P3 프로세스의 처리량은 두 스케줄링이 12초로 동일하나 프로세스의 대기 시간은 크게 달라진 것이다.

프로세스	CPU 버스트
P1	7
P2	3
P3	2

(a) 예시 프로세스

- 대기 시간 계산:
  * P1: 0초(처음 시작)
  * P2: P1 종료 후 시작 = 7초
  * P3: P2 종료 후 시작 = 7 + 3 = 10초
- 평균 대기 시간: (0 + 7 + 10)/3 = 5.7초
	- 대기 시간 계산:
	  * P3: 0초(처음 시작)
	  * P2: P3 종료 후 시작 = 2초
	  * P1: P3 + P2 종료 후 시작 = 2 + 3 = 5초
	- 평균 대기 시간: (0 + 2 + 5)/3 = 2.3초

(b) 스케줄링 순서가 P1 → P2 → P3인 경우　　(c) 스케줄링 순서가 P3 → P2 → P1인 경우

그림 3-18 FCFS 예

SJFS(Shortest Job First Scheduling) 알고리즘은 CPU 버스트가 적은 프로세스를 먼저 스케줄링하는 방식이다. FCFS에서 보았듯이, CPU 버스트가 적은 프로세스를 먼저 실행하도록 스케줄링하는 것이 대기 시간 측면에서 최적의 효율을 보이기 때문이다. SJFS 동작 방식은 비선점형과 선점형으로 나눌 수 있다.

비선점형 스케줄링에서는 실행할 프로세스가 선택되면 프로세스가 실행을 완료하거나 자발적으로 실행을 멈출 때까지는 선택된 프로세스가 실행을 계속하는 방식이다. 즉, 비선점형에서는 프로세스가 일단 수행을 시작하고 나면 입출력 작업 등으로 스스로 CPU를 양보하기 전까지는 다른 프로세스가 CPU를 사용할 수 없다. 이때 다음 CPU 할당은 CPU 버스트가 가장 적은 프로세스에 주어진다.

선점형 스케줄링은 프로세스의 실행이 언제든지 다른 프로세스의 시급성에 따라 중단될 수 있는 스케줄링 방식이다. 타임퀀텀마다 커널은 프로세스들의 CPU 버스트를 확인하고, 가장 적은 CPU 버스트를 가진 프로세스를 선택한다. 이러한 스케줄링은 타임퀀텀이 완료되었을 때만 수행되는 것이 아니다. 새로운 프로세스가 생성되거나 다른 프로세스의 입출력 작업이 완료되는 등 준비 상태의 프로세스 목록이 변경되면 항상 스케줄링을 수행한다. 따라서 항상 가장 적은 CPU 버스트를 가진 프로세스를 우선적으로 선택하여 수행하는 것을 보장한다.

예를 들어 [그림 3-19]에서 (b)는 비선점형 SJFS로 평균 대기 시간이 $(0+6+3+7)/4=4$초가 되고(P1, P2, P3, P4 대기 시간의 합을 4로 나눔), (c)는 선점형 SJFS로 평균 대기 시간이 $(9+1+0+2)/4=3$초가 된다. 참고로 '대기 시간 = 종료 시간−도착 시간−실행 시간'으로 계산할 수 있다.

SJFS는 이론적으로는 가능하지만, 실제로 구현하기는 불가능하다. 프로세스의 CPU 버스트를 프로세스 수행 전에 스케줄러가 알 수 없기 때문이다. 따라서 SJFS는 이론적인 최적 알고리즘으로 스케줄러 성능 상한선을 이해하는 데 활용된다[15].

15 최신 연구에서는 기계학습 기법을 이용하여 수행 시간을 예측하는 연구들이 진행되고 있다.

프로세스	도착 시간	CPU 버스트
P1	0	7
P2	2	4
P3	4	1
P4	5	4

(a) 예시 프로세스(타임퀀텀은 1)

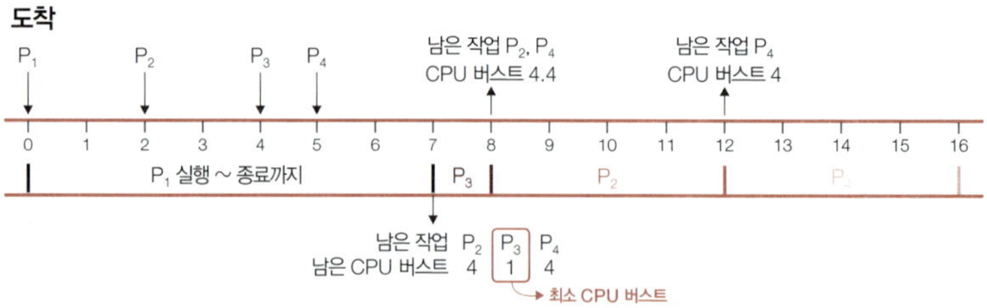

- 대기 시간 계산: 종료 시간 – 도착 시간–실행 시간
  - * P_1 : 0초(처음 시작)
  - * P_3 : P_1 종료 후 시작 = 7초 – 도착 시간 4초 = 3초
  - * P_2 : P_1 + P_3 종료 후 시작 = 7 + 1 = 8초– 도착 시간 2초 = 6초
  - * P_4 : P_1 + P_3 + P_2 종료 후 시작 = 7 + 1 + 4 = 12초– 도착 시간 5초 = 7초
- 평균 대기 시간: (0 + 3 + 6 + 7)/4 = 4초

(b) 비선점형 SJFS 결과

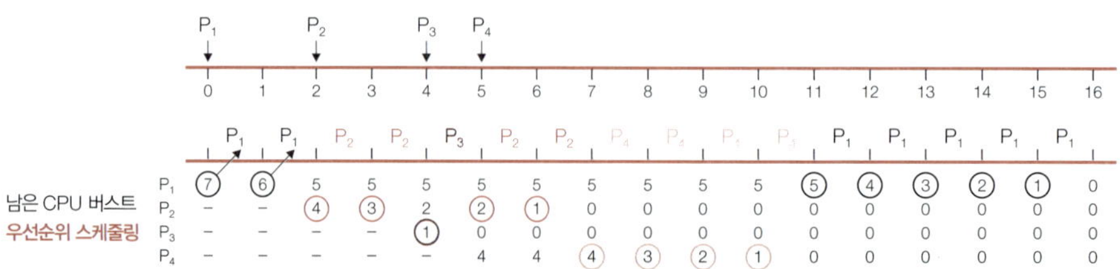

- 대기 시간 계산: 종료 시간 – 도착 시간–실행 시간
  - * P_1 : P_3 + P_2 + P_3 종료 후 재시작 = 16초 – 0초 – 7초 = 9초
  - * P_2 : P_3 종료 후 시작 = 7초 – 2초 – 4초 = 1초
  - * P_3 : 0초(처음 시작) = 5초 – 4초 – 1초 = 0초
  - * P_4 : P_3 + P_2 종료 후 시작 = 11초 – 5초 – 4초 = 2초
- 평균 대기 시간: (9 + 1 + 0 + 2)/4 = 3초

(c) 선점형 SJFS 결과

그림 3-19 SJFS 예

우선순위 스케줄링

우선순위 스케줄링Priority Scheduling 알고리즘은 프로세스에 우선순위를 주어, 우선순위가 가장 높은 프로세스가 먼저 수행되게 하는 방법이다. 우선순위는 다양한 방법으로 프로세스에 주어질 수 있다. 시스템 관리자가 수동으로 정할 수도 있고, 다음과 같은 휴리스틱heuristic을 사용할 수도 있다.

- 적은 양의 메모리를 요구하는 작업에는 우선순위를 높게 책정하고, 큰 메모리를 요구하는 작업에는 우선순위를 낮게 책정한다.
- 적은 주변 장치를 요구하는 작업에는 우선순위를 높게 책정하고, 많은 주변 장치를 요구하는 작업에는 우선순위를 낮게 책정한다.
- 짧은 CPU 버스트를 요구하는 작업에는 우선순위를 높게 책정하고, 긴 CPU 버스트를 요구하는 작업에는 우선순위를 낮게 책정한다. 예를 들면 리눅스에서 우선순위는 −20~19의 값을 가지며, 숫자가 양수로 갈수록 순위가 낮다. 리눅스의 경우 CFS가 우선순위를 결정한다. 사용자는 `nice(1)` 명령이로 우선순위를 바꿀 수 있다. CFS에 대해서는 뒤에서 자세히 설명한다.

NOTE 휴리스틱

휴리스틱의 사전적 의미는 "명확한 정의 없이 실험적으로 여러 번 시도하고 오류를 거치면서 얻게 된 것 또는 방법"이다. 시스템의 구현이나 실험에서 파라미터 값을 설정하는 경우, 이론적인 근거가 명확하지 않지만 여러 파라미터 값을 테스트해 보고 적당히 쓸 만한 값을 얻는 방법을 뜻한다.

우선순위 스케줄링도 비선점형 또는 선점형으로 동작할 수 있다. 예를 들어 선점형 우선 순위 스케줄러는 새로운 프로세스가 준비 큐에 들어올 때마다 우선순위가 가장 높은 프로세스를 선택하여 문맥 교환을 한다. 비선점형 우선순위 스케줄러는 현재 수행하고 있는 프로세스가 종료되면, 그때 우선순위에 따라 다음에 수행될 프로세스를 선택한다.

우선순위 스케줄링의 단점은 우선순위가 낮은 프로세스는 우선순위에서 자꾸 밀려 오랫동안 처리될 수 없는 기아상태starvation가 발생할 수 있다는 점이다. 이런 문제를 해결하기 위하여 사용되는 기법이 에이징aging이다. 에이징은 오랫동안 CPU를 사용하지 못하는 프로세스의 우선순위를 높여주는 방법이다.

라운드 로빈

라운드 로빈Round Robin 알고리즘은 프로세스가 타임퀀텀을 다 썼는데도 CPU 버스트가 끝나지 않은 경우에 그 프로세스를 준비 큐의 맨 뒤로 놓는 방법으로, 앞에서 설명한 시분할 방식에서 사용되는 스케줄링이다. 이 알고리즘은 FCFS 스케줄링을 보완하는 방법으로, CPU 버스트가 큰 프로세스가 준비 큐의 앞자리를 차지하고 있을 경우 평균 대기 시간이 길어지는 문제를 방지한다. [그림 3-20]은 4개의 프로세스가 준비 큐에 있다고 할 때 라운드 로빈 스케줄링의 결과를 보여준다.

[그림 3-20]을 보면 프로세스들이 균등하게 CPU를 나누어서 사용하므로 공평하다고 할 수 있다. 이 스케줄링의 장점은 응답 시간이 빠르다는 것이다. 예를 들어 I/O 처리를 기다리고 있던 프로세스가 대기 큐에서 다시 준비 큐에 들어갈 때 큐의 뒤쪽이 아니라 맨 앞에 위치함으로써 신속하게 CPU를 할당받을 수 있다. 이 때문에 라운드 로빈 스케줄링은 시분할과 함께 널리 사용되고 있으며, 리눅스 CFS나 윈도우 커널도 기본적으로 라운드 로빈 방식으로 동작한다.

프로세스	버스트
P1	53
P2	17
P3	68
P4	24

(a) 예시 프로세스(타임퀀텀은 20)

– 대기 시간 계산:

* P_1: 처음 시작 0 + 재시작 77 + 재시작 121 = 134초 – 53초 실행 시간 = 81초

* P_2: 처음 시작 20 – 17초 실행 시간 = 20초

* P_3: 처음 시작 37 + 재시작 97 + 재시작 134 = 162초 – 68초 실행 시간 = 94초

* P_4: 처음 시작 57 + 재시작 117 = 121초 – 24초 실행 시간 = 97초

– 평균 대기 시간: (81 + 20 + 94 + 97)/4 = 73초

– 실행 순서: $P_1 \rightarrow P_2 \rightarrow P_3 \rightarrow P_4 \rightarrow P_1 \rightarrow P_3 \rightarrow P_4 \rightarrow P_1 \rightarrow P_3$

P_1	P_2	P_3	P_4	P_1	P_3	P_4	P_1	P_3	P_3

0 20 37 57 77 97 117 121 134 154 162

(b) 라운드 로빈 결과

그림 3-20 라운드 로빈 예

라운드 로빈 스케줄링의 성능은 타임퀀텀 크기에 큰 영향을 받는다. 준비 큐에 n개의 프로세스가 있고 타임퀀텀이 q라고 하자. 이때 각 프로세스가 CPU를 받는 시간은 1/n이 되고, 어떤 프로세스가 수행할 때까지 걸리는 시간은 최대 (n−1)*q가 된다. 평균 대기 시간은 n/2*q가 된다. 이처럼 타임퀀텀이 커지면, 라운드 로빈의 동작은 FCFS 스케줄링으로 수렴한다. 즉, 타임퀀텀의 크기가 증가하면 대기 시간이 길어지는 문제가 발생한다. 타임퀀텀이 감소하면 대기 시간이 짧아지나 문맥 교환이 빈번하게 발생하여, 이로 인한 오버헤드가 증가한다.

최근 리눅스의 스케줄러인 CFS는 타임퀀텀 값을 상수로 두지 않고 프로세스의 우선순위와 CPU 사용량에 따라 타임퀀텀을 다르게 하여, PC뿐 아니라 CPU 바운드와 I/O 바운드가 뒤섞여 있는 다양한 서버 워크로드들을 원활하게 지원하고 있다.

다중 큐 스케줄링

다중 큐Multiple queue 스케줄링은 준비 큐를 여러 개 만들어서 스케줄링하는 방식이다. 예를 들어 카메라를 통해 실시간 동영상 입력을 컴퓨터 시스템이 받아들이는 경우와 웹 브라우저를 통해 자료를 전송받는 것은 매우 다른 작업이다. 카메라 입력의 경우 잠깐이라도 시간을 놓쳐버리면 데이터가 망가지므로 실시간성이 중요하다. 그러나 웹 브라우저를 통한 자료 전송은 천천히 실행해도 큰 문제가 되지 않는다. 이때 큐를 2개 사용하여, 카메라 입력을 받는 실시간 프로세스는 우선순위가 높은 큐에, 웹 브라우저 자료를 전송받는 일반 프로세스는 상대적으로 낮은 우선순위 큐에 넣고 스케줄링하면 두 작업을 원활하게 처리할 수 있다.

다중 큐 스케줄링에서는 우선순위가 높은 큐의 프로세스들이 모두 수행되고 나서야 다음 우선순위의 큐에 있는 프로세스가 수행된다. [그림 3-21]은 다중 큐 스케줄링의 한 예로, 커널 프로세스 큐, 일반 프로세스 큐, 배치 프로세스 큐 순으로 실행된다.

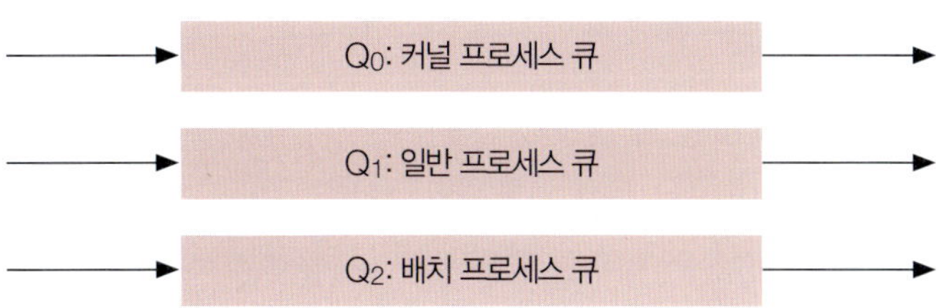

그림 3-21 다중 큐 스케줄링

다중 큐 스케줄링은 우선순위가 높은 큐에 있는 프로세스가 먼저 수행되기 때문에, 우선순위 스케줄링과 같은 문제점이 발생한다. 즉, 우선순위가 낮은 큐에 있는 프로세스들이 기아상태를 겪을 수 있다. 이 문제를 극복하기 위하여, 낮은 우선순위 큐에서 상위 큐로 올라갈 수 있는 피드백feedback 메커니즘을 두게 된다. 피드백은 일종의 에이징 방식으로, 스케줄러의 정책에 따라 언제 상위 큐로 올라가는지 등이 결정된다.

예를 들어 [그림 3-21]의 3개 큐에서 Q_0는 타임퀀텀을 2번 사용한 후 Q_1으로 이동하고, Q_1은 타임퀀텀을 4번 사용한 후 Q_2로 이동한다. Q_2에서는 FCFS 스케줄링을 방식을 사용할 수 있다. 또한 에이징 기법을 사용해 Q_2에서 16번의 타임퀀텀 동안 대기하면 Q_1으로 이동하고, Q_1에서 32번의 타임퀀텀 동안 대기하면 Q_0로 이동하는 다중 큐 피드백 스케줄러를 구현할 수 있다. 여기서 사용된 수는 예시일 뿐이며, 실제로 스케줄러를 설계할 때는 스케줄러의 목표를 분명히 세우고 막대한 양의 프로세스 실행 데이터 분석을 하여 결정한다. 즉, 빅데이터 분석을 기반으로 정책을 결정한다[16].

멀티코어/멀티 스케줄링

CPU 코어가 여러 개이거나 CPU를 2개 이상 사용하는 시스템에서는 스케줄링이 더욱 복잡해진다. 멀티코어 스케줄링에서는 기존 스케줄링 기법에 준비 큐 관리 방식, 로드 밸런싱, 캐시 효과 세 가지를 추가적으로 고려해야 한다.

> **NOTE** 최근 컴퓨터 구조의 추세
>
> 최근 컴퓨터 구조는 CPU 개수를 늘리는 대신 코어 개수를 늘리는 추세다. CPU 개수 증가가 성능 향상으로 직결되지 않기 때문이다. 따라서 이 책에서도 멀티코어를 중심으로 설명한다.

■ 준비 큐 관리 방식

초기 멀티코어 시스템에서는 전역global 큐를 둘 것인지에 대한 논쟁이 있었으나, 코어별로 준비 큐를 두는 것으로 결정되었다. 코어 수에 따른 확장성을 고려한 것이다. 코어 개수가 많아지고 프로세스 개수가 증가함에 따라 전역 큐를 사용하는 스케줄링은 큐에 들어가고 나오는 데 소요되는 오버헤드가 과도하게 증가하기 때문이다.

16 데이터 센터에서는 프로세스 수행 데이터를 trace의 형태로 수집하기도 한다.

■ 로드 밸런싱

로드 밸런싱load balancing은 코어별 준비 큐를 두는 경우에 고려하는 것으로, 특정 코어나 큐에 프로세스가 몰리는 현상이 없도록 준비 큐에 있는 프로세스 개수의 균형을 맞추는 기술이다. 즉, 프로세스들이 여러 코어에 골고루 분포하여, 특정 코어에 부하가 집중되지 않도록 작업 부하를 분산한다. 최근의 멀티 코어 스케줄러는 커널에서 멀티 쓰레드를 구현하여 로드 밸런싱 정책을 지원한다. 커널 쓰레드에 대해서는 아래에서 좀 더 설명한다.

■ 캐시 효과

멀티코어 시스템에서 로드 밸런싱을 하더라도 캐시 효과를 높이려면 코어별로 할당된 캐시 활용률을 높게 유지해야 한다. 같은 코어에서 계속 실행되는 프로세스와 로드 밸런싱 때문에 코어를 옮겨 다니는 프로세스를 비교해 보자. 프로세스가 이전에 실행되던 코어로 돌아와 실행되는 경우에 캐시 효율이 더 높을 것이다. 로드 밸런싱으로 인해 프로세스가 새로운 코어로 이동하면 캐시의 콜드 미스cold miss가 발생하여 성능 저하가 발생할 수 있기 때문이다. 이런 문제를 방지하기 위해 리눅스에서는 `sched_setaffinity()` 시스템콜을 통해 프로세스가 실행될 코어를 고정할 수 있다.

최근 멀티코어 스케줄링 분야에서는 GPU 스케줄링이 큰 관심을 받고 있다. 과거에는 GPU를 단순히 화면의 그래픽 처리 속도를 높이는 하드웨어 장치로 여겨졌지만, 현재는 그 안에 내장된 수많은 코어(예 4,096개)를 활용하여 인공지능 연산에 필요한 행렬 계산을 병렬적으로 처리하는 데 사용하고 있다. 특히 인공지능 처리 분야에서 GPU는 이제 없어서는 안 될 필수 요소로 자리 잡았으며, 이러한 GPU 코어에 AI 작업을 효율적으로 스케줄링하는 연구 또한 활발히 진행되고 있다.

멀티코어 스케줄링을 논할 때 빼놓을 수 없는 것이 멀티 쓰레드다. 4장에서 자세히 다루겠지만, 멀티 쓰레드는 하나의 프로세스가 내부적으로 여러 개의 실행 단위(쓰레드)를 생성하고, 이들을 여러 코어에서 동시에 실행되도록 하여 병렬 처리를 가능하게 하는 기술이다. 이론적으로는 코어 개수만큼 쓰레드를 생성하여 각 코어에 할당하면 최대의 병렬성을 달성할 수 있다.

리눅스

리눅스 커널 2.6 버전부터 CPU 스케줄러로 CFS가 사용되고 있다. CFS는 컴퓨터 네트워크에서 사용되는 가중치 기반 공평큐weighted fair queuing 알고리즘을 CPU 스케줄링에 적용한 것이다. CFS는 코어마다 레드 블랙 트리red black tree로 이루어진 준비 큐를 가지고 있다. 이 트리는 프로세스가 지금까지 얼마나 많이 CPU를 사용했는지 확인한 뒤 가장 적게 CPU를 사용한 프로세스를 트리의 가장 왼쪽에 위치시켜 문맥 교환 시 스케줄러가 선택하도록 한다.

CPU를 공평하게 사용하는 방식을 되짚어보자. 라운드 로빈 스케줄링은 프로세스들이 타임퀀텀을 공평하게 사용하게 하려고 노력하지만 특정 프로세스가 타임퀀텀을 여러 번 사용했다는 사실이 다음 번 타임퀀텀을 받는 데 영향을 주지 않는다. 따라서 라운드 로빈 스케줄링은 CPU를 많이 사용하는 프로세스에 매우 유리할 수 있다. CFS는 이런 문제를 보완하기 위해 기본 타임퀀텀(3ms)을 정하고 프로세스들의 CPU 사용 정보를 지속적으로 업데이트하여 CPU 사용량이 가장 적은 프로세스에 우선순위를 부여함으로써 최대한 공평성을 높인다.

CFS를 좀 더 구체적으로 살펴보면 다음과 같다.

❶ CFS는 먼저 주기period를 정한다. 이 주기는 24ms(기본값) 또는 (현재 수행 중인 프로세스 개수)*3ms 중 큰 값으로 정해진다.

❷ CFS는 프로세스별 타임퀀텀을 period*(process weight/전체 프로세스 weight의 합) 식으로 구한다. 여기서 weight는 프로세스의 우선순위다.

❸ 프로세스가 CPU를 수행한 시간(vrtime = vrtime + execution time)을 기록한다[17]. 여기서 vrtime은 그동안 (축적되어) CPU를 사용한 시간을 나타내며, vrtime이 타임퀀텀을 초과하면 문맥 교환을 한다.

❹ 이 vrtime에 따라 적은 순서대로 준비 큐를 정렬한다.

17 엄밀하게는 execution time과 프로세스별 가중치(weight) 값을 곱해서 결정한다.

4 스케줄링 알고리즘의 비교 기준

스케줄러를 평가할 때는 적절한 기준이 필요한데, CPU 활용률, 처리량, 대기 시간, 턴어라운드 시간 등이 평가 기준으로 사용된다. 가장 이상적인 스케줄러는 CPU를 최대로 활용하면서도 처리량은 최대화하고, 응답 시간, 대기 시간, 턴어라운드 시간을 최소화하는 것이다. 그러나 현실적으로 이 모든 조건을 완벽하게 만족하는 스케줄러는 찾기 어렵다. 예를 들어 처리량을 높이려면 여러 프로세스를 동시에 수행해야 하는데 이 작업에 따른 커널의 오버헤드가 CPU 활용률을 낮추는 결과를 초래한다. 커널의 오버헤드에는 인터럽트 처리 시간, 트랩 처리 시간, 시스템콜 처리 시간이 포함된다.

따라서 운영체제 설계자는 최상의 스케줄러를 만들려고 하지 않고, 타깃 시스템의 설계 목적에 적합한 기준을 최적화하는 스케줄러를 만든다. 예를 들어 슈퍼 컴퓨터는 활용 시간을 최대로 하는 스케줄러를 사용하고, PC는 응답 시간을 최소화하는 스케줄러를 사용한다. 따라서 우주과학 계산 등에 쓰이는 슈퍼 컴퓨터에서는 입출력 프로세스에 CPU 스케줄링 우선순위를 높게 하지 않으나 리눅스와 같은 범용 운영체제에서는 입출력 작업을 수행하는 프로세스에 우선순위를 높게 준다. 이로 인해 PC 사용자가 키보드로 입력했을 때 스케줄러가 인터럽트에 대해 즉각적으로 반응하여 키보드로 입력한 글씨가 화면에 출력되고, 카톡에서 패킷이 도착했을 때 화면에 바로 보이게 된다.

활용률

CPU 활용률utilization은 CPU 사용 시간 중 사용자 프로세스의 작업 처리가 차지하는 비율을 말한다. CPU의 낭비를 가장 적게 하는 데 초점을 두고 비교하는 것이다. 예를 들어 은행의 A 직원이 고객 3명의 업무를 처리하였고 B 직원이 고객 30명의 업무를 처리했다면 어느 직원이 열심히 일한 것일까? 표면적인 수치로만 보면 분명 B 직원이 열심히 일한 것처럼 보인다. 그러나 만약 A 직원이 처리한 고객 3명의 작업은 시간이 오래 걸려 잠시도 쉴 틈이 없었던 반면, B 직원이 처리한 30명의 작업은 각각 1분씩 걸려 30분 만에 일을 마치고 나머지 시간은 휴식을 취했다면 어떨까? 이런 상황이라면 단순히 처리된 고객 수로만 직원의 성실도를 체크할 수 없고, 직원의 실질적인 작업 시간이 성실도의 측정 기준이 될 수 있다. 이와 같이 CPU가 얼마나 쉼 없이 일을 처리했느냐를 측정한 것이 CPU 활용률이다.

만약 프로세스들이 CPU 작업만 수행한다면 스케줄러는 CPU의 활용 순서를 결정할 뿐 유휴 시간에는 변화를 주지 않는다. 따라서 CPU의 활용률은 수행 순서에 따라 크게 변경되지 않는다. 다만, 라운드 로빈이나 SJF 스케줄링, 우선순위 스케줄링의 경우 비선점형 스케줄러인 FCFS에 비해 스케줄러가 빈번하게 호출되어 문맥 교환이 자주 발생한다. 빈번한 문맥 교환은 커널 오버헤드를 증가시키므로 CPU 활용률에서 커널이 차지하는 비중이 늘어날 수 있다. CPU 활용률에서 커널 비중이 늘어나는 것은 바람직하지 않기 때문에, 커널 오버헤드를 최소화하는 것이 중요하다.

CPU 활용률 관점에서 가장 효율적인 스케줄링은 FCFSFirst Come, First Served다. FCFS의 경우 프로세스가 수행을 완료하면 다음 프로세스를 처리하므로 스케줄링에서 발생하는 오버헤드overhead가 줄어든다. 이것은 CPU의 낭비가 가장 적은 효율적인 스케줄링을 의미한다. 우선순위Priority 스케줄링의 경우 어떤 프로세스를 처리하는 도중 우선순위가 높은 프로세스가 들어오면 수행 중이던 프로세스를 저장하고 우선순위가 높은 프로세스를 실행해야 한다. 이후 적절한 시점에 선점된 프로세스를 다시 실행해야 한다. 이러한 과정에서 CPU 오버헤드가 발생한다. 또한 라운드 로빈의 경우도 프로세스들의 퀀텀을 관리하는 작업에 오버헤드가 수반된다. 그러나 FCFS는 다른 기준 측면에서 약점을 가지고 있다. 따라서 타깃 시스템의 설계 목적에 부합하는 스케줄러를 사용하는 것이 중요하다.

응답 시간

은행에서 번호표를 뽑고 내 차례가 되어 업무를 보기 전까지 기다리는 시간이 바로 응답 시간response time이다. 이 기준은 프로세스가 대기 큐에 들어왔다가 수행될 때까지의 시간을 의미한다. 즉, 하나의 프로세스가 입출력을 시작해서 그 입출력의 처리가 끝나고 시스템이 다시 반응하기까지 걸리는 시간에 초점을 맞춘 것으로, 사용자가 느끼는 시간이 된다. 예를 들어 웹 브라우저에서 어떤 사이트를 방문할 때, 그 사이트가 화면에 뜨는 데 걸리는 시간이 응답 시간이다. 응답 시간은 사용자가 체감하는 시간이므로 범용 OSgeneral-purpose OS에서는 매우 중요한 기준이 된다.

FCFS 스케줄링 알고리즘에서는 수행 시간이 긴 작업이 앞에 놓인 경우 이후에 실행되는 모든 프로세스의 응답 시간이 길어진다. 반면 우선순위 스케줄링 알고리즘의 경우 우선순위가 높은 프로세스에 대해서는 응답 시간이 짧지만, 우선순위가 낮은 프로세스는 계속 밀려 응답 시간이 길어지므로 응답 시간의 편차variance가 크다. 스케줄링 알고리즘의 평균 응답 시간을 비교해 보면 짧은 타임퀀텀 기반의 라운드 로빈 스케줄링이 가장 적다.

처리량

처리량throughput은 기준 시간당 얼마나 많은 일을 처리했느냐를 나타낸다. 즉, 주어진 시간에 완료되는 프로세스의 개수로 측정한다. 응답 시간은 프로세스 하나에 대한 관점인 데 반해, 처리량은 전체 시스템의 관점이다. 예를 들어 주어진 하드웨어 환경에서 커널이 일정 시간 동안 얼마나 많은 프로세스를 처리할 수 있는지를 측정하면 전체 시스템의 처리 속도를 알 수 있다[18].

앞서 설명했듯이, CPU 버스트만으로 구성된 프로세스들의 스케줄링에서는 라운드 로빈이나 SJF 스케줄링, 우선순위 스케줄링의 경우 비선점형 스케줄러인 FCFS에 비해 스케줄러가 빈번하게 호출되어 문맥 교환이 자주 발생한다. 이처럼 빈번한 문맥 교환은 오버헤드를 증가시키므로 처리량을 떨어뜨리는 원인이 될 수 있다.

반면, I/O 버스트와 CPU 버스트가 혼합된 프로세스들의 스케줄링에서는 I/O 작업과 CPU 작업을 번갈아 처리할 수 있는 선점형 스케줄러의 처리량이 높다. 특히 라운드 로빈은 평균 I/O 응답 시간이 짧으므로 I/O 버스트가 빈번한 작업이 CPU 버스트가 긴 작업과 같이 수행될 때 I/O 지연 현상을 방지한다. 주어진 작업의 특성에 따라 스케줄링 정책의 결과가 달라질 수 있으므로 처리량 결과를 면밀히 분석해야 한다.

처리량과 관련하여, 최근 멀티코어 시스템에서는 여러 CPU 코어를 동시에 활용할 수 있는 멀티코어 스케줄러를 사용하고 있다. 멀티코어 스케줄러는 로드 밸런싱 정책과 캐시 활용 정책을 적절히 혼합해 처리량을 최대화한다.

---

18 또 다른 예로, 데이터베이스 시스템에서는 '분당 질의(query)를 몇 개 처리했는가'가 중요하다. 이것이 데이터베이스 시스템의 처리량이며 qps(query per second)로 나타낸다.

대기 시간

대기 시간waiting time은 프로세스가 준비 큐에서 대기하는 시간을 나타낸다. 은행에 가서 입출금 업무를 본다고 할 때, 실제로 은행에서 일을 처리하는 몇 분을 제외한 나머지 시간은 기다리는 시간, 즉 대기 시간이 된다. 대기 시간에는 내 차례가 올 때까지 기다리는 응답 시간 외에도 은행원이 잠시 다른 작업을 처리하는 동안 내가 기다리는 시간(처음 스케줄링을 받고, 스케줄링 아웃되어 다른 작업이 실행되는 시간)이 포함된다. 반면, 일단 내 작업이 완료된 후에는 더 이상 기다릴 필요가 없으므로, 작업 완료 이후의 시간은 대기 시간에 포함되지 않는다.

평균 대기 시간은 특정한 프로세스의 대기 시간과 다르다. 운 좋게 은행에 가장 먼저 도착했다면 대기 시간 없이 바로 처리를 완료할 수 있다. 하지만 평균 대기 시간은 내가 은행에 갔을 때 다른 고객이 얼마나 많은지, 은행이 처리해야 할 다른 바쁜 작업이 얼마나 많은지에 따라 달라질 수 있다.

대기 시간을 최소화하려면 다음 두 가지 사항을 고려해야 한다.

- **실행 시간이 짧은 프로세스를 먼저 선택하는 것이 중요하다.**

  한 프로세스의 실행 시간은 다른 프로세스들의 대기 시간이 된다. 따라서 실행 시간이 긴 프로세스가 먼저 선택되어 선점 없이 실행되면, 긴 실행 시간 동안 다른 프로세스들은 모두 대기할 수밖에 없으므로 이로 인해 평균 대기 시간이 길어진다. 이러한 특성을 고려한 스케줄러가 SJFS다.

- **공평성 기반 스케줄러의 경우 선점 가능성도 중요한 고려 사항이다.**

  라운드 로빈 스케줄러는 대기 시간이 짧다고 생각할 수도 있지만 실제로는 그렇지 않다. 라운드 로빈 스케줄러에서 타임퀀텀이 매우 작은 경우를 생각해 보자. CPU 시간을 n개의 프로세스가 매우 공평하게 골고루 나눠 가지므로, 각 프로세스는 CPU 실행 시간을 1/n만 사용하게 된다. 이때 유효한 실행 시간을 제외한 나머지 시간, 즉 (n−1)/n 시간은 실제 실행을 하지 않고 대기하는 시간이 된다. 즉, 대부분의 시간을 대기 시간으로 사용하게 된다. 따라서 프로세스가 많고(n이 큰 값일 때) 타임퀀텀이 아주 작은 경우, 라운드 로빈 스케줄러는 가장 나쁜 평균 대기 시간을 보이게 된다.

10개의 프로세스가 동시에 시작되고 실행 시간(예 10초)이 같은 상황을 생각해 보자. 타임퀀텀이 0에 가까울 만큼 매우 작은 경우, 모든 프로세스가 거의 동시에(0초+) 시작되어 거의 동시에(100초+/−) 종료된다. 각 프로세스의 실행 시간은 10초이므로, 평균 대기 시간은 대략 90초 정도 된다. 타임퀀텀이 매우 커서 FCFS와 같이 동작하는 경우, 프로세스가 거의 동시에 시작된다고 하더라도 10초, 20초, 30초, …, 100초에 매 작업이 완료된다. 이 경우, 각 작업이 완료된 후의 시간은 대기 시간에 포함되지 않으므로, 대기 시간은 각각 0초, 10초, 20초, …, 90초가 된다. 따라서 평균 대기 시간은 45초가 된다.

턴어라운드 시간

턴어라운드turnaround 시간은 프로세스가 생성되어 종료 상태에 도달하는 데 걸리는 (평균) 시간을 의미한다. 턴어라운드 시간은 응답 시간처럼 하나의 프로세스 관점에서 보는 기준이다. 턴어라운드 시간은 실행 시간과 대기 시간의 합으로 계산되므로, 평균 대기 시간이 적은 시스템은 평균 턴어라운드 시간도 적다.

요점 정리

*** 프로세스 스케줄링**

① FCFS(First Come First Served): 먼저 도착한 프로세스를 먼저 처리한다. 이 알고리즘의 가장 큰 장점은 스케줄러를 구현하기가 쉽다는 것이다.

② SJFS(Shortest Job First Scheduling): 가장 짧은 시간에 처리될 수 있는 작업을 가장 먼저 수행한다. 이론만 뒷받침될 뿐 실제적으로는 수행이 불가능하다.

③ 우선순위 스케줄링(Priority Scheduling): 중요한 작업들에 우선권을 주어 우선순위가 가장 높은 작업을 먼저 처리하도록 한다.

④ 라운드 로빈(Round Robin): 하나의 프로세스가 CPU를 독점하지 않도록 타임퀀텀을 정해 놓는다. 프로세스가 타임퀀텀을 다 썼는데도 처리를 마치지 못했으면 그 프로세스를 준비 큐의 맨 뒤로 보낸다.

⑤ 다중 큐 스케줄링(Multiple queue Scheduling): 공통적인 특성이 있는 작업들끼리 모아 서로 다른 클래스로 구성하여 클래스마다 각각의 큐를 구성한다.

*** 스케줄링 알고리즘의 평가 기준**

① CPU 활용률(utilization): CPU의 낭비가 가장 적은 것에 초점을 둔 평가 기준이다. 몇 %가 오버헤드가 아닌 유용한 작업에 사용되었는지 보이는 기준이다.

② 응답 시간(response time): 하나의 프로세스가 일을 시작해서 끝날 때까지 걸리는 시간에 대한 기준으로, 평균 응답 시간이 가장 적게 걸리도록 스케줄링한다.

③ 처리량(throughput): 기준 시간당 얼마나 많은 프로세스를 처리했느냐에 초점을 맞춘 기준이다.

④ 대기 시간(waiting time): 프로세스가 실행하기 전에 준비 큐에서 대기하는 시간을 보이는 기준이다.

퀴즈

퀴즈 1) 프로세스 스케줄링의 역할을 두 가지로 정리해 보시오.

퀴즈 2) 프로세스 알고리즘 중 FCFS(First Come First Served)의 장점과 단점을 설명하시오.

퀴즈 3) 우선순위 스케줄링의 단점과 해결 방법을 설명하시오.

퀴즈 4) 준비 상태에 놓인 프로세스는 각각 우선순위가 주어져 우선순위가 높은 순서대로 CPU를 차지하게 된다. 그러나 대기 상태에는 순위가 없다. 그 이유를 설명하시오.

퀴즈 5) 라운드 로빈의 특징을 설명하시오.

퀴즈 6) "라운드 로빈의 성능은 타임퀀텀 크기에 큰 영향을 받는다."라는 주장이 정당한 이유를 설명하시오.

퀴즈 7) 다중 큐의 구현 방법을 설명하시오.

퀴즈 8) CPU 활용률 관점에서 가장 효율적인 스케줄링은 어떤 것인가? 그 이유도 함께 쓰시오.

예시 답안

04 실습 과제

Lab fork( )/execve( ) 시스템콜을 이용해 간단한 셸을 구현하고 CPU 스케줄링을 구현한다.

실습 이론

- fork()와 execve() 시스템콜을 이용한 프로세스 API
- 타임 틱 기반의 시분할 시스템 및 CPU 스케줄링 알고리즘

실습 1 fork( )/execve( ) 시스템콜을 이용한 간단한 셸 구현

fork()와 exec() 시스템콜을 이용해 다음 기능을 갖춘 간단한 셸을 구현한다.

- 사용자의 입력을 받는다.
- 입력받은 프로그램을 실행한다.

execve() 시스템콜은 입력으로 실행할 프로그램의 경로와 프로그램의 실행에 필요한 인자를 배열 형태로 입력받는다. 일반적으로 C 프로그램의 main() 함수는 2개의 입력 인자를 가지며, 실행이 끝나면 정상 종료 또는 에러 상태를 반환한다.

main 함수의 원형과 인자는 다음과 같다.

```
int main(int argc, char *argv[])
```

- argc: 정수형으로, 입력된 인자의 개수를 나타낸다.
- argv: 문자형 배열의 포인터로, 입력된 인자들을 담고 있는 벡터 배열이다.

사용자로부터 입력받은 문자열을 적절한 인자 배열 형태로 변환하여 execve()에 전달하면 /bin/ls, /bin/cp, /usr/bin/gcc 등의 프로그램을 실행할 수 있다.

main() 함수가 종료되면 해당 프로그램의 실행도 종료된다. 그러나 셸이 지속적으로 동작하면서 새로운 프로그램을 실행하려면 내부적으로 다음 2개의 프로세스를 운영해야 한다. 부모 프로세스는 자식 프로세스가 실행한 프로그램이 종료될 때까지 대기하며, 이를 위해 wait() 시스템콜을 사용한다.

- 부모 프로세스: 사용자의 입력을 받아 처리한다.
- 자식 프로세스: execve()를 통해 입력받은 프로그램을 실행한다.

wait()와 fork() 시스템콜을 활용하여 부모-자식 프로세스 관계를 형성하고, 실행한 프로그램이 정상적으로 종료되었는지 반환값을 확인하는 셸 프로그램을 작성해 보자.

응용 과제 1 PATH 환경 변수 활용하기

execve() 시스템콜은 실행할 프로그램의 전체 경로명을 첫 번째 인자로 받는다. 그러나 매번 전체 경로를 입력하려면 번거로우므로 대부분의 셸이 PATH 환경 변수를 활용하도록 수정해 보자.

PATH 환경 변수는 여러 디렉터리 경로를 저장하는 문자열로, 사용자가 프로그램의 파일 이름만 입력하면, 셸은 PATH에 지정된 디렉터리를 검색하여 해당 프로그램의 전체 경로를 자동으로 구성하고 실행한다. 셸이 환경 변수를 가져오고 실행할 프로그램의 경로를 찾기 위해 다음과 같은 함수를 사용할 수 있다.

- getenv(): PATH 환경 변수를 포함한 셸의 환경 변수를 가져온다.
- strtok(): PATH에 저장된 여러 디렉터리를 분리하여 개별 경로를 추출해서 디렉터리 이름을 생성한다.
- open() 또는 stat(): 실제 해당 경로에 파일이 있는지 확인한다.

응용 과제 2 파이프를 이용해 IPC 구현하기

부모 프로세스와 자식 프로세스 간 데이터를 전달하는 방법으로 파이프Inter-Process Communication, IPC를 활용하도록 수정해 보자. 셸에서 |(파이프 연산자)를 사용하면, 앞쪽 프로그램의 출력을 뒤쪽 프로그램의 입력으로 전달할 수 있다. 이는 pipe() 시스템콜을 활용해 간단히 구현할 수 있다.

실습 2 스케줄링 구현

타이머 인터럽트를 기반으로 동작하는 CPU 스케줄링을 구현해 보자. 이를 위해 fork() 시스템콜을 사용해 자식 프로세스를 10개 생성한다.

- 부모 프로세스: 커널 역할을 한다.
- 자식 프로세스: 사용자 프로세스 역할을 한다.

실제 커널이 하드웨어 타이머를 사용해 프로세스를 관리하는 것처럼, 부모 프로세스는 일정한 시간 간격으로 타이머 시그널을 받아야 한다. 이를 위해 다음 시스템콜을 활용한다.

- setitimer(): 일정한 간격으로 타이머 시그널을 생성한다.
- sigaction(): 타이머 시그널을 처리하는 핸들러를 설정한다.

부모 프로세스는 여러 자식 프로세스 중 다음 CPU 버스트에 실행할 프로세스를 선택(스케줄링)하여 해당 프로세스에 시그널을 보낸다. 시그널 전송에는 kill() 시스템콜을 사용한다.

각 자식 프로세스는 CPU 버스트 시간을 cpu_burst 변수에 저장하며 다음과 같이 동작한다.

- 기본적으로 sleep() 상태로 대기한다.
- 부모 프로세스가 선택하여 시그널을 보내면 실행을 시작한다.
- 실행할 때마다 cpu_burst 값을 1씩 감소시킨다.
- cpu_burst가 0이 되면 실행을 종료한다(exit() 또는 return 사용).
- 초기 cpu_burst 값은 임의로 설정할 수 있다.

부모 프로세스는 라운드로빈 스케줄링 정책을 사용하며 자식 프로세스의 실행 순서를 관리하는 PCB[Process Control Block]를 다음과 같이 유지한다.

- 각 프로세스의 남은 CPU 버스트 값을 저장한다.
- 모든 프로세스에 동일한 CPU 버스트를 부여한다.
- 타이머 인터럽트 발생 시 현재 실행 중인 프로세스의 CPU 버스트를 1씩 감소시킨다.
- CPU 버스트가 남아 있는 다음 프로세스를 선택하여 실행한다.
- 모든 프로세스의 CPU 버스트가 0이 되면 CPU 버스트를 초기화한다.

구현한 라운드로빈 스케줄링에 대해 다음 성능 지표를 분석해 보자.

- 시간에 따른 평균 대기 시간: 각 프로세스가 실행되기까지의 평균 대기 시간을 계산한다.
- 최대 응답 시간: 프로세스가 처음 실행될 때까지의 최대 대기 시간을 측정한다.
- 공평성: 모든 프로세스가 CPU를 공평하게 할당받았는지 평가한다.

응용 과제 1 CPU 버스트가 끝난 후 I/O 요청 상황 추가하기

실제 프로세스는 CPU와 I/O 작업을 번갈아 가며 실행한다. 이를 반영하여 CPU 버스트가 끝난 후 I/O 요청이 발생하는 상황을 추가해 보자. I/O 요청 처리 흐름은 다음과 같다.

❶ 자식 프로세스는 CPU 버스트가 `0`이 되면, 부모 프로세스에 시그널을 보내어 I/O 요청을 발생시킨다.

❷ 부모 프로세스는 I/O 요청을 받은 자식 프로세스를 스케줄링에서 제외하고 대기 큐로 이동시킨다.

❸ 자식 프로세서는 대기 큐에서 I/O 버스트만큼 대기한다.

❹ I/O 작업이 완료되면 부모 프로세스는 해당 자식 프로세스를 다시 스케줄링 큐로 가져온다.

❺ CPU 버스트와 I/O 버스트 값은 랜덤하게 지정한다.

응용 과제 2 CPU 버스트 크기에 따른 결과 확인하기

CPU 버스트의 크기는 라운드로빈 스케줄링에서 중요한 매개변수로, 스케줄링의 효율성과 성능에 직접적인 영향을 미친다. CPU 버스트의 크기에 따른 결과(평균 대기 시간, 응답 시간, 공평성)를 비교하고, 이론적으로 예측한 결과와 실험 결과가 일치하는지 확인해 본다.

응용 과제 3 FIFO, SJF, MLQ 구현하고 결과 확인하기

FIFO, SJF, MLQ 등을 구현한 후, 스케줄링별로 평균 대기 시간, 응답 시간, 공평성을 비교 분석해 보자.

- FIFO^First In, First Out^: 먼저 도착한 프로세스부터 순차적으로 실행한다.
- SJF^Shortest Job First^: 실행 시간이 가장 짧은 프로세스를 우선 실행한다.
- MLQ^Multilevel Queue^: 여러 개의 큐를 사용하여 프로세스를 우선순위에 따라 분류하고 스케줄링한다.

CHAPTER

04

쓰레드와 동기화

01 쓰레드

Section

운영체제에서 쓰레드는 하나의 실행 단위다. 그렇다면 프로세스와 구별하여 쓰레드를 별도로 정의한 이유는 무엇일까? 이 절에서는 다중 쓰레드의 개념과 쓰레드의 구성 요소를 살펴보고, 쓰레드와 프로세스의 차이점을 설명한다.

이 절의 학습 목표

- 쓰레드의 기본 개념을 이해한다.
- 프로세스와 쓰레드의 차이를 명확히 설명할 수 있다.
- 사용자 쓰레드와 커널 쓰레드의 매핑 방식을 이해한다.

1 쓰레드 개념

컴퓨터의 연산 성능을 높이는 방법에는 두 가지가 있다. 하나는 CPU의 클록clock 속도를 올리는 것이고 또 다른 하나는 연산 장치(CPU 또는 CPU 내 코어core)의 수를 늘리는 것이다. 1995년에는 노트북에 사용된 CPU의 클록 속도가 45MHz 정도였다. CPU 기술이 발전하면서 클록 속도가 계속 향상되어 왔고, 이제 노트북에도 3GHz 이상의 클록 속도를 보장하는 CPU가 탑재되고 있다. 그러나 클록 속도를 무한정 높일 수는 없다. 클록 속도가 빨라지면서 CPU 내부에서 발생하는 열이 점점 증가하기 때문이다. 이 열로 인하여 CPU의 내부 온도가 너무 높아지면 CPU가 불안정하게 동작한다. 따라서 CPU의 내부 온도가 어느 선 이상으로 넘어가지 않도록 해야 하는데, CPU에 부착되는 방열판이나 팬으로 온도를 유지하는 데는 한계가 있다. 이처럼 CPU에서 성능을 더 이상 높일 수 없는 한계 상황을 전력 벽power wall이라고 한다.

전력 벽이라는 물리적인 한계에 부딪히자, CPU 제조사들은 CPU의 연산 성능을 높이기 위하여 CPU 내부의 코어 개수를 늘려갔다. 어느덧 휴대전화의 CPU에만도 쿼드(4개) 코어, 옥타(8개) 코어가 탑재되고 있다. 옥타 코어를 탑재한 CPU는 성능이 얼마나 늘었을까?

예를 들어 CPU 코어를 1개 탑재한 컴퓨터에서 스타크래프트 게임을 실행하다가 8개를 탑재한 컴퓨터에서 실행하면 게임 성능이 8배 이상 될까? 그렇지 않다. 그 이유는 프로세스가 실행 단위execution unit이자 보호 영역protection domain 기능을 제공하는 추상개념이기 때문이다.

'코드 수행' 관점에서 프로세스는 하나의 수행 흐름으로 명령어를 순차적으로 수행하기 때문에 코어가 2개 이상 있어도 1개의 프로세스는 코어를 하나만 사용한다.

여러 개의 코어를 동시에 사용하기 위하여 쓰레드가 도입되었다. 하나의 프로세스를 여러 작업(태스크)으로 나누어 수행하는 것이 바로 쓰레드다. 쓰레드는 한 프로세스 내에서 여러 개의 실행 흐름을 구현하는 방법이다.

2 쓰레드 구성 요소

쓰레드는 실행 단위로서 프로세스 내부의 수행 흐름을 제공하는 추상개념이며, [그림 4-1]과 같이 개별 실행 흐름으로 표현된다. (a)는 프로세스 내부에 실행 흐름이 1개인 단일 쓰레드이고, (b)는 프로세스에서 3개의 실행이 진행되고 있는 다중 쓰레드다.

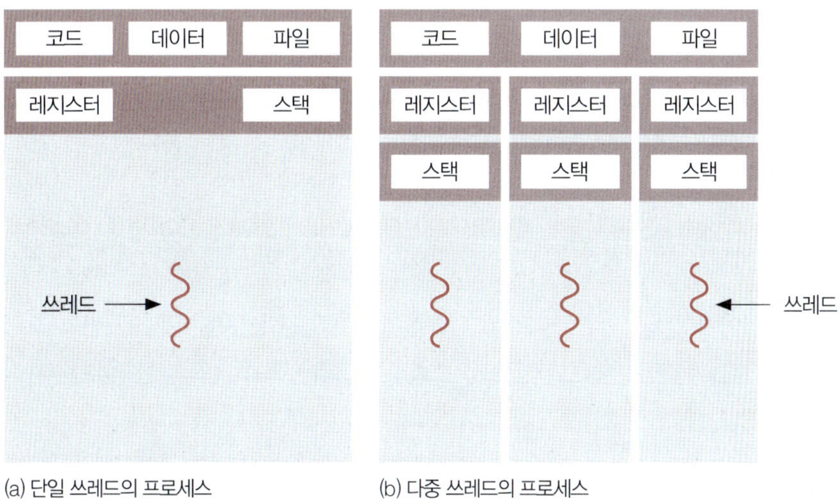

그림 4-1 단일 쓰레드와 다중 쓰레드의 프로세스

[그림 4-1]의 (b)에서 각 쓰레드는 스택과 CPU 실행에 필요한 레지스터를 별도로 가지고 있지만 코드, 데이터, 파일은 공유하고 있다는 점에 주목하기 바란다. 쓰레드는 CPU 실행 단위이기 때문에 쓰레드 ID, PC프로그램 카운터, 스택, CPU 레지스터로 구성된다. 쓰레드 ID는 프로세스 ID처럼 고유의 쓰레드를 나타내는 데 사용된다. PC는 쓰레드가 수행하고 있는 명령어를 가리키는 것이며, 프로세스가 사용하는 PC와 동일한 레지스터를 사용한다. 스택은 쓰레드가 수행하면서 생기는 임시 변수들을 저장하는 공간으로, 프로세스의 스택과 같은 역할

을 한다. CPU 레지스터는 쓰레드가 수행할 때 사용되는 값을 가지고 있다. 쓰레드가 스위칭 switching을 하면, 즉 쓰레드1이 수행하다가 쓰레드2가 수행하게 되면 쓰레드가 고유하게 가지고 있는 레지스터 값들은 저장된다. 그러나 쓰레드가 공유하는 메모리의 자료구조들은 별도로 저장되지 않는다. 따라서 쓰레드 스위칭이 프로세스 스위칭보다 '가볍다'고 할 수 있다.

쓰레드를 사용해서 얻을 수 있는 추가적인 장점에는 어떤 것이 있을까? 프로세스가 입출력을 하게 되면 운영체제에서는 요청된 입출력이 완료될 때까지 더 이상 진행하지 않고 기다리는 동기적인 방식을 사용한다. 따라서 커널은 입출력이 종료될 때까지 해당 프로세스의 실행을 멈추고 대기 상태로 만들어 다른 계산을 하지 않게 된다. 반면, 여러 쓰레드를 사용하면 하나의 쓰레드가 입출력을 하더라도 다른 쓰레드는 계속하여 CPU 작업을 수행할 수 있다. 따라서 네트워크 접속을 기다렸다가 동작을 하는 웹 서버의 경우, 여러 쓰레드가 동시에 동작하여 한 쓰레드는 디스크 입출력을 기다리고 다른 쓰레드는 요청받은 데이터 처리를 할 수 있다. 즉, 멀티 쓰레드가 웹 서버의 동작을 병렬적으로 처리하여 전체 작업을 효율적으로 수행할 수 있다.

3 프로세스와 쓰레드의 차이

쓰레드는 프로세스 내에서 독립된 실행 흐름을 제공한다. 그러나 프로세스와 달리 쓰레드는 보호 영역을 제공하지 않는다. 프로세스는 자신만의 코드·데이터·스택 영역을 가지는 반면, 쓰레드는 프로세스 내에서 생성되며, 코드 영역과 데이터 영역은 공유하지만 자신만의 스택을 가지고 있다. [그림 4-1]에서도 보여주듯이, 쓰레드는 프로세스보다 작은 단위 또는 가벼운 추상개념이다.

쓰레드는 크게 세 가지 측면에서 프로세스와 차이가 있다.

■ 쓰레드에는 경량성이라는 특징이 있다.

은행 지점을 예로 들어 프로세스와 쓰레드의 차이를 살펴보자. 은행 지점을 프로세스, 해당 지점의 근무자를 쓰레드에 비유할 수 있다. 은행이 업무 처리량을 늘리기 위해 지점 수를 늘릴 수도 있지만, 근무자 수를 늘려 비용을 절감할 수 있다. 이처럼 쓰레드는 프로세스보다 가볍다는 특성(경량성)이 있다. 경량성을 드러내는 대표적인 예가 쓰레드 스위칭이다. 프로세스가 문맥 교환을 하듯이 쓰레드도 수행하면서 스위칭을 한다. 이때 쓰레드는 코드와 데이터 영역을 공유하기 때문에 쓰레드 스위칭의 오버헤드가 문맥 교환보다 적다.

■ **쓰레드들이 수행하면서 전역 변수에 접근할 때 동기화해야 한다.**

쓰레드는 데이터 영역을 공유하므로 작업을 수행하면서 전역 변수에 접근할 때 동기화해야 한다. 그래야 여러 쓰레드가 변수를 변경할 때 변수 값의 일관성consistency이 유지된다. 또한 하나의 쓰레드가 파일을 읽기 위해 파일을 열면 다른 쓰레드들도 모두 그 파일을 읽을 수 있다[1].

■ **프로세스 내의 쓰레드들 간에 별도의 통신이 필요하지 않다.**

프로세스는 서로 데이터를 주고받기 위해 별도의 IPC 메커니즘을 사용하지만, 쓰레드는 데이터 영역을 공유하므로 프로세스 간 공유 메모리를 사용하는 경우처럼 통신을 위한 별도의 IPC 기법을 필요로 하지 않는다([그림 4-2] 참고). 그러나 쓰레드들이 데이터에 동시에 접근하지 않도록 동기화하는 과정이 반드시 필요하다. 즉, 여러 쓰레드가 공유하는 데이터에 접근하는 경우 다른 쓰레드와 동기화가 되어야 한다. 동기화하지 않으면 데이터를 사용하는 쓰레드의 작업이 완료되기 전에 불완전한 값이 사용될 수 있기 때문이다. 데이터베이스 같은 시스템을 설계할 때, 프로세스를 기반으로 여러 프로세스를 만들어 협력하도록 할 수 있다. 이 경우 프로세스 간 협력을 위해 IPC가 필요하다. 반면에 쓰레드를 사용하면 모든 쓰레드가 프로세스의 메모리를 공유하므로 IPC 대신 쓰레드 동기화를 통해 데이터 접근을 제어한다.

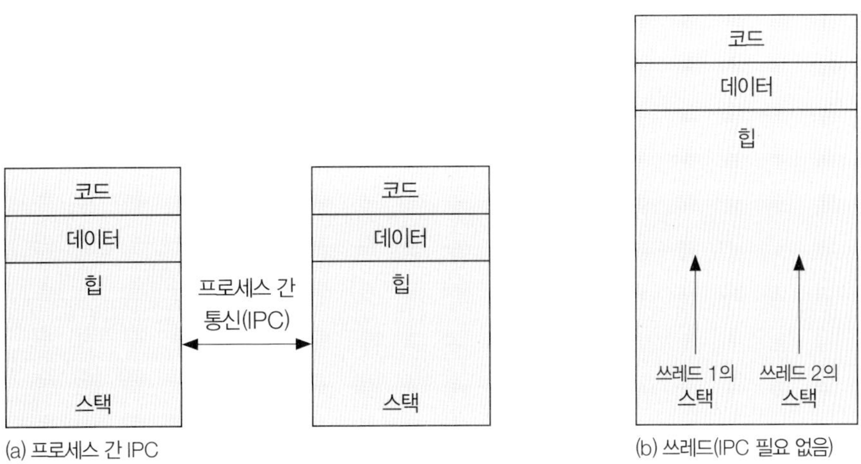

그림 4-2 IPC와 쓰레드

---

1 이 특징이 나타나는 이유는 쓰레드들이 파일 디스크립터(file descriptor)를 공유하기 때문이다. 파일 디스크립터에 대한 자세한 내용은 생략한다.

4 쓰레드 구조

쓰레드의 구조를 말할 때 크게 커널 쓰레드와 사용자 쓰레드user thread로 구분하여 설명한다. 운영체제마다 쓰레드 구현이 다르고 계속 변하고 있어, 그 차이를 명확하게 설명하는 것은 다소 복잡하다. 간단히 말해, 커널 쓰레드는 커널 내부에서 동작하는 쓰레드다. 리눅스 커널 내부에도 쓰레드가 존재한다. 멀티코어를 사용하려면 커널 자체가 멀티 쓰레드로 동작해야 하기 때문이다. 사용자 쓰레드는 자바나 파이썬에서 나오는 쓰레드다. 파이썬 라이브러리나 자바 클래스에서 사용자 쓰레드를 생성하고 관리한다. 사용자 쓰레드는 프로세스에 존재하는 쓰레드로, 커널은 사용자 쓰레드의 존재를 인식하지 못한다(프로세스는 인식함). 이론적으로, 커널 쓰레드가 사용자 쓰레드에 바인딩binding되어야 커널이 사용자 쓰레드를 인식할 수 있고, 커널이 쓰레드를 스케줄링할 수 있다.

[그림 4-3]과 같이 사용자 쓰레드와 커널 쓰레드가 매핑하는 세 가지 방식이 존재한다.

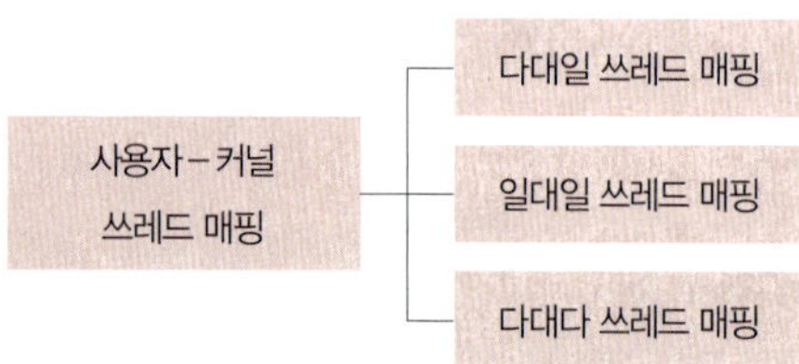

그림 4-3 사용자 쓰레드와 커널 쓰레드의 매핑 방식

다대일 매핑

[그림 4-4]는 사용자 쓰레드와 커널 쓰레드의 다대일many to one 매핑을 나타낸다. 이 매핑은 여러 사용자 쓰레드가 하나의 커널 쓰레드에 연결되는 구조다. 이 구조에서 실질적으로 사용할 수 있는 코어는 1개다. 따라서 멀티코어의 장점을 활용하지 못한다. 그렇다면 '사용자 쓰레드는 쓸모가 있는가?'라는 질문을 할 수 있다. 쓰레드는 이 경우에 입출력 처리와 CPU 처리를 멀티플렉싱하는 유용한 수단이 된다. 예를 들어 어떤 앱의 쓰레드가 네트워크 패킷을 기다린다고 하자. 쓰레드를 사용하지 않는다면 이 프로세스는 네트워크 패킷을 수신할 때까지 대기해야 하고, 자신에게 주어진 타임퀀텀을 사용하지 못한다. 또한 앱 사용자가 어떤 입력을 하려고 해도, 현재 프로세스가 대기 상태이기 때문에 이 입력을 받아들이지 못한다. 이때 네트워크 처리를 위하여 별도의 사용자 쓰레드를 사용한다면 그 네트워크 쓰레드가 대기하더라도 다른 쓰레드는 CPU 수행을 계속할 수 있으므로 사용자의 입력을 받아들일 수 있다.

또한 다대일 매핑에서는 하나의 사용자 쓰레드가 시스템콜을 호출하여 커널 내부에서 실행하면 다른 쓰레드는 시스템콜을 수행할 수 없다[2]. 다대일 매핑으로 여러 사용자 쓰레드에 대하여 커널 쓰레드 1개만이 사용되기 때문이다.

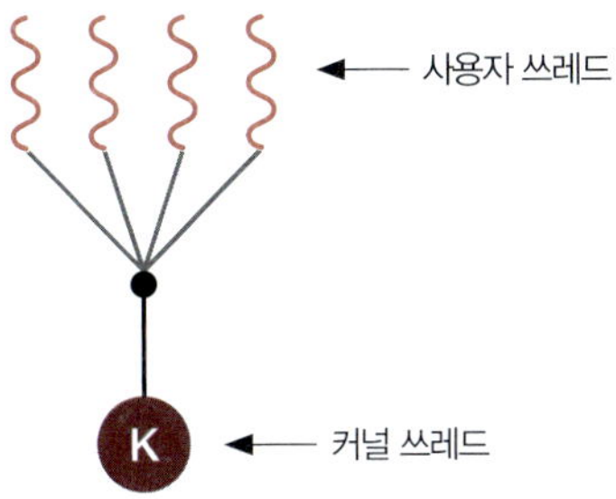

그림 4-4 다대일 쓰레드 매핑(4개의 사용자 쓰레드가 1개의 커널 쓰레드에 매핑)

일대일 매핑

[그림 4-5]는 사용자 쓰레드와 커널 쓰레드의 일대일one to one 매핑을 나타낸다. 이 매핑은 사용자 쓰레드 1개가 커널 쓰레드 1개에 연결되는 구조다. 이 구조에서는 커널이 사용사 쓰레드를 그대로 스케줄링한다.

커널이 멀티 쓰레드로 동작한다는 것은 매우 복잡한 일이다. 앞서 설명했듯이, 쓰레드는 데이터를 공유하므로 커널 내부의 모든 자료구조에 여러 커널 쓰레드가 동시에 접근할 수 있도록 멀티 쓰레드 안정성Multi-Thread safe, MT safety을 보장해야 하고, 하드웨어 인터럽트를 연속해서 처리할 수 있도록 동기화 명령어를 통한 커널 자료구조의 일관성을 확보해야 한다. 이를 위해서는 커널의 모든 코드와 데이터의 접근을 동기화하고 인터럽트를 받아들일 수 있는 코드 영역을 구분해야 한다. 그래서 인터럽트가 발생할 수 없는 영역에는 인터럽트를 마스크mask하는 동작을 커널에 넣어주어야 한다. 이런 이유로 리눅스 커널 2.6에 이르러서야 커널 쓰레드를 지원할 수 있게 되었다. 커널 쓰레드를 사용자 쓰레드와 구분하기 위해 경량 프로세스lightweight process, lwp라고 부르기도 한다.

2 select(2)를 사용하면 여러 파일 디스크립터에 대기를 하고 깨어날 수 있기는 하다.

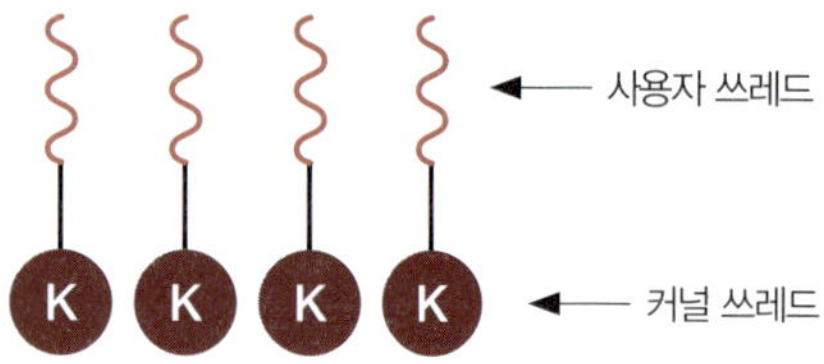

그림 4-5 일대일 쓰레드 매핑

다대다 매핑

[그림 4-6]은 사용자 쓰레드와 커널 쓰레드의 다대다many to many 매핑을 나타낸다. 이 매핑은 여러 개의 사용자 쓰레드가 여러 개의 커널 쓰레드에 연결되는 구조로, 그림에서는 4개의 사용자 쓰레드가 3개의 커널 쓰레드에 연결되는 예를 보여주고 있다. 일대일로 바인딩하는 구조에서 프로세스가 사용자 쓰레드를 계속 만들어 커널 쓰레드가 비례적으로 증가하는 문제를 해결하기 위해 다대다 매핑 구조가 도입되었다.

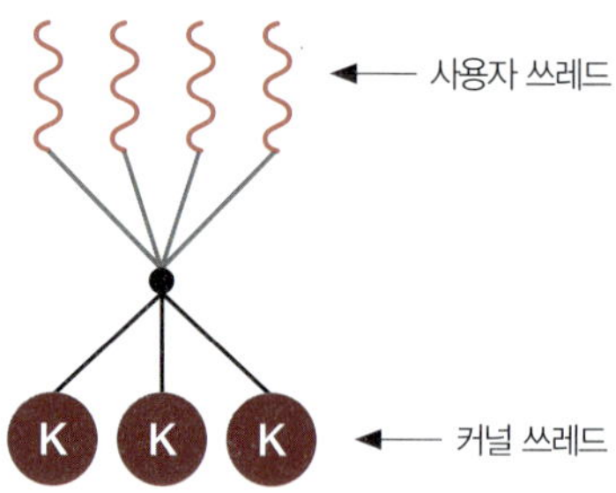

그림 4-6 다대다 쓰레드 매핑

다대다 구조는 '프로세스에 커널 쓰레드를 몇 개 할당할 것인가'라는 새로운 문제를 야기한다. 커널 쓰레드를 몇 개 할당해야 범용적으로 적당한지를 파악하기란 매우 어렵다. 또한 커널 쓰레드와 사용자 쓰레드의 바인딩은 라이브러리나 클래스 내부에서 일어나기 때문에 라이브러리나 클래스 버전이 변경되면 바인딩 정책도 변할 수 있다. 그 결과 커널이 커널 쓰레드의 개수를 정하기도 하지만, 프로세스 내 사용자 쓰레드 수를 미리 알 수 없어서 그 결정을 내리는 데 어려움이 있다. 그래서 리눅스 커널에서는 두 번째 구조, 즉 사용자 쓰레드에 대해 커널 쓰레드를 할당하는 정책을 채택하고 있다. 쓰레드를 몇 개 만들지는 프로그램 개발자에게 맡긴다. 단, 쓰레드가 무한 생성되는 것을 방지하기 위해 커널은 프로세스별로 쓰레드 수 제한을 설정한다.

이 밖에도 고려해야 할 문제들이 있다. 어떤 프로세스가 쓰레드를 여러 개 사용하면, 각각의 쓰레드가 타임퀀텀을 가지게 되므로 쓰레드를 사용하지 않는 프로세스보다 더 많은 타임 퀀텀을 사용하게 된다. 이 문제는 어떻게 해결해야 할까? 프로세스들이 의도적으로 (혹은 부주의하게) 쓰레드를 많이 만들어서 커널 쓰레드 개수가 너무 많아지고 그에 따른 오버헤드가 커진다면 이 문제는 또 어떻게 해결해야 할까? 이런 새로운 이슈들이 생겨나므로 이에 대한 정책적인 판단이 필요하다.

5 운영체제의 쓰레드 지원

이 책에서는 사용자 쓰레드와 구분하기 위해 커널 쓰레드를 경량 프로세스라고 부르기도 한다. 따라서 특별한 설명 없이 쓰레드라고 표현하면 이는 사용자 쓰레드를 의미한다고 보면 된다.

쓰레드가 도입되면서 운영체제 내의 몇 가지 시스템콜 시멘틱스에 변화가 필요했다. 시스템콜은 프로세스 기반으로 설계되었기 때문이다. 예를 들어 `fork(2)`는 프로세스를 복제하는 함수인데, 쓰레드를 고려했을 때 `fork()`를 호출하는 쓰레드만 복제해야 할지, 프로세스 내의 쓰레드를 모두 복제해야 할지를 재정의할 필요가 있었다. 또 `exit(2)` 같은 시스템콜을 쓰레드가 호출하면, 원래 시멘틱스대로 쓰레드가 있는 프로세스를 종료해야 할지, 이 호출을 하는 쓰레드만 종료해야 할지를 재정의해야 했다. 이러한 이슈들에 대하여 운영체제별로 조금씩 달리 접근하고 있다. 솔라리스Solaris 운영체제에서는 `fork1`이라는 시스템콜을 추가하여 쓰레드 하나만 복제하고, `fork()`에 대해서는 프로세스 내의 전체 쓰레드를 복제하는 시멘틱스를 사용한다. 또한 `exit1` 시스템콜을 사용하여 해당 쓰레드만 종료하도록 하고, `exit()`를 호출하면 쓰레드가 속한 프로세스 전체가 종료된다.

리눅스 커널에서는 쓰레드를 어떻게 구현하는지 알아보자. 리눅스에서는 프로세스를 생성하는 방식과 매우 비슷하게 쓰레드를 구현한다. 다만, 쓰레드를 생성할 때 `fork(2)`를 사용하는 것이 아니라 `clone(2)`라는 새로운 시스템콜을 사용한다. `clone` 시스템콜은 쓰레드를 생성할 때 함수 이름, 함수 인자, 스택을 인자로 받는다. 특히 `CLONE_VM` 플래그를 설정하면 호출하는 부모 프로세스의 코드와 데이터 영역을 공유하는 새로운 쓰레드를 생성하여 실행하게 된다. 즉, 새로운 쓰레드는 새로운 프로세스처럼 생성되지만 부모 프로세스와 자원을 공유하므로 쓰레드만의 고유한 특성을 가지게 된다. 깊이 있는 이해를 원한다면 한 프로세스의 코드와 데이터 영역을 다른 프로세스가 공유하는 것이 어떻게 가능한지 생각해 보기 바란다.

요점 정리

*** 쓰레드**

프로세스의 처리 속도를 높이기 위해 하나의 프로세스가 수행해야 할 여러 작업을 나누어 수행할 수 있도록 설계한 것이 쓰레드다.

*** 프로세스와 쓰레드의 차이**

프로세스와 쓰레드는 실행 단위라는 측면에서 유사성이 있다. 그러나 쓰레드들은 프로세스 안에서 코드와 데이터 영역을 공유하는 데 반해, 프로세스는 보호 영역을 제공하기 때문에 프로세스 간에 공유되는 영역이 없다.

*** 쓰레드가 유용하게 사용되는 경우**

멀티코어 시스템에서 프로세스가 여러 코어를 함께 사용하려면 프로세스 내에 여러 개의 실행 흐름이 필요하다. 이때 실행 흐름을 쓰레드들에 할당하여 동작시키면, 쓰레드들이 코어에서 물리적으로 동시에 수행할 수 있다. 그결과 프로세스의 성능이 코어의 개수만큼 증가할 수 있다.

퀴즈

퀴즈 1) 하나의 프로세스 안에 여러 개의 쓰레드가 존재할 경우 시그널 핸들러는 무엇에 따라 수행되는가?

퀴즈 2) 프로세스 1, 2, 3이 있다고 하자. 프로세스 1은 1개의 쓰레드를, 프로세스 2는 2개의 쓰레드를, 프로세스 3은 3개의 쓰레드를 가지고 있다. 이 프로세스들의 타임퀀텀은 각각 10ms, 20ms, 30ms이고, 수행 시간은 각각 1초, 2초, 3초다. 이들을 리눅스의 라운드 로빈 방식으로 스케줄링하려고 한다. 이 쓰레드들이 어떻게 스케줄링되는지 설명하시오. 단, 스케줄링을 시작할 때 프로세스들은 준비 큐에 있다고 가정한다. (힌트: 리눅스에서 쓰레드는 clone(2)를 통해 생성되며, 일대일 매칭을 지원한다.)

퀴즈 3) 다중 쓰레드를 활용하면 CPU 성능을 항상 개선할 수 있는가?

퀴즈 4) 타임퀀텀을 프로세스에 할당하는 것과 커널 쓰레드에 할당하는 것의 차이를 설명하시오. 즉, 스케줄링의 기본 단위를 프로세스로 하는 경우(하나의 프로세스에 커널 쓰레드가 여러 개 할당될 수 있음)와 스케줄링 단위를 커널 쓰레드로 하는 경우 각각의 장단점을 설명하시오.

예시 답안

02 다중 쓰레드 프로그래밍 인터페이스

Section

앞 절에서 다중 쓰레드는 동일한 프로세스 내에서 여러 실행 흐름을 생성한다고 설명하였다.
이 절에서는 다중 쓰레드를 실제로 활용하기 위한 프로그래밍 인터페이스를 살펴본다.

이 절의 학습 목표

- 쓰레드 생성과 관련된 API를 이해한다.
- 다중 쓰레드 프로그래밍에서 발생하는 어려움을 파악한다.

1 쓰레드 프로그래밍

이제 쓰레드를 실제로 활용하기 위한 프로그래밍 측면을 생각해 보자. 리눅스에서 쓰레드 프로그래밍은 IEEE에서 제정한 POSIX 쓰레드 표준을 따른다.

[코드 4-1]의 예를 살펴보자. 이 코드는 2개의 쓰레드를 만들고, 각 쓰레드는 간단한 출력을 한다. 먼저 2개의 쓰레드를 만들기 위해 pthread_create(3)을 호출하는데, 인자로 쓰레드 id(thread1, threads2), 쓰레드를 시작하는 함수(print_message)를 사용한다. thread_join은 해당 쓰레드가 종료하기를 기다리는 함수다.

코드 4-1 쓰레드 프로그래밍 예

```
##include <stdio.h>
#include <stdlib.h>
#include <pthread.h>

void *print_message(void *ptr);

main() {
    pthread_t thread1, thread2;
    char *message1 = "Thread 1";
    char *message2 = "Thread 2";
    int iret1, iret2;
```

```
    // 각각의 독립적인 쓰레드를 생성해 각 쓰레드가 함수를 실행하도록 설정
    iret1 = pthread_create(&thread1, NULL, print_message, (void *)message1);
    iret2 = pthread_create(&thread2, NULL, print_message, (void *)message2);

    // main을 계속 진행하기 전에 쓰레드가 완료될 때까지 대기한다.
    // 대기하지 않으면 쓰레드 완료 전 프로세스와 모든 쓰레드를
    // 종료시키는 exit를 실행할 위험이 있다.
    pthread_join(thread1, NULL);
    pthread_join(thread2, NULL);

    printf("Thread 1 returns: %d\n", iret1);
    printf("Thread 2 returns: %d\n", iret2);
    exit(0);
}

void *print_message(void *ptr) {
    char *message;
    message = (char *)ptr;
    printf("%s \n", message);
}
```

쓰레드를 사용한 프로그래밍에서는 전역 변수에 접근할 때 반드시 동기화를 사용해야 한다. 3절에서 동기화를 다룰 때 설명하겠지만, 동기화를 사용하면 데드락deadlock과 같은 문제를 해결하는 데 신경 써야 한다. 특히, 전역 변수를 여러 개 사용할 경우 데드락이 예상치 못하게(쉽게) 발생할 수 있다. 따라서 전역 변수의 사용을 최소화하고, 데드락을 회피하는 방식으로 프로그래밍하는 것이 중요하다. 쓰레드 프로그래밍은 실행 흐름이 하나인 프로그래밍에 비해 훨씬 난이도가 높은데, 그 이유는 다음과 같다.

■ **디버깅의 어려움**

쓰레드를 사용하는 프로그램은 수행 순서가 시간 의존적이기 때문에 디버거에서 보이는 동작과 실제 수행하는 동작이 다를 수 있어 많은 시행착오를 겪을 수 있다. 따라서 디버깅 시간이 매우 오래 걸리고 완벽하게 해결하기 어려운 경우가 많다.

■ 적절한 쓰레드 수 설정의 어려움

자바처럼 쓰레드 하나당 경량 프로세스lwp 하나가 생성되는 환경에서는 생성할 쓰레드 개수를 정하는 일이 간단하지 않다. 쓰레드는 주로 멀티코어 환경에서 동시성을 높이는 데 사용되므로 여러 쓰레드를 미리 생성해 두는 쓰레드 풀pool을 활용한다. [그림 4-7]에서 볼 수 있듯이, 요청이 발생하면 쓰레드 풀에서 쓰레드를 가져와 처리하고, 작업이 완료되면 다시 풀에 쓰레드를 반환하여 대기시키는 구조를 사용한다. 일반적으로 풀에 유지하는 쓰레드의 수는 프로그램 시작 시 설정할 수 있도록 구성 변수로 지정한다.

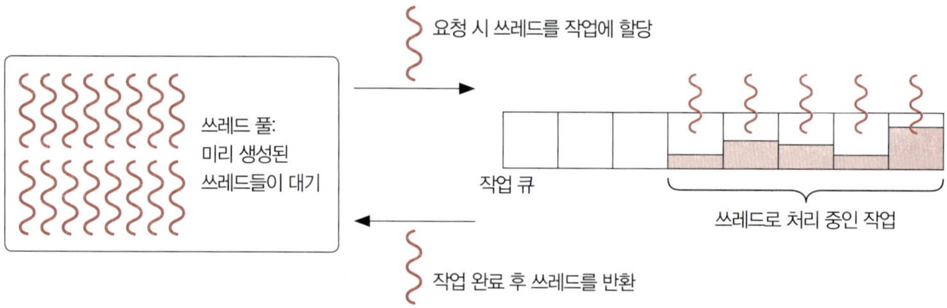

그림 4-7 작업 큐에서 완료된 작업까지 쓰레드 풀을 처리하는 과정

2 쓰레드 수와 성능

이제 쓰레드의 성능을 좀 더 자세히 살펴보자. 쓰레드 개수가 늘면 처리량은 계속 증가할까? CPU에 코어가 4개 있다고 가정해 보자. 쓰레드를 4개까지 늘리면 처리량은 계속 증가할 것이다. 은행에 비유하면 은행원을 쓰레드로, 은행원이 사용하는 컴퓨터를 코어로 생각할 수 있다. 은행원이 2명인데 컴퓨터가 4대이면, 2대의 컴퓨터는 놀리는 것이다. 은행원을 충원해 4명이 되면 컴퓨터를 전부 사용해 작업할 수 있어 은행원이 2명일 때보다 처리량이 증가할 것이다. 쓰레드 개수가 5개 이상이 되면 처리량은 어떻게 될까? 이에 대한 답변은 쓰레드가 어떤 일을 하는지에 따라 달라지는데, 보편적으로 [그림 4-8]과 같은 그래프 형태를 띤다[3]. 즉, 처리량이 증가하다가 어느 임곗값에서 처리량이 더 이상 증가하지 않고 감소한다. 이는 쓰레드 스위칭과 같은 오버헤드가 증가하기 때문이다.

---

3 쓰레드가 CPU 바운드인지, I/O 바운드인지에 따라 처리량의 증가 정도가 달라질 수 있다.

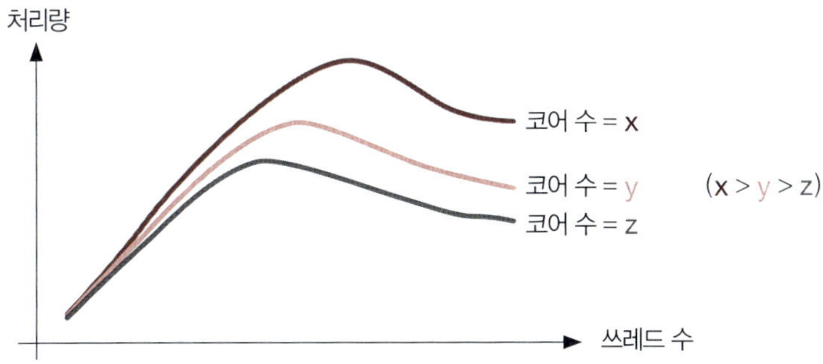

그림 4-8 쓰레드 수에 따른 처리량의 변화

그렇다면 몇 개의 쓰레드를 사용하는 것이 적절할까? 적절한 쓰레드 개수는 앱의 종류와 특성에 따라 다르다. 따라서 최고의 성능을 내려면 쓰레드 풀을 생성하고 다양한 쓰레드 개수로 실험해 보는 것이 좋다.

쓰레드 수에 따른 성능의 장점은 다음과 같다. 첫째, 멀티 쓰레드 프로그램은 여러 CPU 코어를 활용할 수 있어 성능 향상을 기대할 수 있다. 예를 들어 스타크래프트와 같은 게임이 멀티 쓰레드로 구현되면 코어의 개수가 많아질수록 성능이 향상될 수 있다. 둘째, 프로그램의 반응성이 쓰레드를 사용하지 않은 경우보다 향상된다. 예를 들어 프로세스가 `read(2)` 같은 시스템콜을 했을 때 호출하는 프로세스는 대기 큐에 들어가고 해당 시스템콜이 완료될 때까지 기다리게 되는데, 멀티 쓰레드 환경에서는 각 쓰레드가 수행 단위이므로 하나의 쓰레드가 `read(2)`를 호출하면 해당 쓰레드만 대기 큐에 들어가고 다른 쓰레드들은 영향을 받지 않으므로 계속 수행한다.

요점 정리

* 쓰레드 API 표준화가 중요한 이유

운영체제마다 커널 쓰레드를 만들고 사용하는 방법이 다르다. 이 문제를 해결하기 위해 표준화된 쓰레드 를 제공하는 쓰레드 라이브러리가 활용되며, 해당 라이브러리를 통해 커널 쓰레드를 사용할 수 있도록 설계된다. 사용자는 이 표준화된 API를 활용하여 프로그래밍함으로써, 커널이 바뀌어도 쓰레드 관련 코드를 수정하지 않고 프로그램의 호환성(compatibility)을 유지할 수 있다.

* 쓰레드 프로그래밍 시 유의할 점

프로세스는 하나의 실행 흐름으로 동작하기 때문에 디버깅을 단계별로 진행할 수 있어 상대적으로 예측 가능하고 쉽다. 멀티 쓰레드를 사용하면 여러 개의 실행 흐름이 동시에 동작하기 때문에 디버깅이 훨씬 어려워진다. 특히, 쓰레드 간의 상호 동작은 디버깅을 수행할 때와 수행하지 않을 때의 시간 차이가 있어 상호 동작이 바뀌기 쉬우므로 문제점을 찾기 어렵다. 거기에 공유 데이터에 대한 동기화 문제까지 더해지면 프로그래밍 난이도가 매우 높아진다.

퀴즈

퀴즈 1) 느린 I/O 작업이 빈번한 시스템에서는 다중 쓰레드를 활용한 더블 버퍼링 기법이 사용된다. 더블 버퍼링 기법이 성능 향상을 보일 수 있는 이유는 무엇인가? 단일 쓰레드 모델을 사용한 경우와 비교하여 설명하시오.

퀴즈 2) 위 퀴즈 1의 예제에서 메모리 버퍼에 데이터를 채우는 쓰레드와 장치에서 I/O를 처리하는 쓰레드를 가정하자. 물리 CPU 개수나 코어 수가 증가한다면, 어떤 쓰레드를 증가시키는 것이 유리한가?

퀴즈 3) 커널 쓰레드와 사용자 쓰레드가 일대일 매핑될 때, 커널 스케줄링 정책이 사용자 쓰레드의 실행에 어떤 영향을 미치는지 설명하시오.

퀴즈 4) 사용자 쓰레드가 스위칭할 때 필요한 정보를 저장하는 TCB(Thread Control Block)는 어디에 위치해야 하는가?

퀴즈 5) TCB를 이용한 쓰레드 스위칭이 어떻게 이루어지는지, 프로세스 스위칭과 어떠한 차이가 있는지 설명하시오.

퀴즈 6) 어떤 프로세스에 2개의 쓰레드 t1과 t2가 있다고 하자. 쓰레드를 생성할 때는 pthread_create( ) 함수를 사용하며, 이 함수는 쓰레드 id를 반환한다.

1. t1은 주기적으로 타이머를 받으며, 이는 alarm(time) 시스템콜을 통해 이루어진다. 즉, alarm(time)은 지정된 시간이 경과한 후 SIGALRM을 t1에 한 번만 보낸다. 이 시그널 핸들러에서는 t2에 SIGUSR1을 보내며, 이를 위해 pthread_kill(thread_id, signo)를 사용한다. t1과 SIGALRM 핸들러를 의사코드로 구현하시오.
2. t1과 t2를 사용하여, 간단한 시분할 시스템을 의사코드로 구현하시오. 즉, t1은 인터럽트의 역할을 하고, t2는 스케줄링을 담당하며, 타임퀀텀은 10ms로 설정한다. 프로세스 내에서 t1과 t2를 구현하고, 각각의 시그널 핸들러를 작성하시오.

[주의] 문제를 해결하는 데 필요한 가정이 있으면 그 내용을 설명하고 사용하시오. 또한 의사코드 작성 시 필수적이지 않은 부분은 생략하시오.

예시 답안

03 쓰레드 동기화

Section

여러 쓰레드가 실행될 때 그 결과의 정확성을 제공하기 위해 쓰레드 동기화가 필요하다. 이 절에서는 쓰레드의 동기화와 관련한 문제를 자세히 다룬다.

이 절의 학습 목표

- 쓰레드 동기화의 필요성을 이해한다.
- 쓰레드 동기화를 위한 소프트웨어 기반 솔루션을 이해한다.
- 원자적 명령어와 하드웨어 기반 동기화 기법을 이해한다.
- 다양한 동기화 문제를 이해하고 이를 해결할 수 있다.

1 동기화는 왜 필요한가

동기화의 사전적 정의는 여러 작업의 실행을 조화롭게 만드는 것이다. 예를 들어 발레를 생각해 보자. 여성 무용수가 점프를 했는데, 남성 무용수가 받아주지 않는다면 여성 무용수는 바닥으로 곤두박질할 것이다. 이처럼 무용수들이 제각기 움직이지만 그들의 동작 간 동기화가 제대로 이루어지지 않으면 문제가 발생한다. 컴퓨터 시스템의 동작은 무용수의 춤 동작보다 훨씬 더 복잡하다. 외부에서 네트워크 패킷이 들어와 인터럽트가 발생하고, 프로세스들은 입출력을 하고, 커널 쓰레드가 멀티코어 위에서 동작하는 등 많은 이벤트와 스케줄링이 이루어진다. 이처럼 복잡한 동작이 '조화'롭게 이루어져야만 한다. 이것이 동기화가 필요한 이유다. 동기화는 쓰레드뿐 아니라 프로세스에서도 필요하다. 이 절에서는 쓰레드 기반으로 동기화를 설명하지만 프로세스에도 적용된다는 점을 기억하기 바란다.

그렇다면 동기화란 구체적으로 무엇인가? 프로세스 내의 여러 쓰레드는 데이터를 공유하며, 전역 변수를 위한 메모리 영역도 공유한다. 만약 여러 쓰레드가 동시에 전역 변수에 접근하여 값을 변경하면 어떤 일이 발생할까? 이는 마치 여러 사람이 하나의 공책에 동시에 그림을 그리고 색칠하는 상황과 비슷하다. 아무런 제약 없이 진행된다면 누가 어떤 그림을 그리고 색칠했는지 알 수 없게 된다. 즉, 데이터의 무결성이 훼손될 수 있다. 따라서 쓰레드가 공유 데이터에 접근할 때는 적절한 제어가 필요하다. 이러한 쓰레드의 실행과 접근 제어를 위한 기법이 바로 쓰레드 동기화다.

동기화와 경쟁 조건

여러 쓰레드가 데이터에 동시에 접근할 때 동기화가 왜 중요한지 다시 생각해 보자. 쓰레드 동기화Synchronization는 여러 쓰레드가 동작할 때 그 동작 결과가 일관성consistency을 유지하도록 하는 기법이다. 동기화를 구체적으로 이해하기 위해 경쟁 조건race condition이라는 개념을 먼저 살펴보자.

은행 계좌에 1,000원이 있다고 가정해 보자. 내가 500원을 인출하는 동시에 어머니께서 500원을 입금하신다면 계좌 잔액은 어떻게 될까? 당연히 1,000원이 유지되어야 한다. 이 과정을 컴퓨터 프로그램으로 구현하고, 2개의 쓰레드를 통해 결과를 확인해 보자. 쓰레드 A는 어머니의 입금 트랜잭션, 쓰레드 B는 나의 출금 트랜잭션을 나타낸다. 쓰레드 A는 500원을 입금하고, 쓰레드 B는 500원을 출금한다. 만약 이 두 쓰레드가 동시에 실행된다면 [그림 4-9]와 같이 순차적으로 처리되어 잔액이 500원이라는 잘못된 결과가 발생할 수 있다.

> **NOTE** 트랜잭션
>
> 트랜잭션은 은행에서 입출금할 때 사용하는 용어로, 입출금이 완료되거나 실패하거나 둘 중 한 가지 결과만 나타난다. 일부분만 진행되고 작업이 완료되는 경우는 없다. 데이터베이스 시스템의 트랜잭션은 ACIDAtomic, Consistent, Isolation, Durability 특성을 보장한다.

쓰레드 : 입금

$Register_1 = Balance$

$Register_1 = Register_1 + 500$

$Balance = Register_1$

쓰레드 B : 출금

$Register_2 = Balance$

$Register_2 = Register_2 - 500$

$Balance = Register_2$

T_0: 쓰레드 A 실행	$Register_1 = Balance$	[$Register_1 = 1000$]
T_1: 쓰레드 A 실행	$Register_1 = Register_1 + 500$	[$Register_1 = 1500$]
T_2: 쓰레드 B 실행	$Register_2 = Balance$	[$Register_2 = 1000$]
T_3: 쓰레드 B 실행	$Register_2 = Register_2 - 500$	[$Register_2 = 500$]
T_4: 쓰레드 A 실행	$Balance = Register_1$	[$Balance = 1500$]
T_5: 쓰레드 B 실행	$Balance = Register_2$	[$Balance = 500$]

그림 4-9 경쟁 조건 예

어떻게 이런 잘못된 결괏값이 나올 수 있을까? 공유 데이터인 은행 계좌에 쓰레드 A(500원 출금)와 쓰레드 B(500원 입금)가 동시에 작동하면서interleaving 이런 결과가 발생했다. 그림에 나타난 $T_0 \sim T_5$ 과정을 하나씩 살펴보자.

만약 T_4와 T_5의 실행 순서를 바꾸면 계좌 잔고가 1,500원이 된다. 이처럼 쓰레드 실행 순서에 따라 결과가 달라지는 것을 경쟁 조건이라고 한다. 다른 표현으로, 쓰레드 A와 쓰레드 B는 경쟁 조건을 가지고 있다고 말한다. 예제에서 볼 수 있듯이, 경쟁 조건이 발생하면 실행 결과가 쓰레드의 실행 순서에 따라 매번 달라지기 때문에 잘못된 결과가 나올 수 있다. 따라서 이 은행 거래 프로그램을 비롯해 모든 쓰레드 프로그램은 경쟁 조건을 찾아 없애는 것이 중요하다.

동기화는 경쟁 조건을 제거하여 여러 쓰레드가 데이터에 동시에 접근하더라도 데이터의 일관성을 유지하는 데 목적이 있다. 동기화가 필요한 경우는 다양하다. 프로세스들이 공유 메모리에 접근하는 경우, 커널 쓰레드들이 커널에서 전역으로 선언된 공유 데이터에 접근하는 경우, 여러 개의 시그널이 동시에 도착한 경우에도 동기화가 필요하다.

동기화를 이루려면 먼저 임계 영역critical section이라는 개념을 사용해야 한다. 임계 영역은 공유 데이터에 접근하거나 공유 데이터를 변경하는 코드 영역을 뜻한다. 예를 들면 은행 계좌에서 입금이나 출금으로 계좌 정보를 변경하는 부분이 임계 영역이다. 동기화의 핵심은 [코드 4-2]와 같이 임계 영역에 들어가기 전에 `Enter` 동작을 하고, 빠져나올 때 `Exit` 동작을 수행하는 데 있다.

코드 4-2 임계 영역 예

```
Enter_critical_section
    Critical section      // 다른 쓰레드로부터 보호된 코드 영역
Exit_critical_section
```

`Enter`와 `Exit` 동작을 하는 이유는 해당 임계 영역에 명시적으로 '하나'의 쓰레드만 들어가도록 하기 위해서다. 즉, 임계 영역에서 실행되는 작업을 순차화serialize함으로써 두 쓰레드가 공유 데이터 값을 '동시에' 변경하는 일이 발생하지 않도록 한다. 다시 말해, 동기화는 임계 영

역에서 수행하는 작업을 순차화하여 경쟁 조건을 없앤다. 만약 임계 영역에 이미 쓰레드가 있다면, Enter를 호출한 다른 쓰레드는 진입할 수 없고 대기 상태가 된다. 임계 영역에 있던 쓰레드가 Exit 동작으로 임계 영역을 빠져나가면서 이 임계 영역에 들어오기 위해 기다리는 쓰레드가 있는지 확인한 후, 있으면 해당 쓰레드가 임계 영역으로 들어가게 한다.

앞의 은행 계좌 예에서 쓰레드 A의 입금 작업 코드와 쓰레드 B의 출금 작업 코드는 각각 임계 영역으로 지정된다. Enter_critical_section이 쓰레드 A가 입금을 수행하는 동안 쓰레드 B가 임계 영역에 들어가지 못하게 한다. 즉, 임계 영역은 Enter 동작을 통해 쓰레드 A가 −500을 수행하는 동안 +500을 수행하는 쓰레드 B의 접근을 차단하는 역할을 한다. 결과적으로 쓰레드 A의 실행 후 잔액은 500원, 쓰레드 B의 실행 후 잔액은 1,000원이 된다. 만약 쓰레드 B가 먼저 임계 영역에 들어간다면 쓰레드 B의 실행 후 잔액은 1,500원이 되고 이후 쓰레드 A가 실행되면 최종 잔액은 1,000원이 된다. 즉, 쓰레드 A와 쓰레드 B는 어떤 순서로 수행되더라도 최종 은행 잔액은 1,000원이 되어 공유 데이터(은행 계좌)의 일관성이 보장된다.

임계 영역의 또 다른 예로 커널을 들 수 있다. 커널 내부의 자료구조는 많은 커널 쓰레드 간에 공유되기 때문에 커널 자료구조에 접근할 때 경쟁 조건을 없애는 일이 매우 중요하다. 커널 자료구조의 동기화가 달성되었다는 것은 커널 쓰레드들이 커널 내부의 자료구조에 접근할 때 접근이 순차화되었음을 의미한다. 이것을 커널 멀티 쓰레딩이 지원된다고 표현한다. 그렇다면 커널이 멀티 쓰레드를 지원하지 않던 시절에는 커널 자료구조의 동기화를 어떻게 달성했을까? 커널에서 쓰레드 수행은 하드웨어 인터럽트의 영향을 받는다. 예를 들어 타이머 인터럽트가 들어오면 문맥 교환이 일어나기도 하는 등 커널 자료구조에 접근함에 있어 인터럽트에 의한 경쟁 조건이 생기게 된다. 따라서 인터럽트 발생을 제한disable하면, CPU는 현재 수행 중인 쓰레드 작업을 계속 진행할 수 있다. 즉, 커널 전체를 하나의 임계 영역으로 보고 동작하게 하는 것이다. 물론 이 방법에는 여러 문제점이 있다. 타이머 인터럽트가 제한되는 경우 커널은 시간의 흐름을 인지할 수 없으며 스케줄링도 발생하지 않는다. 이 때문에 인터럽트를 제한하는 방식은 리눅스 커널 2.6 버전부터 커널 멀티 쓰레딩으로 대체되었다.

쓰레드의 동기화는 임계 영역 메커니즘을 통해 세 가지 특성을 보장해야 한다. 바로 상호배제mutual exclusion, 진행성progress, 제한적 대기bounded waiting다.

상호배제

앞서 언급했듯이, 여러 쓰레드가 공유 데이터에 접근하면 데이터 일관성이 깨질 수 있다. 이 문제를 방지하기 위해서는 오직 하나의 쓰레드만 임계 영역에 접근하도록 제한해야 한다. 한 쓰레드가 임계 영역을 독점적 · 배타적으로 사용하는 동안 다른 쓰레드가 임계 영역에 진입하지 못하도록 배제하는 것을 상호배제mutual exclusion라고 한다. 즉, 상호배제를 통해 하나의 프로세스만 임계 영역에 들어가도록 한다.

좀 더 구체적으로 살펴보면, 공유 데이터에서 읽기 동작을 수행하기 위해 접근하는 쓰레드는 100개이든 1,000개이든 동시에 임계 영역 안으로 들어와도 아무 문제가 없다. 공유 데이터를 읽어가는 과정에서는 데이터를 참조할 뿐 데이터 값에 어떤 변화를 주지 않는다. 하지만 쓰기 동작을 수행하는 경우라면 단 1개의 쓰레드만 임계 영역 안에서 처리되어야 한다. 쓰기 동작은 공유 데이터를 변화시키기 때문이다.

상호배제를 보장하기 위해 사용하는 락lock, 자물쇠이 읽기와 쓰기를 구분하는지에 따라 동시성에 차이가 발생한다. 자물쇠가 읽기와 쓰기를 구분하지 않는다면 읽기 동작의 경우에도 하나의 쓰레드만 임계 영역에 들어갈 수 있다. 자물쇠가 읽기와 쓰기를 구분한다면 1,000개의 읽기 쓰레드가 동시에 임계 영역에 진입하여 데이터를 읽어갈 수 있다. 즉, 1,000개의 쓰레드가 동시에 작업을 처리할 수 있다(동시성이 높아짐).

진행성

진행성progress은 현재 임계 영역에서 실행 중인 쓰레드가 없고, 임계 영역에 진입하고자 하는 쓰레드가 있다면, 곧바로 들어가 실행할 수 있어야 한다는 것이다. 당연한 이야기 같지만 동기화를 제대로 구현하지 못하면 상호배제는 달성하더라도 진행성을 달성하지 못하는 상황이 발생할 수 있다. 뒤에서 설명할 데드락의 경우, 모든 쓰레드가 서로 다른 쓰레드가 가진 락을 기다리는 상황이다. 이 경우, 전체 시스템이 실제로 유효한 진행을 하지 못하고 멈추는 상태halt에 빠질 수 있다. 따라서 진행성 보장은 매우 중요하다. 진행성은 동기화 알고리즘의 무오류성correctness을 평가하는 데 사용된다.

제한적 대기

제한적 대기는 프로세스가 임계 영역에 진입하고자 할 때 대기하는 시간이 유한해야 한다는 의미다. 즉, 어떤 한계 시간 내에 임계 영역에 들어갈 수 있어야 한다. Enter에서 대기하는 쓰레드가 무한히 기다리는 현상을 기아상태starvation라고 한다. 동기화 알고리즘을 설계할 때 기아상태 발생 여부를 확인해야 하며, 이는 알고리즘의 무오류성을 평가하는 데 중요하다.

2 동기화 소프트웨어 솔루션

이제 소프트웨어로 구현하는 동기화 알고리즘을 살펴보자. [코드 4-3]은 2개의 쓰레드가 임계 영역에 접근하는 알고리즘이다.

코드 4-3 두 쓰레드의 동기화를 위한 알고리즘 1

```
T0: // 쓰레드 0
    while(turn != 0);
    임계 영역
    turn = 1;

T1: // 쓰레드 1
    while(turn != 1);
    임계 영역
    turn = 0;
```

[코드 4-3]에서 T0와 T1 쓰레드는 turn 변수를 공유한다. 이 변수의 초깃값은 0이다. 이 알고리즘에서 임계 영역의 상호배제를 구현하는 Enter_critical_section은 while(turn!=0); 이고, 임계 영역의 종료인 Exit_critical_section은 turn=1;이다. 먼저 T0가 수행되면 T0는 임계 영역에 들어간다. T0가 임계 영역을 빠져 나오면 turn은 1이 된다. 그리고 T1이 수행되면 T1이 임계 영역에 들어간다. 이제 T0가 다시 수행된다고 하자. 이 두 번째 T0는 Enter_critical_seciton에서 대기하게 된다. T1이 임계 영역을 나온 후에 T0가 Enter_critical_section을 빠져나와 임계 영역에 들어간다.

T0와 T1이 각자 [코드 4-3]의 알고리즘을 동시에 수행한다면 어떻게 될까? turn 값에 따라서 T0나 T1 둘 중 하나가 실행되고, 다른 쓰레드는 Enter_critical_secion에서 대기하게 된다. 임계 영역에 들어간 쓰레드가 나오면 대기하는 쓰레드가 대기를 멈추고 임계 영역으로 들어간다. 따라서 상호배제를 만족하게 된다.

T1의 수행 없이 T0만 실행되는 경우를 고려해 보자. 앞의 은행 예를 빌리면 출금 없이 입금만 반복적으로 발생하는 경우다. 이 경우, T0 쓰레드의 실행이 종료되면 turn 변수를 1로 설정하여 T1 쓰레드에 실행 기회를 준다. 그런데 T1 쓰레드가 실행되지 않으므로 turn 변수를 다시 0로 변경하는데 T0를 실행할 수 있는 상태가 발생하지 않는다. 즉, 이 알고리즘은 진행성을 만족하지 못한다. 또한 제한적 대기 역시 만족하지 못한다.

[코드 4-3]의 알고리즘에서는 turn 변수를 사용했는데, 이 값에 따라 쓰레드가 동작하기 때문에 진행성에 문제가 생겼다. [코드 4-4]는 이 문제를 개선한 알고리즘이다. 쓰레드가 자신의 진입을 표시하기 위해 플래그 배열 변수를 사용하는 알고리즘 2를 생각해 보자. T0는 자신이 임계 영역에서 실행하고 있음을 나타내기 위해 flag[0]을 true로 표시하며, 임계 영역에서 실행한 후 flag[0]을 false로 표시하여 임계 영역의 실행을 기다리고 있음을 나타낸다. 마찬가지 방식으로 T1도 flag[1]을 true/false로 설정한다. 이 알고리즘은 초깃값으로 flag[0] = flag[1] = false를 가정한다.

코드 4-4 두 쓰레드의 동기화를 위한 알고리즘 2

```
T0: // 쓰레드 0
    flag[0] = true;
    while (flag[1]);
    임계 영역
    flag[0] = false;

T1: // 쓰레드 1
    flag[1] = true;
    while (flag[0]);
    임계 영역
    flag[1] = false;
```

[코드 4-3]의 알고리즘 1은 T0, T0, T0가 수행되는 데 문제가 있었지만 [코드 4-4]의 알고리즘 2에서 T0는 flag[1]을 체크하므로 문제가 없다. 즉 T1 쓰레드가 임계 영역에 진입하지 않는 경우, flag[1]은 false이기 때문에 T0가 문제없이 임계 영역에 진입할 수 있으며, 반복적으로 T0, T0, T0를 수행할 수 있다. 또한 상호배제도 달성할 수 있다. 다만, 두 프로세스가 동시에 자신의 flag를 true로 변경하면, T0와 T1 모두 임계 영역에 들어가지 못한다. 따라서 진행성을 만족하지 못한다. 동시에 while() 문을 계속 수행하기 때문에 제한적 대기 역시 만족하지 못한다.

[코드 4-5]는 알고리즘 1, 2의 한계를 극복한 알고리즘이다. 알고리즘 3은 flag와 turn을 동시에 사용한다. 초깃값으로 flag[0] = flag[1] = false라고 하자. 이 알고리즘에서는 쓰레드가 동시에 flag 값을 true로 만들더라도 turn 값에 의해 두 프로세스 중 하나는 임계 영역에 진입한다. 따라서 알고리즘 3은 알고리즘 1과 알고리즘 2의 문제점을 해결하여, 진행성과 제한적 대기를 만족한다. 이 같은 알고리즘 3을 패터슨의 해법Peterson's solution이라고 한다.

코드 4-5 두 쓰레드의 동기화를 위한 알고리즘 3

```
T0: // 쓰레드 0
    flag[0] = true;
    turn = 1;
    while (flag[1] && (turn == 1));
    임계 영역
    flag[0] = false;

T1: // 쓰레드 1
    flag[1] = true;
    turn = 0;
    while (flag[0] && (turn == 0));
    임계 영역
    flag[1] = false;
```

패터슨의 해법은 2개 프로세스의 동기화를 해결한다. 만약 3개의 프로세스를 수행한다면, 패터슨의 해법을 확장할 수 있을까? 확장할 수는 있지만 매우 복잡한 과정을 거쳐야 한다. 3개가 아닌 n개의 프로세스가 동작하는 동기화 알고리즘은 소프트웨어만으로는 구현이 거의 불가능한 문제NP-hard problem로 알려져 있다. 프로세스 수행 중에 하드웨어 인터럽트가 언제든지 발생할 수 있고, 프로세스 스케줄링 알고리즘은 동기화와는 별개로 동작하기 때문에 무오류성correctness를 증명하기가 매우 어렵기 때문이다.

3 동기화의 하드웨어적 구현

n개의 쓰레드가 동시에 실행될 때 어떻게 동기화할 수 있을까? 소프트웨어적으로 해결하기 어렵기 때문에 하드웨어 동기화 명령어를 사용한다. `Enter_critical_section` 대신 동기화 명령어를 사용해서 쓰레드가 임계 영역에 들어가기 전에 락lock을 잡도록 `acquire(lock)`을 호출하여 다음과 같이 임계 영역 접근을 순차화한다. 여기서 명령어는 원자적으로 동작하는데, 원자적atomic이라는 말은 명령어 수행이 인터럽트에 의해 영향받지 않는다는 의미다. 즉 명령어가 동작을 시작하면, 명령어 수행 중간에 인터럽트가 발생하더라도 명령어는 수행을 끝내도록 하드웨어적으로 설계되어 있다. 이것을 원자적 특성이라고 한다. 쓰레드가 임계 영역을 빠져나오면 `Exit_critical_section`에 `release(lock)`을 호출하여 다른 쓰레드가 임계 영역에 들어갈 수 있도록 한다.

코드 4-6 쓰레드 동기화 기본 요소

```
acquire(lock)
    임계 영역
release(lock)
```

`acquire(lock)`은 [코드 4-7]과 같이 수행하는 단순 동기화 명령어 `test_and_set`을 사용해 구현할 수 있다.

코드 4-7 원자적 testandset 구문의 의미

```
TestandSet(boolean *target) {
    boolean rv = *target;
    *target = true;
    return rv;
}
```

test_and_set은 어떤 메모리 주소(target)의 값을 true로 만들고, target이 가지고 있던 이전 값을 반환한다. 이 모든 동작이 원자적으로 수행되도록 하는 것이 test_and_set 명령어의 핵심이다. 즉, test_and_set이 수행하는 동안 인터럽트가 발생하지 않도록 하드웨어적으로 보장하는 것이다. 이 명령어를 사용하여 패터슨의 해법을 구현하면 [코드 4-8]과 같다. 이러한 형태의 동기화 기법은 루프를 돌며 동기화 변수인 lock을 확인하는데, 이 같은 동기화를 스핀락spinlock이라고 한다. [코드 4-8]에서 lock = false는 [코드 4-6]에 있는 release(lock)을 구현한다.

코드 4-8 testandset을 사용한 스핀락 기본 구현

```
while (TestandSet(&lock));
    임계 영역
lock = false;
```

[코드 4-8]에서 lock의 초깃값은 false다. 이 코드와 같이 구현한 패터슨의 해법은 프로세스가 2개일 때뿐 아니라 셋, 넷, 그 이상이어도 임계 영역을 실행할 때 동기화를 제공한다. 또한 소프트웨어적으로 구현한 패터슨의 해법보다 훨씬 간결하다. test_and_set 외에도 다양한 동기화 명령어가 있는데 그중 하나인 swap 명령어를 살펴보자.

코드 4-9 원자적 swap 명령어의 의미

```
swap(boolean *a, *b) {
    boolean temp = *a;
    *a = *b;
    *b = temp;
}
```

test_and_set 명령어가 특정 주소 값을 true로 만드는 것과 달리, swap 명령어는 인자 a와 b 값을 바꾸는 동작을 원자적으로 수행한다. 이 명령어를 사용하는 동기화는 [코드 4-10]과 같으며 변수 lock의 초깃값은 false다.

코드 4-10 swap 명령어를 사용한 스핀락 기본 구현

```
key = true;
while (key == true)
    swap(&lock, &key);
임계 영역
lock = false;
```

[코드 4-10]의 동기화 방식에서는 swap 명령어나 test_and_set 명령을 먼저 실행하는 쓰레드가 임계 영역에 들어가고, 나머지 쓰레드들은 모두 while 문에서 대기한다. 이는 하드웨어적으로 보장되는 특성이며, 임계 영역에서 나온 프로세스가 락을 false로 해제해야 다른 프로세스가 임계 영역에 들어갈 수 있다. 인텔과 ARM 등의 CPU는 동기화를 위한 특별한 명령어를 정의하고 있다. 멀티코어 시스템에서 test_and_set은 캐시와 메모리 버스를 동기화하는 하드웨어 비용이 큰 명령어다. CPU 구조에 따라 compare-and-swap, cmpxchg와 같이 두 가지 동작을 수행하는 명령어와 ldrexd, strexd, ll, sc와 같이 동기화를 위한 메모리 접근 시 짝을 지어 버스 접근을 제한하는 명령어가 있다.

동기화 명령어를 이용하는 동기화는 확장성scalability 면에서 유리하다. 동기화하는 쓰레드의 수가 증가하더라도 동기화의 동작(acquire/release)이 바뀌지 않는다. 즉, 상호배제를 무난하게 해결한다. 하지만 acquire/release 방식은 어떤 프로세스가 임계 영역에 진입할지 예측할 수 없어 제한적 대기 조건을 만족시키지 못할 수 있다. 이 문제를 해결하고 제한된 대기를 보장하려면 발전된 동기화 기법이 필요하다.

4 세마포

세마포Semaphore는 동기화 명령어를 기반으로 더욱 발전된 동기화 기법이다. 세마포는 2개의 원자적 함수를 갖는 정수 변수로 정의된다. 원자적 함수는 signal()과 wait() 또는 P와 V라고 하며, 이 두 함수가 세마포에 접근하고 세마포 값을 변경시킨다. 원자적 함수라는 말은 두 함수 P 동작과 V 동작이 원자적으로 수행되는 것을 의미한다. 세마포를 사용한 동기화는 [코드 4-11]과 같이 표기한다.

코드 4-11 세마포 s를 사용한 동기화의 기본 구현

```
int s = 1; // 세마포 초깃값
P(s);
    임계 영역
V(s);
```

세마포는 패터슨의 해법과 달리 flag 같은 변수가 필요하지 않다. 또한 P와 V의 동작이 정의될 뿐, 동기화 명령어라는 구체적인 구현적 요소가 P와 V에 포함되어 있지 않다. 즉, 설계와 구현을 분리시켰다. 이 때문에 발전된 동기화 기법이라고 하는 것이다.

세마포를 이용한 동기화: 바쁜 대기와 대기 기반 세마포

P는 세마포 값을 테스트하여 0이거나 0보다 작으면 세마포를 호출한 쓰레드를 대기시킨다. 이 쓰레드는 임계 영역에 들어가지 못한다. 만약 세마포 값이 0보다 크면, P는 기존 값을 원자적으로 1을 감소시킨 후 쓰레드를 임계 영역에 들여보낸다. V는 이와 반대로 세마포 값을 +1 증가시키는 것이다[4].

코드 4-12 바쁜 대기 세마포 코드의 일부

```
P(s):
    while (s <= 0); // 대기
    s--;

V(s):
    s++;
```

P와 V를 이해할 때 중요한 점은 각 함수 자체가 더 이상 쪼갤 수 없는 원자성을 가진다는 것이다. [코드 4-12]의 P를 보면 while 문 때문에 실행 중간에 인터럽트가 발생할 수 있다고 생각할 수 있지만, 실제 구현에서는 CPU의 원자적 명령어를 이용하므로 test_and_set과 같은 방식으로 구현할 수도 있고, 프로세스가 시스템콜을 사용해 구현할 수도 있다. 하지만 지금은 구현 방식보다 P 함수의 동작 원리를 이해하는 데 집중하는 것이 중요하다.

4 P와 V는 세마포를 최초로 제안한 저자들 중 한 명인 다익스트라(Dijkstra)가 사용한 네덜란드어에서 기원한다. P는 Probeer(try, 시도)의 머리글자이고, V는 Verhoog(increment, 증가)의 머리글자다.

[코드 4-12]의 P에서 `while()` 문은 임계 영역에 들어가기 위해 세마포 값을 반복하여 확인한다. 이것을 바쁜 대기busy waiting라고 한다. 만약 CPU가 하나뿐이고 현재 바쁜 대기를 하고 있으면 다른 쓰레드가 실행될 수 없으므로, 결과적으로 의미 없이 바쁜 대기를 하게 된다. 즉, 바쁜 대기는 CPU 사이클을 낭비하는 결과를 초래한다[5]. 이러한 단점을 개선하기 위해 [코드 4-13]과 같이 바쁜 대기를 하지 않고 해당 쓰레드를 대기하는 세마포가 제시되었다.

[코드 4-13]을 보면, P 함수에서 세마포 값을 줄이고 그 값을 체크하여 임계 영역에 다른 쓰레드가 있다면 세마포를 호출한 쓰레드를 3장에서 설명한 대기 큐에 넣는다. 여러 쓰레드가 P 함수를 호출하면 세마포 값은 원자적으로 줄어들고, 음수가 되는 경우 쓰레드는 대기 상태로 전환된다. V 함수는 반대로 세마포 값을 증가시키고, 대기하는 쓰레드가 있다면 대기 큐에서 쓰레드를 하나 깨워서 수행하도록 한다.

코드 4-13 sleep/wake up을 사용하는 세마포

```
P(s):
    s--;
    if (s < 0) {
        add_to_sleep_q(this_thread); // 세마포를 기다리는 쓰레드를 대기 큐에 넣음
        sleep();
    }

V(s):
    s++;
    if (s <= 0) {
        thread = remove_from_sleep_q(); // 대기 큐에서 기다리는 쓰레드를 꺼냄
        wake_up(thread);
    }
```

5 CPU가 여러 개이거나 멀티코어 시스템이라면 다른 CPU나 코어가 값을 변경할 수 있다.

대기 세마포를 구현할 때는 다음 두 가지를 고려해야 한다.

- 대기 큐에서 어떤 프로세스를 선택하여 깨울 것인가?
- 진행성과 제한적 대기 특성을 어떻게 만족할 것인가?

단순히 대기 큐에 제일 먼저 들어간 프로세스를 깨우면 문제가 해결된다고 생각할 수 있다. 그러나 바쁜 대기 세마포를 생각해 보면, 바쁜 대기를 먼저 시작한 프로세스가 먼저 임계 영역에 들어간다는 것은 스케줄링 관점에서 검토가 필요한 문제다. 즉, 기다리는 사이에 우선순위가 높은 다른 쓰레드가 도착하는 상황이 발생할 수도 있기 때문이다. 또한 대기 큐에 제일 먼저 들어간 프로세스를 꺼내는 것 역시 앞서 설명한 이유로 바람직하지 않다. 특히 제한적 대기를 구현하기 위해서는 프로세스가 대기 큐에서 얼마나 오랫동안 대기했는지에 대한 정보를 가지고 있어야 하는데, 이 정보를 관리하는 것은 세마포 구현을 무겁게 한다는 문제가 있다.

이런 점들을 고려하여, 동기화 알고리즘은 대기 큐에 있는 프로세스 선택에 대한 결정을 자신이 하지 않고 프로세스 스케줄러에게 맡기는 것이 바람직하다. 즉, 여러 프로세스가 임계 영역에 들어가려고 경합하는 상태에서 V 함수는 [코드 4-14]와 같이 대기 큐에 있는 모든 프로세스를 깨우는 동작(wakeup_all)을 하도록 변경되어 사용되고 있다.

코드 4-14 모든 쓰레드를 깨우는 예

```
V(s):
    s++;
    if (s <= 0)
        wakeup_all(sleep_q);
```

모든 쓰레드가 깨어나면 어떤 쓰레드가 임계 영역에 들어갈지는 프로세스 스케줄러가 결정한다. 스케줄러는 3장에서 설명한 공정한 스케줄링을 통해 세마포에서 진행성이나 제한적 대기 문제가 생기지 않도록 한다.

대기 큐를 사용하면 바쁜 대기가 CPU를 낭비하는 것을 줄일 수 있지만, 다른 측면에서 오버헤드가 존재한다. 즉, 프로세스가 대기 큐에 들어가면 해당 프로세스는 문맥 교환을 하게 된다. 이때 적지 않은 오버헤드가 발생한다. 따라서 멀티코어 환경에서는 바쁜 대기가 오히려 세마포보다 더 적은 오버헤드를 가질 수 있다. 이 때문에 바쁜 대기와 대기 큐를 섞어서 사용하는 하이브리드hybrid 세마포를 활용하기도 한다.

뮤텍스와 카운팅 세마포

세마포는 세마포 변수의 값에 따라 이진binary 세마포와 카운팅counting 세마포로 나뉜다. 세마포 값을 0 또는 1만 가질 때 이를 이진 세마포라고 하고, 정수 변수가 모든 정수 값을 가질 수 있는 있는 세마포를 카운팅 세마포라고 한다. 이진 세마포의 P와 V 함수는 [코드 4-15]와 같다.

이진 세마포는 정수 값이 0 또는 1이라는 점을 활용하여 매우 간단하게 구현된다. [코드 4-15]에서 P 함수는 s가 0이면 대기하도록 되어 있고, V 함수는 s를 그냥 1로 설정한다. 이 구현은 바쁜 대기를 기반으로 한 것이며, 대기 큐를 사용하도록 변경할 수 있다. 대기 큐를 사용하는 이진 세마포를 독자들이 한번 만들어 보기 바란다. 대기 큐를 이용한 이진 세마포는 바쁜 대기 없이 상호배제를 구현하는데, 이런 세마포를 뮤텍스mutex라고 부른다.

코드 4-15 이진 세마포

```
s = 1;          // 세마포 정수 변수 초깃값

P(s):
    lock = 0;
    while (!lock)
        swap(&lock, &s);

V(s):
    s = 1;
```

카운팅 세마포는 이진 세마포를 사용하여 (일종의 빌딩 블록으로) [코드 4-16]과 같이 구현할 수 있다.

코드 4-16 이진 세마포를 사용한 카운팅 세마포

```
// s1, s2 세마포 정수 변수가 사용됨
// 카운팅 세마포의 정수 변수를 CS라고 함

P(CS):
    P(s1);
    CS--;

    if (CS < 0) {
        V(s1);
        P(s2);
    } else {
        V(s1);
    }

V(CS):
    P(s1);
    CS++;
    if (CS <= 0)
        V(s2);
    V(s1);
```

세마포의 단점과 데드락(교착 상태)

세마포는 P와 V 함수를 사용하여 Enter_critical_section과 Exit_critical_section을 손쉽게 나타낼 수 있어서 임의의 동기화 알고리즘을 만들기에 좋다. 하지만 세마포에도 다음과 같은 단점이 있다.

- 모든 프로세스가 P와 V 함수를 사용해야 한다. 데이터의 일관성을 유지하기 위해서는 반드시 세마포의 기본 연산인 P와 V 함수를 사용해야 한다. 즉, 사용자의 협조가 필요하다는 말인데, 운영체제 전체 자원의 관리 차원에서 보면 바람직하지 않다.
- P와 V 함수는 항상 '짝'으로 사용되어야 한다. 만약 어떤 프로세스가 P 함수를 호출했는데, V 함수를 호출하지 않는다면 고의든 실수든 동기화는 달성되지 못한다.
- 모든 프로세스가 P와 V를 짝으로 제대로 사용하더라도 데드락이 발생할 수 있다. 데드락은 프로세스들이 기한 없이 기다리는 상태를 의미한다.

[코드 4-17]은 2개의 쓰레드 T0, T1과 2개의 뮤텍스 S, Q를 가정하여 데드락을 간단히 나타낸 것이다.

코드 4-17 데드락 예

```
// 일부 코드
T0:
      …
      P(S);
      P(Q);
      임계 영역
      V(S);
      V(Q);

T1:
      P(Q);
      P(S);
      임계 영역
      V(Q);
      V(S);
```

[코드 4-17]에서 두 쓰레드는 P와 V 함수를 제대로 사용하고 있어서 임계 영역을 잘 보호할 수 있다. 그런데 T0가 P(S)를 수행하고, T1이 P(Q)를 수행했다고 하자. 이렇게 되면, T0와 T1은 상대방이 가지고 있는 세마포를 기다리게 된다. 하지만 이미 상대방이 (다른) 세마포를 가지고 있기 때문에, 시간이 아무리 경과해도 두 쓰레드는 기다리는 상태에서 벗어날 수 없다. 이처럼 세마포 간의 의존성 관계가 얽힘으로써 어떤 쓰레드도 진행될 수 없고 마치 모든 쓰레드가 멈춰 있는 것 같은 상태에 빠지는 것을 데드락 또는 교착 상태라고 부른다. 이 데드락은 운영체제가 반드시 해결해야 하는 문제인데, 여러 개의 세마포가 독립적으로 사용되거나 분산된 환경에서는 피하기가 매우 어렵다. 일단 데드락이 발생하면 쓰레드들은 데드락을 해결할 수 없고, 커널이 데드락 상태에 있는 모든 쓰레드를 강제 종료시키는 수밖에 없다.

데드락 문제를 해결하기 위해 여러 기법이 제안되었다. 그중 주로 사용하는 아이디어는 어떤 중앙 집중적인 (소프트웨어) 장치를 두고 세마포의 상태를 모니터링하는 방법이다. 그 이유는 쓰레드들이 여러 개의 동기화 변수(세마포 또는 락)를 사용할 때 동기화 변수 간의 활용 의존 관계가 동기화 알고리즘에 의해 결정되기 때문이다. 따라서 세마포를 관리하는 중앙 소프트웨어 장치는 쓰레드에서 활용하는 각 세마포의 동작을 '사전에' 확인하고 데드락을 피하려고 한다. 이런 기법은 그 자체가 또 새로운 문제를 야기하기도 하고, 무엇보다 데드락을 탐지하기 위하여 컴퓨팅 자원을 과도하게 사용한다는 점이 문제점으로 지적되었다.

데드락을 해결하는 간단하면서도 실질적인 방법 중 하나는 락을 활용하는 데 있어 부분 순서 Partial Order, PO 관계를 유지하는 것이다. 부분 순서는 이산수학을 공부한 독자라면 떠올릴 수 있는 내용으로, 집합 내 원소들의 관계relation를 다룬 것이다. 부분 순서를 간략히 요약하자면, 어떤 집합에서 임의의 두 원소를 취했을 때 반사reflexive 관계, 반대칭antisymmetric 관계, 추이transitive 관계 조건을 만족하는 관계를 의미한다. 다음 예는 집합의 원소 a, b, c가 연산 ~에 대해 부분 순서 속성을 가지기 위한 조건을 보여준다.

- 반사 관계: 모든 a에 대해 a ~ a가 성립한다.
- 반대칭 관계: 만약 a ~ b이고 b ~ a이면, a = b가 성립한다.
- 추이 관계: a, b, c가 a ~ b이고 b ~ c이면, a ~ c가 성립한다.

a ~ b에서 b는 ~ 관계의 상위에 있고 a는 하위에 있다고 표현한다. 예를 들어 정수들의 집합에서 관계 <=는 부분 순서에 해당한다. 왜냐하면 어떤 두 정수에 대해 위의 세 조건을 만족하기 때문이다. 또한 2는 <= 관계의 상위에 있고 1은 하위에 있다.

그렇다면 부분 순서가 데드락을 방지하는 데 어떻게 사용될까? 새로운 세마포를 잡으려고 할 때(P 함수를 호출할 때) 이미 잡아놓은 세마포와 새로 잡으려는 세마포가 부분 순서의 관계인지 확인하는 것이다. 새로 잡으려고 하는 세마포가 이미 잡아놓은 세마포와 부분 순서 관계에서 하위에 있다면 P를 호출하지만, 아니라면 기존에 잡아놓은 세마포를 모두 반납하도록 한다. 이렇게 하는 것은 프로세스들이 부분 순서의 상위에서 하위의 순서로 세마포를 잡도록 하기 위함이다. 앞의 데드락 예에서, S와 Q 두 세마포가 순서order를 가지고 있다면, 그 순서를 따라 P 함수를 호출했을 때 데드락이 발생하지 않는다는 것은 개념적으로 이해할 수 있을 것이다. 같은 순서로 세마포를 잡으면 데드락이 발생하지 않는 것에 대한 증명은 생략한다.

데드락 방지 기법

부분 순서를 사용해 데드락을 방지하기 위해서는 당연히 모든 세마포에 대한 순서가 사전에 정의되어 있어야 한다. 그런데 사용자들이 임의로 세마포를 생성하여 사용하기 때문에 데드락을 피해야 하는 궁극적인 책임은 프로그램 개발자에게 있다. 따라서 세마포보다 좀 더 상위에 있는 동기화 기법이 도입되는데, 그중 하나가 모니터monitor 개념이다. 이 모니터는 프로그램 개발자가 P와 V 함수를 호출하지 않도록 하면서 동기화를 달성하는 기법이다. 모니터의 예로, 자바Java에서 동기화 블록synchronized block이 있다. 예를 들어 [코드 4-18]은 임계 영역을 가지고 있다. 자세히 보면 이 코드는 [그림 4-10]을 구현하는 것이다.

코드 4-18 동기화가 없는 자바 코드 일부

```
public class account {
    private int balance;
    public int increaseBalance(int amount) {
        return balance += amount;
    }
}
```

이 함수에서 세마포를 사용하지 않고 [코드 4-19]와 같이 synchronized라고 선언함으로써 동기화가 필요한 임계 영역을 지정하여 자바에서 자동으로 동기화되도록 한다. 이것이 바로 모니터를 사용하는 예다.

코드 4-19 동기화가 있는 자바 코드 일부

```
public class account {
    private int balance;
    public synchronized int increaseBalance(int amount) {
        return balance += amount;
    }
}
```

synchronized를 통하여 자바 모니터는 [그림 4-10]과 같이 여러 프로세스(또는 자바 쓰레드)가 동시에 임계 영역에 접근하려고 할 때, 내부적으로 큐를 활용하여 한 번에 하나의 프로세스만 임계 영역에 들어가도록 순차적으로 실행을 제어한다.

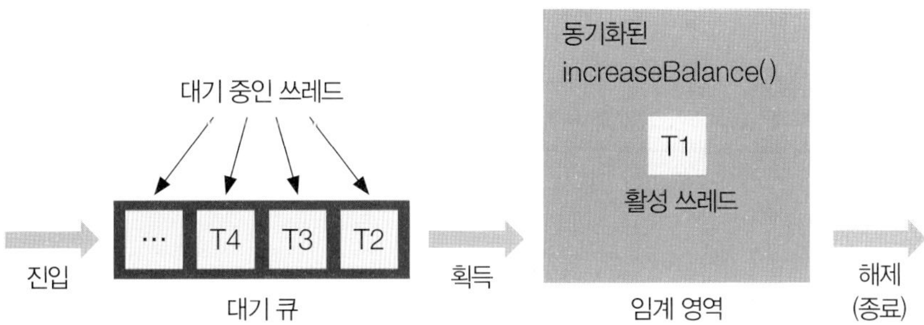

그림 4-10 자바 모니터

데이터베이스에서 세마포를 사용하지 않고 동기화를 구현하는 방법으로 트랜잭션이 있다. 트랜잭션은 한꺼번에 처리되어야 하는 작업을 묶어놓은 단위다. 트랜잭션의 수행 결과는 트랜잭션에 있는 모든 작업이 처리되든지, 하나도 처리되지 않든지 둘 중 하나가 되는 특성이 있기 때문에 '한꺼번에'라고 표현한 것이다. 만약 수행 중 하나라도 작업이 실패하면 전체 트랜잭션이 실패한다. 트랜잭션의 특성을 더 자세히 알고 싶다면 데이터베이스 교재를 참고하기 바란다.

[그림 4-11]은 ABC라는 트랜잭션의 처리 예다. 트랜잭션을 시작하면서 `begin_transaction`을 선언하고, 중간에 작업(임계 영역)들이 있으며, 마지막 부분에는 `end_transaction`을 선언하여 구성한다. 그림에서는 부모와 자식이 같은 계좌에서 각각 100,000원을 인출, 입금하는 작업을 하나의 트랜잭션으로 처리하는 과정을 보여주고 있다.

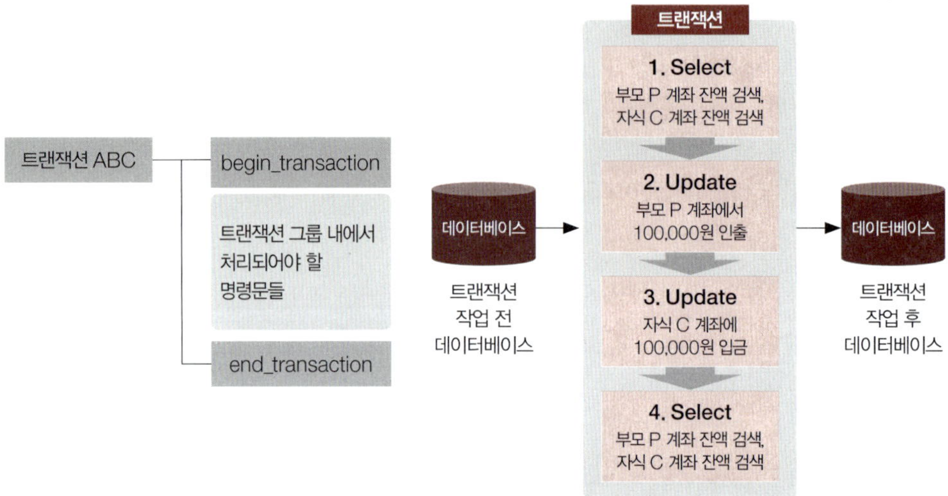

그림 4-11 트랜잭션 처리 흐름과 단계별 작업 예

트랜잭션을 사용하면 세마포 없이도 작업 동기화가 가능하다. 트랜잭션 선언만 하면 데이터베이스 시스템이 트랜잭션 내부에 있는 작업들의 동기화를 전적으로 담당한다. 따라서 프로그램 개발자가 동기화를 신경 쓰지 않아도 된다. 이처럼 자바의 동기화 블록은 자바 모니터가 동기화를 담당하고, 트랜잭션은 데이터베이스 시스템이 동기화를 책임져 사용자가 동기화를 위한 `P`, `V`와 같은 직접적인 동기화 프로그래밍을 하지 않도록 한다.

5 고전적인 동기화 문제

동기화 알고리즘에 대한 이해를 높이기 위해 고전적인 동기화 문제 세 가지를 살펴보고, 세마포를 사용하여 각각에 대한 동기화 알고리즘을 설계해 보고자 한다. 고전적인 동기화 문제에는 유한 버퍼 문제, 읽기/쓰기 문제, 식사하는 철학자 문제가 있다. 동기화 알고리즘이 제대로 동작하도록 설계하기가 쉽지 않지만 다음 방법론을 사용하여 동기화 원리인 순차화를 비교적 쉽게 설계할 수 있다.

- 보호가 필요한 임계 영역이 무엇인지 분명히 정의하고 프로세스들이 임계 영역에 접근하는 동작을 구체적으로 명시한다.
- 세마포를 설계한다. 몇 개의 세마포를 사용할 것인지 결정한다. 이를 통해 세마포의 크기granularity가 정해진다.
- 세마포들의 동시성과 부분 순서를 정의하여 데드락과 기아상태를 방지한다.

이 방법론을 사용하여 고전적인 동기화 문제 각각에 대하여 동기화 알고리즘을 설계하고, 의사코드pseudo code로 구현해 본다.

유한 버퍼 문제

유한 버퍼 문제bounded buffer problem는 유한한 n개의 버퍼에 여러 쓰레드가 동시에 접근할 때 발생하는 문제다. 이 문제는 데이터베이스나 커널에서 자주 발생한다. 예를 들어 네트워크 패킷을 수신하는 이더넷의 경우, 네트워크 카드가 수신한 패킷을 버퍼에 보관하는 동시에 커널이 버퍼에 수신된 패킷을 처리한다[6]. 이때 여러 커널 쓰레드가 동시에 버퍼를 접근할 수 있기 때문에 동기화를 해야 한다.

동기화 알고리즘 설계 방법론의 첫 번째 단계로, n개의 버퍼를 임계 영역으로 설정하고, 버퍼에 접근하는 쓰레드를 생산자producer와 소비자consumer로 모델링한다. 생산자와 소비자의 작동 방식은 [그림 4-12]와 같다. 생산자는 네트워크 카드에서 수신한 패킷을 버퍼에 저장하며, 소비자는 버퍼에서 패킷을 꺼내어 이후의 프로토콜 처리를 수행한다(소비한다). 생산자가 버퍼에 데이터를 저장하는 동안 다른 생산자는 버퍼에 추가적인 데이터를 저장할 수 없으며 소비자도 데이터를 소비할 수 없다. 만약 모든 버퍼에 데이터가 '차full' 있다면 생산자는 대기해야 한다. 이미 버퍼가 차 있는데 생산자가 새로운 데이터를 저장하는 것을 오버런overrun이라고 한다.

또한 소비자가 버퍼의 데이터를 소비하는 동안 다른 소비자는 버퍼를 소비할 수 없고 생산자도 새로운 데이터를 저장할 수 없다. 모든 버퍼가 비어 있다면 소비자는 대기해야 한다. 대기하지 않고 소비자가 버퍼를 소비하는 것을 언더런underrun이라고 한다. 생산자와 소비자가 독

6 커널은 TCP/IP와 같은 네트워크 프로토콜을 가지고 있으며, 매 패킷에 대해 TCP 패킷인지 IP 패킷인지 확인하여 처리한다.

립적으로 수행하기 때문에 동시에 버퍼에 접근할 수 있으므로 동기화 알고리즘은 버퍼의 일관성을 유지해야 한다. 또한 오버런과 언더런이 발생하지 않도록 해야 한다.

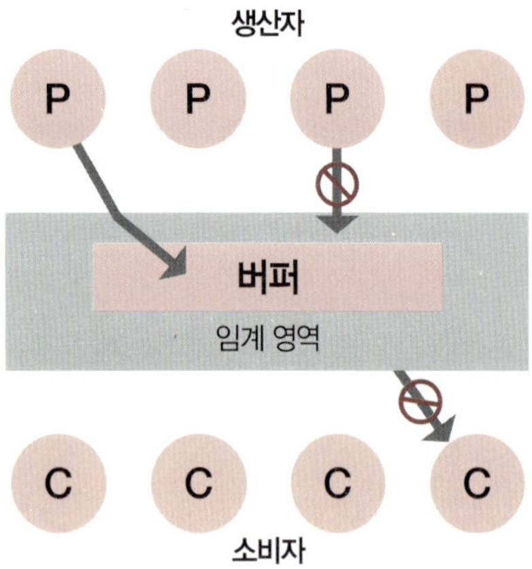

그림 4-12 생산자/소비자 간 공유되는 유한 버퍼 문제

두 번째 단계로 세마포를 설계하는 작업을 생각해 보자. 버퍼 전체를 하나의 임계 영역으로 볼 수도 있고, 각각의 버퍼를 임계 영역으로 볼 수도 있다. 버퍼 전체를 하나의 임계 영역으로 보는 경우, 세마포는 1개가 되며, 각각의 버퍼를 임계 영역으로 보면 n개의 세마포를 사용하게 된다. 이 둘의 차이점은 최대 동시성maximum degree of concurrency에 있다. 즉, 세마포를 1개 사용하면(이 세마포를 마스터master 세마포라고 하며, 이진 세마포를 사용할 수 있음) 어떤 버퍼에 접근하더라도 마스터 세마포를 사용하게 된다. 이 경우, 동기화 알고리즘은 간단해진다는 장점이 있지만, 생산자와 소비자가 다른 버퍼에 접근할 때 마스터 세마포에서 대기하게 된다. 따라서 동시성이 떨어진다. 각각의 버퍼를 임계 영역으로 보면 n개의 세마포를 사용하므로, 다른 버퍼에 접근할 때 동시적인 접근을 할 수 있어 동시성이 증가한다.

여기서는 마스터 세마포를 사용하는 것과 버퍼별로 세마포를 갖는 것의 중간 형태로, 2개의 카운팅 세마포를 사용하는 동기화 알고리즘을 [코드 4-20]과 같이 설계해 본다.

[코드 4-20]의 알고리즘은 생산자가 먼저 `empty` 세마포를 체크하여, 생산할 수 있는(비어 있는) 버퍼가 있는지를 확인한다. 이는 비어 있는 버퍼가 없는데 버퍼를 생산하는 오버런을 방지하기 위함이다. `empty` 버퍼가 있으면 버퍼를 생산하게 된다. 이때 세마포를 사용하여 상호배제를 달성한다. 그리고 `full` 세마포를 증가시켜서 생산된 버퍼의 수를 늘린다. 소비자는

먼저 소비할 수 있는 버퍼가 있는지를 확인하여 언더런을 체크한다. 그리고 소비할 버퍼가 있으면 소비하고 `empty` 세마포를 증가시킨다. 버퍼가 전부 비어 있는 상황을 생각해 보자. 이때 소비자가 동작하면 이 소비자는 `full` 세마포에서 대기하게 된다. 생산자와 소비자는 순서에 관계없이 버퍼에 접근할 수 있다. 이 알고리즘은 버퍼 자체에 대한 동기화는 하지 않고 있으니 참고하기 바란다.

코드 4-20 카운팅 세마포를 사용하는 동기화 알고리즘

```
// 세마포: full, empty, mutex;
// full은 생산자가 버퍼를 만들어내면, 값이 1 증가한다.
// empty는 소비자가 버퍼를 소비하면, 값이 1 감소한다.
// mutex는 생산자와 소비자의 내부 포인터를 보호한다.
// 초깃값: empty = n, full = 0; mutex = 1;

생산자:
    P(empty);
    P(mutex);

    produce a buffer;
    move 생산자 포인터; // 생산자를 위하여 다음 버퍼를 가리킴
    …
    V(mutex);
    V(full);

소비자:
    P(full);
    P(mutex);
    consume a buffer;
    move 소비자 포인터; // 소비자를 위하여 다음 버퍼를 가리킴
    …
    V(mutex);
    V(empty);
```

읽기/쓰기 문제

읽기/쓰기 문제는 유한 버퍼 문제와 비슷하며, 여러 읽기와 쓰기 작업이 임계 영역에 접근할 수 있도록 동기화하는 문제다. 읽기는 개수에 관계없이 여러 작업이 동시에 임계 영역에 접근할 수 있다. 그러나 쓰기가 임계 영역에 들어가 있으면 읽기는 임계 영역에 접근할 수 없다. 또한 쓰기는 한 번에 하나의 작업만 임계 영역에 들어갈 수 있다. 이러한 읽기와 쓰기 동작은 [그림 4-13]과 같이 나타낼 수 있다.

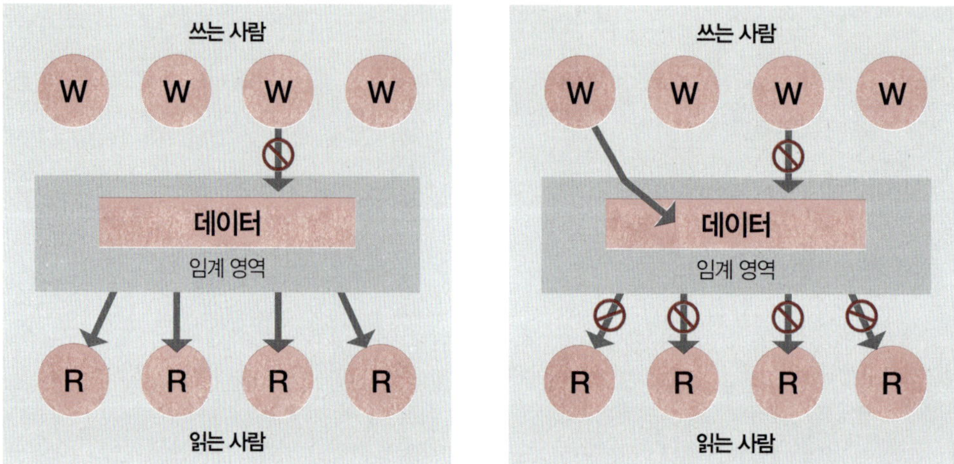

(a) 여러 읽기 작업은 동시에 읽기 가능　　(b) 하나의 쓰기 작업만 쓰기 가능

그림 4-13 읽기/쓰기 문제의 임계 구역 충돌과 동기화

읽기와 쓰기를 동기화하기 위해 세마포를 몇 개 사용할 것인지 생각해 보자. 유한 버퍼 문제처럼, 마스터 세마포를 사용할 수 있고 각 버퍼를 보호하기 위한 세마포를 하나씩 둘 수도 있다. 또 다른 방법으로 쓰기 접근에 대한 세마포를 두고, 읽기 접근에 대한 카운팅 세마포를 둘 수도 있다. 즉, 여러 읽기가 접근하는 것을 허용하면서 쓰기는 하나만 접근할 수 있도록 하는 것이다.

[코드 4-21]의 알고리즘은 동시에 여러 읽기 작업이 버퍼를 사용할 수 있도록 설계되었다. 또한 `readcount` 변수를 시용해 현재 읽고 있는 작업의 수를 기록하고, 모든 읽기 작업이 완료될 때까지 쓰기는 임계 영역에 접근할 수 없도록 제한한다. 읽기 작업이 끝나 `readcount`가 `0`이 되어야 쓰기가 버퍼에 접근할 수 있다.

이 알고리즘은 동시에 여러 읽기 작업이 버퍼에 접근하도록 허용하지만, 쓰기 작업은 제한적으로만 허용된다. 즉, R R W R의 순서로 작업이 요청될 경우 뒤쪽의 R이 W보다 먼저 버퍼에 접근할 수 있고, 모든 읽기 작업이 끝날 때까지 쓰기 작업은 대기해야 할 수 있다. 이처럼 읽기가 계속 들어오면 쓰기 작업에서 기아상태가 발생할 수 있다. 이 알고리즘은 읽기에 우선권preference을 주고 있는데, 독자들은 이러한 우선권이 없는 알고리즘을 설계해 보기 바란다.

코드 4-21 세마포를 사용한 읽기와 쓰기 동기화 알고리즘

```
// rwlock
// 세마포: wrt, mutex
// wrt은 writer가 버퍼에 접근할 때 사용하는 세마포
// mutex는 readcount를 보호하는 세마포
// 초깃값: wrt = 1, mutex = 1

sem wrt, mutex;

Writer:
{
    P(wrt);
    write buffer
    V(wrt);
}

Reader:
{
    P(mutex);
    readcount++;
    if (readcount == 1)
        P(wrt);      // writer가 들어오지 못하도록 함
    V(mutex);
    read buffer
    P(mutex);
    readcount--;
    if (readcount == 0)
        V(wrt);
    V(mutex);
}
```

식사하는 철학자 문제

식사하는 철학자 문제Dining Philosopher Problem, DPP는 [그림 4-14]와 같이 원형 식탁에 철학자들이 앉아서 식사하는 상황을 가정한다. 그림에서 철학자 5명은 의자에 앉아 있고, 젓가락은 5개가 있다. 국수를 먹으려면 젓가락이 2개 필요하며, 의자 왼쪽과 오른쪽에 있는 젓가락을 집을 수 있다. 국수를 먹은 후에는 젓가락 2개를 내려놓는다. 철학자는 생각하고Think, 젓가락을 들고, 먹는Eat 과정을 계속 되풀이한다고 가정한다. DDP는 철학자들이 데드락이나 기아상태starvation에 놓이지 않고 국수를 먹을 수 있는 동기화 알고리즘을 설계하는 것이다.

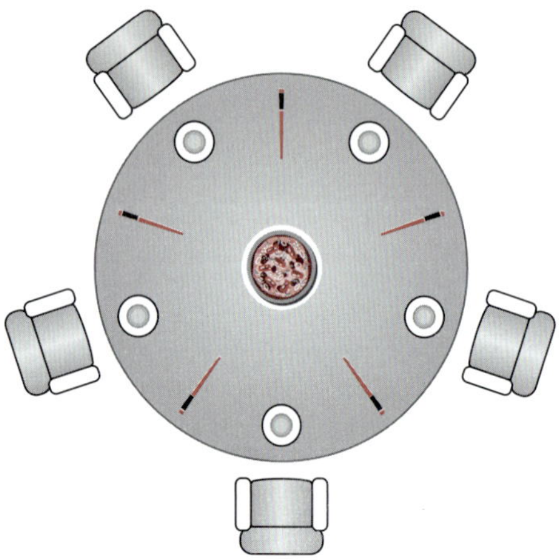

그림 4-14 식사하는 철학자 문제 예

동기화 알고리즘은 다음과 같다. 먼저, 각 젓가락에 대한 세마포를 설계한다. 각 젓가락은 세마포를 통해서만 사용할 수 있도록 한다. 젓가락마다 세마포를 두고, 젓가락을 집으려고 할 때 세마포를 통해 사용할 수 있는지를 체크하는 것이다. 젓가락이 비어 있으면(다른 철학자가 사용하고 있지 않으면), 젓가락을 집어서 사용한다. 그래서 오른쪽 젓가락을 집고 왼쪽 젓가락을 집으면 한 벌의 젓가락을 모두 획득했으므로 Eat 상태가 된다. 이 과정을 의사코드로 표현하면 [코드 4-22]와 같다.

얼핏 보면, 이 알고리즘은 자연스럽게 동작하는 것처럼 보인다. 그러나 만약 모든 철학자들이 동시에 각자의 오른쪽에 있는 젓가락을 집는 상황이 발생한다면 데드락이 발생할 수 있다. 각 철학자가 오른쪽 젓가락을 집고 왼쪽 젓가락을 집으려고 하면 젓가락이 없기 때문에 대기하게 되는데, 왼쪽 젓가락은 다른 철학자가 가지고 있기 때문에 대기를 아무리 오래 하더라도 왼쪽 젓가락을 가질 수 없다. 물론 이러한 상황은 매우 예외적으로 발생한다. 그렇지만 동기화 알고리즘을 설계할 때는 어떤 경우에도 데드락이 발생하지 않는다는 것을 보장해야 한다. 동기화 알고리즘에서 데드락은 치명적인 약점이 되기 때문에 반드시 해결해야 한다.

코드 4-22 식사하는 철학자 문제

```
// 세마포: chopstick[5]; // 젓가락당 세마포
// 초깃값: chopstick[0..4] = 1; // 각 세마포 초깃값

철학자 i:
{
    Think
    wait(chopstick[i]);
    wait(chopstick[(i++)%5]);
    eat
    signal(chopstick[i]);
    signal(chopstick[(i++)%5]);
}
```

데드락 문제를 해결하는 여러 가지 방법이 있는데, 그중 하나는 젓가락 2개로 국수를 먹는다는 점에서 착안하여 철학자 수를 5명에서 4명으로 줄여 알고리즘을 설계하는 것이다. 그러나 철학자 수를 제한하는 것은 동기화 알고리즘의 큰 제약이 된다. 또 다른 방법은 철학자들에게 번호를 부여하고, 홀수 번호의 철학자는 오른쪽 젓가락을, 짝수 번호의 철학자는 왼쪽 젓가락을 먼저 집도록 하는 것이다. 이 경우 특정 철학자에게 우선권이 주어지지 않도록 하는 것이 중요한데 이는 읽기/쓰기 문제에서 나타나는 문제와 같다.

[코드 4-23]의 알고리즘은 철학자의 좌우에 있는 젓가락 상태를 확인하여, 2개 모두 사용 가능할 때만 집도록 설계되어 있다. 이렇게 설계하면 젓가락을 집었거나 기다리는 두 가지 상태만 존재하여 한쪽만 잡고 멈추는 데드락을 방지할 수 있다. 세마포는 철학자가 두 젓가락을 모두 확보하도록 돕는 역할을 한다. 즉, 두 젓가락을 모두 잡을 수 없는 상황이라면 세마포를 통해 대기한다. 철학자의 상태는 `state` 자료구조에 저장되는데, 특히 `HUNGRY` 상태에 주목할 필요가 있다. 이 상태는 세마포를 통한 대기는 아니지만, 곧 젓가락을 잡으려고 시도할 것이라는 의미를 담고 있다. 이때 여러 철학자가 공유하는 state 자료구조는 뮤텍스를 통해 안전하게 보호된다.

코드 4-23 식사하는 철학자 문제의 동기화 알고리즘

```
// 세마포: two_chopsticks[5](철학자가 좌, 우 젓가락 2개를 같이 집는 세마포)
// 뮤텍스: mutex(철학자 상태를 보호하는 세마포)
// 초깃값: two_chopsticks[0..4] = 0;
// 철학자 상태: state[5](THINKING, HUNGRY, EATING)

철학자 i:
{
    do {
        think
        take_chopstick(i);
        eat
        put_chopstick(i);
    } while (true);
}

void take_chopstick(i) {
    P(mutex);
    state[i] = HUNGRY;
    test(i);
    V(mutex);
    P(two_chopsticks[i]); // 두 젓가락을 기다린다
    // 세마포 two_chopsticks에 대한 V는 test에서 이루어지는 것에 주의하자
    // 그때까지 철학자 i는 HUNGRY 상태로 기다린다
}

void put_chopstick(i) {
    P(mutex);
    state[i] = THINKING;
    test(LEFT);
    test(RIGHT);
    V(mutex);
}

void test(i) {
    if (state[i] == HUNGRY &&
        state[LEFT] != EATING &&
```

```
            state[RIGHT] != EATING) {
            state[i] = EATING;
            V(two_chopsticks[i]);
        }
    }
```

[코드 4-23]을 좀 더 살펴보자. take_chopstick 함수는 철학자 i가 젓가락을 집으려고 한다는 상태를 표시하고(HUNGRY), 철학자 i가 젓가락을 집을 수 있는지 test()에서 체크한다. 그리고 P(two_chopstiscks[i])를 통해 젓가락을 기다린다. 만약 아무도 국수를 먹고 있지 않다면, test()에 의해 세마포 two_chopsticks[i] 값이 증가한다(세마포 two_chopsticks[i]의 초깃값이 0임을 기억하자). 따라서 take_chopstick()에서 P(two_chopstiscks[i])를 통과하여 EATING 상태가 된다. put_chopstick 함수는 철학자 i가 국수를 다 먹었기 때문에 철학자의 상태를 THINKING으로 만들고 왼쪽과 오른쪽 젓가락을 내려놓게 하다(기다리는 철학자에서 V를 함). 여기서 LEFT와 RIGHT는 철학자 i의 왼쪽과 오른쪽에 있는 철학자를 의미한다.

test 함수는 LEFT와 RIGHT의 상태가 EATING인지 체크한다. 이것은 철학자 i의 왼쪽과 오른쪽에 있는 철학자들이 젓가락을 가지고 있는지 확인하는 것이다. 만약 왼쪽과 오른쪽의 철학자가 젓가락을 가지고 있지 않다면(EATING이 아니면) 젓가락을 집으려고 하는 철학자 i가 젓가락을 집도록 한다. 이때 철학자 i의 상태를 EATING으로 바꾸어주고, V(two_chopsticks[i])를 통하여 젓가락을 기다리는 철학자가 젓가락을 집을 수 있게 한다.

어떤 철학자 i가 처음 젓가락을 집으려고 하는 상황을 생각해 보자. 이 철학자 i는 take_chopstick()이 호출하는 test() 안에서 V(two_chopsticks[i])를 통하여 세마포 값을 1로 만든다. 그러면 P(two_chopsticks[i])를 통과해 2개의 젓가락을 집을 수 있다. 이후 다른 철학자들이 젓가락을 집으려 할 때 왼쪽과 오른쪽 2개의 젓가락을 한꺼번에 집으려 하기 때문에 이 알고리즘은 동기화를 제공할 뿐 아니라 데드락도 방지할 수 있다.

지금까지 세 가지 고전적인 동기화 문제를 바탕으로 동기화 알고리즘을 설계해 보았다. 알고리즘을 설계한 후에는 다음 네 가지 요소를 반드시 검증해야 한다.

■ 데이터 일관성

데이터 일관성이 확보되어야 한다. 즉, 임계 영역에 접근하는 순서가 보장되어야 한다.

■ 데드락 발생 여부

데드락이 발생하지 않는다는 것을 보장해야 한다. 데드락은 아주 드물게 발생하더라도 한 번 발생하면 치명적이기 때문에 반드시 데드락이 발생하지 않는다는 것을 입증해야 한다.

■ 기아상태 가능성

기아상태의 가능성을 확인해야 한다. 이는 읽기/쓰기 문제에서 우선권이 존재하는지를 체크하는 것과 같이 알고리즘이 특정 쓰레드를 차별하는 경우가 존재하는지 확인하는 것이다.

■ 동시성 최대화

동시성을 최대로 해야 한다. DPP에서 마스터 세마포 하나를 두고 철학자들이 젓가락을 집으려고 할 때, 무조건 이 마스터 세마포를 잡도록 하면 동기화를 달성할 수 있고 데드락과 기아상태도 피할 수 있다. 그런데 철학자 5명이 있고 젓가락이 5개인 경우 두 명의 철학자가 동시에 국수를 먹을 수 있지만, 마스터 세마포를 사용하면 동시에 국수를 먹을 수 있는 철학자는 한 명이다. 따라서 마스터 세마포를 사용하는 알고리즘은 최대 동시성을 달성하지 못한다.

정리하면, 동기화 알고리즘을 설계할 때 동시성이 최대가 되게 설계해야 하며, 이때 데드락과 기아상태를 같이 고려해야 한다. 이 때문에 동기화 알고리즘 설계가 쉽지 않다. 결론적으로, 쓰레드 프로그래밍을 제대로 하려면 정확한 동기화 알고리즘을 설계하여 데드락과 기아상태가 발생하지 않도록 작성해야 한다.

요점 정리

*** 동기화의 필요성**

여러 프로세스가 접근할 수 있는 공유된 데이터에 동시에 여러 프로세스가 접근했을 때 데이터 일관성을 제공하지 못한다면 예측하지 못한 결과가 나올 가능성이 있고, 이러한 문제는 디버깅이 매우 어렵다. 이러한 가능성을 배제하기 위해 동기화(synchronization)가 필요하다.

*** 임계 영역**

임계 영역은 쓰레드들이 공유하는 데이터에 접근하는 코드를 말한다. 쓰레드들이 임계 영역에 접근할 때 쓰레드의 접근을 순차화하는 것이 동기화의 핵심이다.

*** 피터슨 알고리즘과 같은 소프트웨어적인 동기화 기법의 한계**

소프트웨어 기법은 확장성 면에서 한계가 있다. 즉, 동기화에 참여하는 쓰레드가 늘어나면 무오류성을 증명하기가 어렵다.

퀴즈

퀴즈 1) 다중 쓰레드 환경에서 데이터 일관성을 보장하기 위한 방법을 쓰시오.

퀴즈 2) 데드락의 개념을 쓰시오.

퀴즈 3) 동기화를 위해 임계 영역 안으로 들어가기 전에 entry section 단계에서 세마포를 사용한다. 그 이유를 쓰시오.

퀴즈 4) 세마포와 모니터의 차이점을 쓰시오.

퀴즈 5) 상호배제의 장점은 매우 간단하다는 것이다. 단점은 무엇인가?

퀴즈 6) 스핀락의 장단점을 쓰시오.

퀴즈 7) 동기화와 쓰레드 프로그래밍 – 바둑 게임

알파고(바둑 프로그램)를 쓰레드를 통하여 구현하려고 한다. 바둑판에는 가로 10줄, 세로 10줄이 있다. 이 바둑판에 10개의 쓰레드가 접근하여 가장 적당한 위치에 바둑돌을 놓으려고 한다. 각 교차점(가로줄과 세로줄이 만나는 점)에 대하여 주위에 있는 4개의 점들(left, right, up, down)이 갖는 점수를 읽고(read) 각 점에 대한 점수를 계산하여 합산한다. 합산한 후에는 교차점에 점수를 쓴다(write). 그 이후에 10개의 쓰레드가 쓴 값 중에서 가장 값이 높은 위치에 돌을 놓는다. (단, 점수가 어떻게 계산되는지는 고려하지 않는다.) 즉, 점 x에 대하여 left(x), right(x), up(x), down(x)를 읽고 계산한 후에 합산하여 x에 쓰기를 한다. 이들 중에서 값이 가장 높은 위치에 돌을 놓는다. 이때 각 쓰레드가 세마포를 통하여 동기화하는 알고리즘을 제시하시오. 단, 데드락이 발생하지 않고 동시성이 최대인 알고리즘을 구현하시오.

[가정 1] 바둑판을 벗어나는 열(–1, 11번째 열)에 대해서는 가상의 값(0)이 있다고 가정한다.

[가정 2] 그 외에 필요한 가정은 답안 작성 시 제시한다.

예시 답안

04 실습 과제

Lab 다중 쓰레드 프로그래밍을 연습하고 유한 버퍼 예제를 통한 다중 쓰레드 동기화를 구현한다.

실습 이론

- pthread 라이브러리를 활용한 쓰레드 API 활용
- 뮤텍스, 조건 변수를 활용한 다중 쓰레드 동기화

실습 1 다중 쓰레드 프로그래밍 연습

구체적인 예제를 통해 다중 쓰레드 프로그래밍을 연습해 보자. 큰 크기의 파일을 읽고, 해당 텍스트에서 문자열과 관련된 다음 세 가지 통계를 출력하는 것이 목표다. 이를 위해 리눅스 커널 소스 파일들을 단일 쓰레드 방식으로 하나의 파일로 합치고, 다중 쓰레드 방식으로 파일을 읽는 작업과 통계 데이터를 계산하는 작업을 분리하여 실행한다. 두 방식의 처리 시간을 비교하고 예상했던 결과와 실제 결과가 일치하는지 분석해 보자.

- 문자열의 길이 분석
- 문자별 빈도수 계산
- 단어별 빈도수 계산

응용 과제 1 유한 버퍼를 활용하는 다중 쓰레드 구현하기

쓰레드의 개수를 늘려가며, 유한 버퍼를 활용하는 다중 쓰레드 프로그램을 구현해 보자. 이때 유한 버퍼의 구현을 최적화할 수 있는 다양한 기법을 고려해 보자.

MEMO

CHAPTER

05

메모리 관리

01 가상 메모리

Section

주소 공간은 프로세스의 메모리를 보호하기 위한 추상개념으로, 각 프로세스는 독립적인 주소 공간을 가진다. 따라서 다른 프로세스의 메모리를 침범할 수 없다. 이 절에서는 가상 주소와 주소 공간의 개념, 그리고 물리 주소로 변환하는 과정에 대해 설명한다.

이 절의 학습 목표

- 프로그램 단계별 주소 변환을 이해한다.
- 가상 주소와 주소 공간을 이해한다.
- 가상 메모리와 페이지 테이블을 이해한다.
- TLB(Translation Lookaside Buffer)를 이해한다.
- 다단계 페이지 테이블을 이해한다.

1 메모리 관리의 필요성

초기 컴퓨터의 물리 메모리 용량은 어느 정도였을까? 겨우 수 KB^Kilo Byte^에 불과했다. 이런 환경에서는 프로그램을 구동하기 위해 물리 메모리를 매우 효율적으로 사용해야 했다. 예를 들어 컴퓨터 메모리가 64KB인 환경에서 그 이상의 메모리를 요구하는 프로그램은 작동되지 않는다. 과거 DOS 시절에는 64KB가 넘는 프로그램인 경우 컴파일 자체가 안 됐다(호랑이 담배 피던 시절 이야기라고 생각할 수 있지만, 1980년대에 흔히 보던 광경이었다). 이러한 문제를 해결하기 위해 고안한 방법이 메모리 관리 기법이다.

요즘 컴퓨터의 메모리 용량은 8GB 이상이고 각 프로그램에서 사용하는 메모리 용량은 8GB 미만이다. 그렇다면 운영체제가 메모리를 관리할 필요가 없지 않을까? 답은 "NO"다. 컴퓨터에서 구동되는 프로그램의 수가 늘었기 때문이다. 스마트폰만 해도 카카오톡, 은행 앱, 유튜브 등 여러 앱이 동시에 사용된다. 멀티 프로그래밍, 멀티 태스킹, 멀티 쓰레딩, 가상화 등이 보편화되면서 메모리가 커져도 용량이 부족할 수밖에 없는 상황이 계속 만들어지고 있다. 따라서 1980년대의 메모리 관리에 대한 고민은 여전히 유효하여, 현재 운영체제 학습에서도 메모리 관리 내용을 필수적으로 다루고 있다.

운영체제의 메모리 관리를 한마디로 정리하면, 주어진 (한정된) 메모리를 더욱 효율적으로 분배 및 관리하여 프로세스의 성능 저하가 없도록 하는 기법이다.

2 프로그램 단계별 주소 변환

메모리 관리의 기본 단위는 주소다. 프로그램은 소스 코드에서 여러 단계를 거쳐 변환되는데, 이 과정에서 주소 또한 다양한 형태로 변한다. 3장에서 설명했듯이 소스 코드source code는 프로그래머가 C 언어, 파이썬 등으로 작성한 프로그램을 의미한다. 컴파일러가 소스 코드를 오브젝트 코드object code로 변환하며, 소스 코드 파일 하나가 오브젝트 코드 파일 하나를 생성한다. 이후 오브젝트 코드는 링커linker를 거쳐 실행 코드executable code로 변환된다. 리눅스 커널의 경우, 수많은 소스 코드가 컴파일된 후 링커에 의해 하나의 실행 코드 파일로 합쳐진다. a.out, .exe, COFF 등의 다양한 형식으로 존재하는 실행 파일은 로더Loader에 의해 메모리에 로드되고, 메모리상의 실행 코드는 프로세스가 되어 CPU에 의해 실행된다. [그림 5-1]은 프로그램의 종류에 따른 주소 형태를 보여준다.

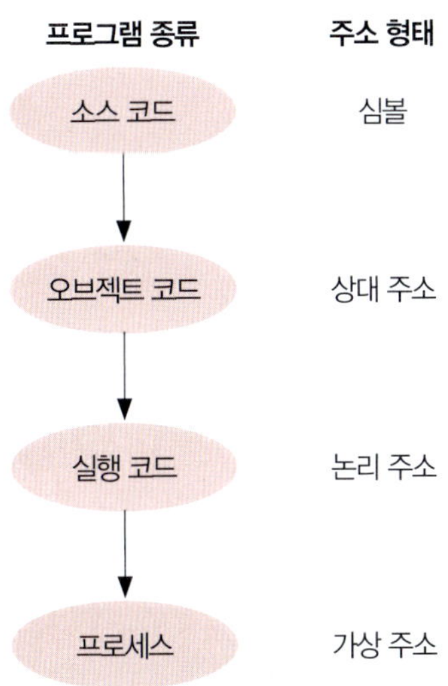

그림 5-1 프로그램 종류에 따른 주소 형태 매핑

소스 코드에서 주소는 심볼로 표시된다. 변수나 함수를 나타내는 심볼은 컴파일러 과정에서 상대 주소relative address로 변환되는데, 상대 주소는 오브젝트 코드 내에서 재배치 가능한 주소 형태로 존재한다. 여기서 '재배치'는 바뀔 수 있는 주소를 의미한다. 컴파일러가 변수와 함수 이름을 모아놓은 심볼 테이블symbol table을 만들고 이 심볼 테이블 내에서 재배치 가능한 주소를 만들어내는데, 이 주소는 하나의 오브젝트 코드 내에서 정의되는 주소이고 오브젝트 코드 안에서(만) 유효한 주소다. 그래서 상대 주소라고 부른다. 이후 링커는 여러 오브젝트 코드를 합치면서 상대 주소를 정렬하여 논리 주소logical address를 생성한다. [그림 5-1]에서 보여주듯이 재배치 가능한 주소를 실행 코드 내부의 단일 주소 체계로 변환하는 것이다. 모든 오브젝트 코드는 실행 코드에 순차적으로 배치되며, 그 시작 위치인 논리 주소 0번지부터 각 코드의 논리 주소가 결정된다. 이러한 주소 결정 과정을 링커의 주소 정리address resolution라고 한다. [그림 5-2]는 오브젝트 파일의 상대 주소들이 링커의 주소 정리를 통하여 논리 주소 0번지에서 시작하는 주소 체계가 되는 과정을 보여준다.

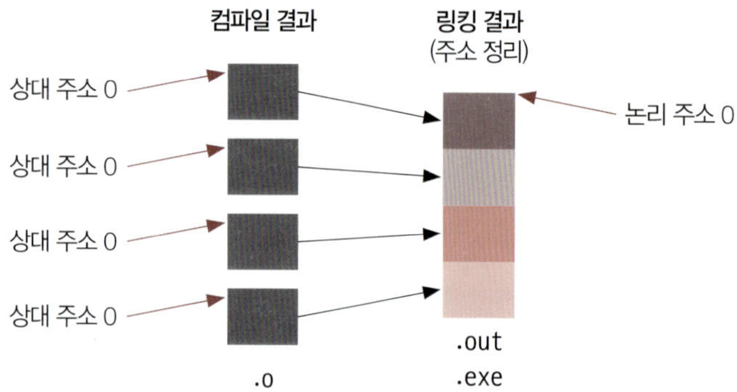

그림 5-2 컴파일 및 링크 과정에서의 주소 변환

3 가상 주소와 프로세스별 주소 공간

실행 코드에서 사용되는 논리 주소와 프로세스의 가상 주소는 어떤 차이가 있을까? 논리 주소는 오브젝트 코드의 코드 및 데이터 영역을 모아서 생성한 하나의 주소 체계에 기반한다. 따라서 논리 주소는 실행 코드에서(만) 의미가 있다. 실행 코드가 메모리에 로드되고 프로세스가 실행될 때, CPU는 메모리에 접근하게 된다. 이때 사용하는 주소는 가상 주소다.

프로세스가 코드를 실행할 때 접근하는 가상 주소는 논리 주소를 따르지만, 프로세스가 힙과 스택을 동적으로 할당하면서 실행하기 때문에 실제 실행 시에 사용되는 힙과 스택의 가상 주소는 실행 코드에 없는 주소가 된다. 따라서 프로세스에서는 논리 주소가 아닌 가상 주소를 사용한다. 또한 동적 링킹에서는 런타임run-time 시 라이브러리 주소가 결정되므로 동적 라이브러리 접근은 논리 주소가 아니라 가상 주소를 통해 이루어진다.

정리하면, 파일 내 논리 주소는 변하지 않지만 CPU에서 생성되는 가상 주소는 프로세스가 실행되면서 동적으로 변한다.

프로세스의 가상 주소와 물리 메모리 주소(물리 주소)는 어떤 관계를 가질까? 프로세스가 1개만 실행된다면 가상 주소와 물리 주소는 동일할 수도 있다. 그러나 여러 프로세스가 동시에 실행되는 멀티 프로그래밍 환경에서는 가상 주소가 물리 주소와 다르며, 물리 주소로 변환하는 주소 매핑address mapping 과정을 거친다.

[그림 5-3]은 멀티 프로그래밍 환경에서 CPU가 가상 주소를 실제 메모리 주소로 변환하는 개념적 과정을 나타낸다. CPU는 가상 주소를 사용하여 메모리 읽기/쓰기 명령어를 실행하지만 물리 메모리에 접근하기 위해서는 물리 주소를 사용해야 한다. 이를 위해 그림에서는 재배치 레지스터를 정의하고 있다. 예를 들어 재배치 레지스터relocation register에 14000이라는 값이 저장되어 있다고 가정하자. 가상 주소를 물리 주소로 매핑한다는 것은 재배치 레지스터의 값을 가상 주소에 더해 나오는 값이 물리 메모리 주소가 되도록 하는 것이다. 그림은 프로세스에서 나온 가상 주소 346번지에 14000을 더해 물리 주소가 되는 과정을 보여준다.

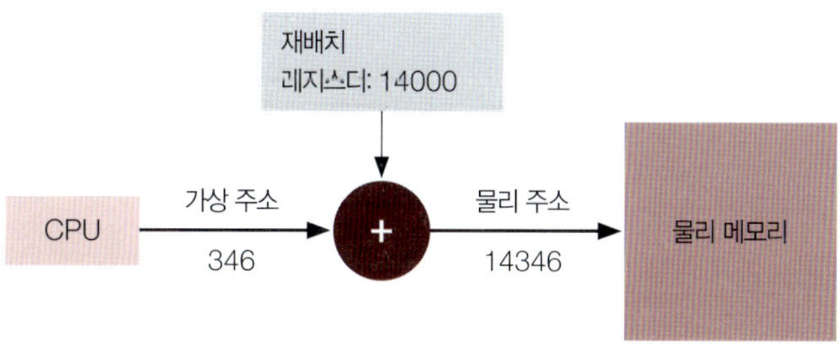

그림 5-3 재배치 레지스터를 이용하여 CPU가 주소를 변환하는 과정

예를 들어 카카오톡, 한글, 유튜브 세 가지 프로세스가 동시에 메모리에서 실행되는 상황을 가정해 보자. 각 프로세스가 물리 메모리 주소 0000~999, 1000~1999, 2000~2999 영역에 각각 할당되었다면, 한글이 실행될 때 재배치 레지스터에 1000이라는 값을 넣어서 작동시키면 된다. 실행 프로세스가 유튜브로 바뀌면 문맥 교환 동작에 재배치 레지스터 값을 2000으로 변경하는 과정을 포함하게 된다.

재배치 레지스터를 사용하는 방법은 매우 간단하고 효율적이지만, 최근 컴퓨터에서는 보다 복잡한 기법을 사용한다. 그 이유 중 하나는 구현 관점에서 재배치 레지스터 값은 프로세스의 시작 위치를 가리키므로, 프로세스 전체가 메모리에 연속적으로contiguous 올라가 있어야 한다는 전제가 필요하기 때문이다. 이 전제는 메모리 관리에서 심각한 한계점이 되기 때문에 이에 대한 자세한 설명은 다음 절에서 좀 더 구체적으로 다룬다.

프로세스가 생성될 때 프로세스마다 자신만의 주소 공간address space이 만들어진다. 주소 공간은 커널이 제공하는 추상개념으로, 프로세스가 접근할 수 있는 메모리 주소들의 집합을 의미한다. 즉, 프로세스는 주소 공간에서 코드를 실행하고 데이터를 저장한다.

그렇다면 주소 공간의 크기는 얼마일까? 실행 코드의 크기가 다르므로 생성된 프로세스마다 사용하는 가상 공간의 크기도 다르다. 그러나 가상 공간의 최대 크기는 정해져 있으며, 이는 CPU 구조(주소 버스의 크기)에 따라 결정된다. 예를 들어 32비트 주소 버스를 가진 CPU는 최대 2^{32}바이트(4GB)의 주소 공간을 사용할 수 있다. 앞서 설명한 주소 변환 과정에서 링커가 논리 주소를 결정하면서 사용하는 주소도 주소 공간 크기에 맞춰 변환한다. 일반적으로 컴퓨터 사양을 이야기할 때 32비트 OS, 64비트 OS라는 용어가 나오는데 이는 모두 주소 버스의 크기를 의미한다[1].

[그림 5-3]에서 보여주는 주소 변환은 접근하는 모든 메모리에 대해 발생하므로 컴퓨터 시스템 전체 성능에 결정적인 영향을 미친다. 따라서 빠른 변환 속도는 시스템 성능을 좌우하는 핵심 요소가 된다. 최근 컴퓨터는 가상 주소 변환 속도를 높이기 위해 주소 변환을 담당하는 별도의 하드웨어를 활용한다. 즉, 하드웨어로 구현된 MMUMemory Management Unit가 주소 변환을 담당하게 한다([그림 5-4] 참고).

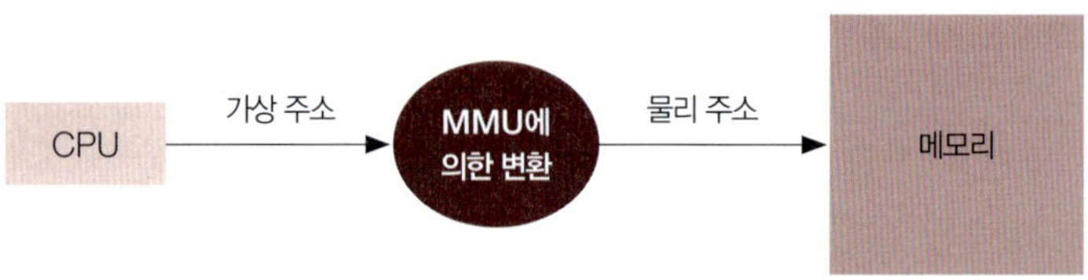

그림 5-4 MMU를 사용하여 가상 주소에서 물리 주소로 변환하는 과정

좀 더 구체적으로 살펴보자. [그림 5-5]에서 MMU는 CPU 주소 버스의 가상 주소를 자동으로 메모리나 I/O 장치 접근에 필요한 물리 주소로 바꿔주는 역할을 한다. MMU가 CPU의 일부로 설계되는 이유가 이 때문이다. 또한 2장에서 설명한 DMADirect Memory Access는 물리 메모리 주소를 기반으로 작동한다. 따라서 이 그림에서 DMA가 동작하려면 DMA에서 사용되는 주소를 MMU를 통해 변환하여 물리 메모리 주소로 만들어야 한다.

---

1 엄밀히 말하면 32비트 CPU와 32비트 주소 버스는 다르다. 실제 32비트 CPU 시스템은 36비트 주소 버스도 가질 수 있다.

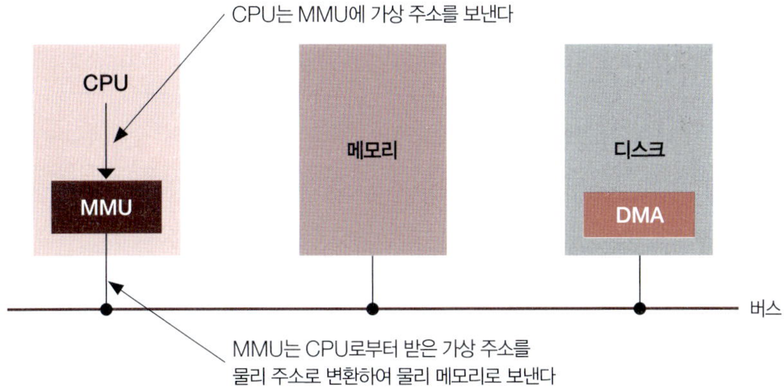

그림 5-5 CPU, MMU, 메모리, 디스크 간의 데이터 전송 과정

4 가상 메모리와 페이징, 페이지 테이블

컴퓨터에 1GB의 물리 메모리만 있는데 4GB의 메모리가 필요한 프로그램을 어떻게 실행할 수 있을까? 바로 이 문제를 해결하기 위해 운영체제는 가상 메모리라는 기술을 사용한다. 가상 메모리는 실제 메모리 용량보다 큰 메모리 공간을 프로그램에 제공하여 1GB 메모리만으로도 4GB 프로그램을 실행할 수 있도록 돕는다. 즉, 가상 메모리는 프로세스가 물리 메모리 크기에 제한받지 않고, 더 큰 주소 공간을 사용할 수 있도록 지원하는 기술이다. DOS 시절에는 가상 메모리가 없어서 프로그램이 640KB 이상의 메모리를 사용할 수 없었고, 프로그래머들은 메모리 부족 문제를 해결하기 위해 프로그램 크기를 줄여야 했다. 하지만 가상 메모리 덕분에 프로그래머들은 물리 메모리의 용량에 제약을 받지 않고 자유롭게 프로그램을 개발할 수 있게 되었다.

이처럼 가상 메모리는 물리 메모리의 한계를 뛰어넘게 하는 매우 획기적인 발상이었다. 가상 메모리는 물리 메모리의 크기나 종류에 관계없이 프로세스가 동작하도록 하기 때문에, 오늘날에도 여전히 유용하게 쓰이고 있다. 하지만 커널 개발자 입장에서는 가상 메모리와 물리 메모리를 별도로 관리해야 하고 이 메모리들을 MMU와 밀접하게 연동해야 해서 상당한 복잡성과 어려움을 느낀다.

그렇다면 가상 메모리의 기본 아이디어는 무엇일까? 프로세스를 수행하기 위해 프로세스 전체, 주소 공간 전체를 물리 메모리에 로드할 필요가 없다는 것이다. 3장에서 살펴보았듯이, 프로세스의 주소 공간은 텍스트, 데이터, 스택 세그먼트로 구성된다. 이 중에서 실행에 필요한 주소 공간 '일부'만 물리 메모리에 올려서 제한된 메모리 용량만으로도 프로세스를 실행할 수 있도록 한다는 것이 가상 메모리의 기본 개념이다. [그림 5-6]은 이 개념을 잘 보여준다.

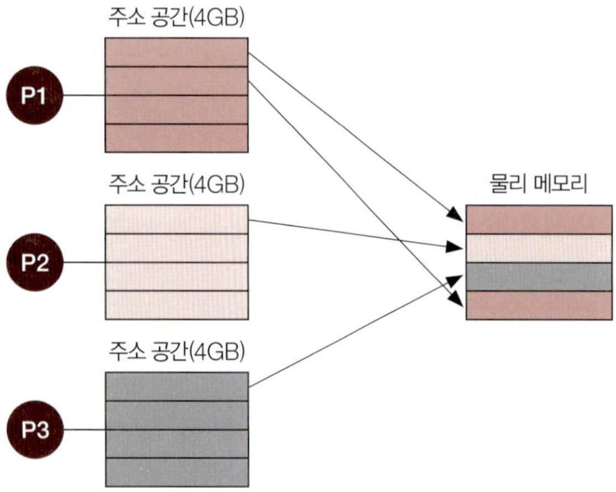

그림 5-6 다중 프로세스의 가상 주소 공간과 물리 메모리 매핑

[그림 5-6]은 3개의 프로세스(P1, P2, P3)가 각자의 주소 공간을 가지고 있고, 세 주소 공간의 일부가 물리 메모리에 로드된 상태를 나타낸다. 프로세스의 주소 공간 크기가 4GB임에 주목하기 바란다. 이는 CPU에서 나오는 주소 버스의 크기가 32비트라고 가정한 것이다. 주소 버스가 64비트라면 주소 공간의 크기도 그만큼 커질 수 있다.

프로세스가 사용하는 주소 공간 전체를 물리 메모리에 올리지 않고 일부만 올리려면 주소 공간을 쪼개야 한다. 과거 몇 가지 방법이 시도되었지만 대부분 커널이 주소 공간을 페이지page 단위로 나누고 있다. 페이지는 대개 4KB 크기로 고정되지만, 물리 메모리 크기가 커지면서 64KB, 1MB와 같은 빅big 페이지를 사용하기도 한다[2]. 주소 공간을 페이지 단위로 쪼개어 프로세스 수행에 필요한 페이지를 물리 메모리에 로드하는 작업은 커널의 가상 메모리 시스템이 담당한다. 필요한 페이지가 물리 메모리에 로드되지 않으면 CPU는 메모리에 접근할 수 없으며 결국 프로세스를 실행할 수 없다. [그림 5-6]은 3개의 프로세스가 전체 주소 공간을 메모리에 올리지 않고, 4개의 페이지만 사용하여 3개의 프로세스를 수행하는 모습을 보여준다. 이것이 바로 가상 메모리 시스템의 강력한 장점이다.

---

2 일부 CPU에서는 huge page라는 용어를 사용하여 1MB 이상의 영역을 매핑하기도 한다.

이 책에서는 페이지 크기를 4KB로 가정한다. 프로세스의 주소 공간에서 첫 번째 페이지(가상 페이지 0번)는 가상 주소 0~4095번을 포함한다. 이후, 가상 페이지 1번은 가상 주소 4096~8191번을 포함한다. 즉, 4KB 크기로 순차적으로 가상 주소에 따라 가상 페이지 번호가 할당된다. 프로세스 주소 공간의 가상 페이지와 물리 메모리의 페이지를 구분하기 위해 물리 메모리의 페이지를 프레임frame이라고 부른다. 커널의 가상 메모리 시스템은 물리 메모리에 있는 프레임을 프로세스에 할당하고, 프로세스의 가상 페이지를 해당 프레임에 로드한다. 프로세스의 가상 페이지 영역이 물리 메모리의 프레임을 사용하도록 MMU를 설정하는 것을 페이지와 프레임의 매핑이라고 한다. 이 매핑을 표 형태로 나타낼 수 있다. 예를 들어 [그림 5-7]은 가상 페이지 0번이 물리 프레임 2번에, 가상 페이지 1번이 물리 프레임 5번에 매핑되었음을 보여준다.

가상 페이지	물리 프레임
0	2
1	5
2	8
3	6
4	3
5	4
6	0
7	1
8	6
9	9

그림 5-7 가상 페이지와 물리 프레임의 매핑 테이블

[그림 5-8]은 [그림 5-7]에서 보여준 주소 공간과 물리 메모리 간의 관계를 한눈에 파악할 수 있게 구성한 것이다. [그림 5-7]의 표 내용과 같이 가상 페이지 0번이 물리 프레임 2번에, 가상 페이지 1번이 물리 프레임 5번에 매핑되어 있다. 그림에서 가상 페이지들이 물리 프레임으로 매핑되는 방식을 보면 특정한 규칙이 없음을 알 수 있다. 특히 가상 페이지 3번과 8번이 물리 프레임 6번에 같이 매핑되어 있음을 확인할 수 있다. 3장에서 설명했듯이, 공유 메모리는 이처럼 서로 다른 가상 페이지들이 동일한 물리 프레임에 매핑되는 방식으로 구현된다. 또한 2장에서 설명한 모노리틱 커널이 모든 프로세스에 포함될 수 있는 이유는 공유 메모리처럼 프로세스 주소 공간의 특정 주소에 커널을 매핑하기 때문이다.

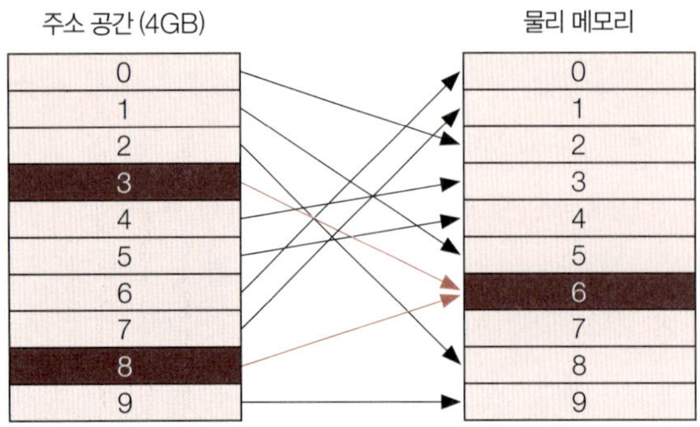

그림 5-8 주소 공간과 물리 메모리 간의 관계

페이지 테이블

[그림 5-9]는 커널 가상 메모리 시스템에서 사용하는 페이지 테이블page table이라는 매핑 정보를 보여준다. 페이지 테이블은 커널 자료구조로, 가상 페이지 번호와 그에 대응하는 물리 프레임 번호를 연결한다. 페이지 테이블은 커널이 관리하는 물리 메모리 내부에 존재한다. 각 프로세스는 자신만의 페이지 테이블을 가지고 있다는 점을 기억하자. 따라서 문맥 교환이 발생하면 프로세스와 함께 페이지 테이블이 변경된다. 즉, 각 프로세스는 자신에게 할당된 고유한 페이지 테이블을 사용하여 가상 주소를 물리 주소로 변환한다. 가상 페이지 번호가 선형적으로 증가하기 때문에 페이지 테이블은 시작 물리 주소부터 연속적으로 페이지 프레임 정보를 저장한다. 그림을 보면 주소 공간의 가상 페이지 0~3번이 페이지 테이블을 통해 물리 프레임 1·4·3·7번에 매핑된 것을 확인할 수 있다.

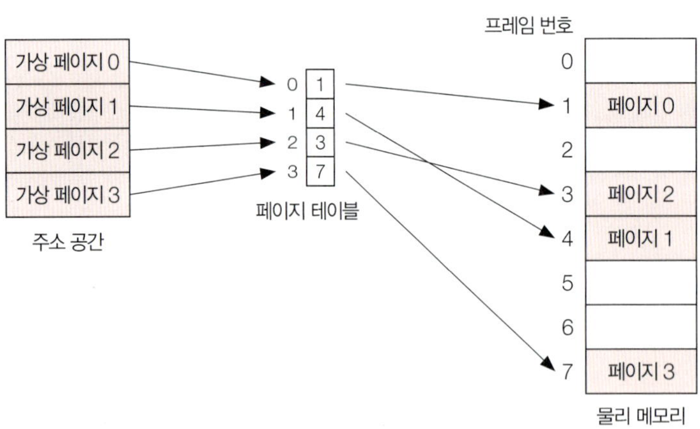

그림 5-9 페이지 테이블을 통한 가상 페이지와 물리 프레임 매핑

페이지 내의 주소를 오프셋offset이라고 부른다. 오프셋을 이용하면 메모리 주소를 (페이지 번호, 오프셋) 형태로 표현할 수 있다. 페이지 크기가 4KB이고 주소 공간이 4GB인 경우, 이 주소 공간은 백만 개(4GB/4KB × 2^{20} = 1M)의 가상 페이지로 나뉜다. 따라서 한 페이지를 나타내기 위한 비트 수는 20개가 되고, 12개의 비트는 페이지 내의 오프셋을 표시하는 데 사용된다. 32비트 가상 주소라면 상위 20비트가 페이지 번호, 하위 12비트가 페이지 내 오프셋을 나타낸다. 예를 들어 (10, 128)은 10번 페이지의 128번째 주소를 의미한다.

NOTE 페이지와 페이지 오프셋

4KB짜리 한 페이지에는 4,096개의 주소가 들어 있다. 메모리는 매 바이트마다 주소를 가지므로, 가상 주소는 페이지 단위로 구성된 페이지 번호와 페이지 내부의 주소인 페이지 오프셋으로 구성된다. 예를 들어 32비트 주소인 0x1234 5678은 가상 페이지 번호가 0x12345이고 페이지 내부의 주소가 0x678인 메모리 위치를 나타낸다. 만약 페이지 테이블에서 0x12345번째 페이지가 0x23456 페이지 프레임에 매핑되어 있다면, 실제 물리 메모리상의 0x23456번째 프레임 내부의 0x678번째 위치가 실제로 접근해야 하는 주소가 된다.

[그림 5-10]은 앞서 설명한 MMU의 주소 변환 과정에 페이지 테이블이 어떻게 활용되는지를 나타낸다. CPU에서 가상 주소가 전달되면, MMU는 해당 주소의 상위 20비트 p를 이용해 페이지 테이블을 검색한다. 페이지 테이블의 시작 주소를 기준으로 p를 인덱스 삼아 물리 프레임 f를 찾고 이 값에 페이지 오프셋 d를 더하면 최종 물리 주소가 도출된다. 그림에서 페이지 테이블 검색 시 p를 인덱스로 사용하는 것은 주소 공간이 선형적이라는 전제에 기반한다.

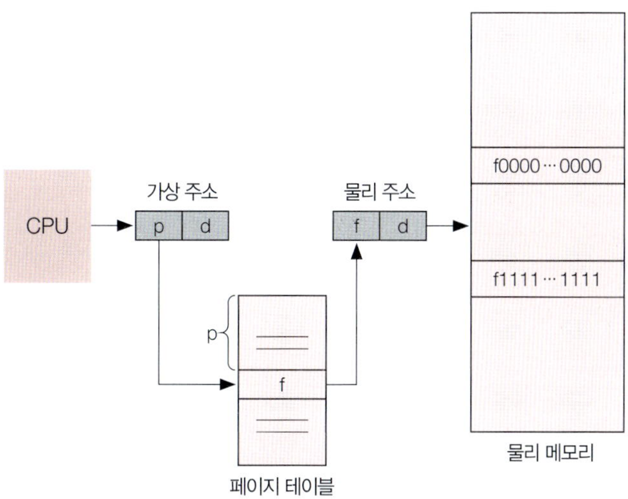

그림 5-10 페이지 테이블을 이용하여 가상 주소에서 물리 메모리로 접근하는 과정

페이징을 지원하는 CPU는 현재 실행 중인 프로세스의 페이지 테이블 시작 주소를 가리키는 레지스터를 가진다. 이는 MMU가 주소 변환를 신속하게 처리하기 위함이다. 문맥 교환이 일어나면 CPU 레지스터는 새로운 프로세스에 맞는 페이지 테이블 시작 주소로 변경된다. 결과적으로 문맥 교환 시 메모리 관리 작업이 추가적으로 필요하다[3].

앞서 가상 메모리를 설명할 때 주소 공간의 일부만 물리 메모리에 있으면 프로세스가 구동된다고 했는데 어떻게 이 작업이 진행될 수 있는지를 살펴보자. 개념적으로 보면, 프로세스가 수행에 필요한 페이지를 물리 메모리에 로드하고 해당 프레임 f를 프로세스의 페이지 테이블에 넣어놓으면 된다. 그러면 프로세스가 MMU를 통해 프레임 f에 접근하여 수행할 수 있다. 프로세스가 사용하지 않는 가상 페이지는 물리 메모리에 없어도 프로세스의 수행에 영향을 미치지 않는다. 따라서 프로세스가 사용하지 않는 가상 페이지에 해당하는 페이지 테이블은 f 값이 없는(비어 있는) 상태가 된다. 프로세스가 필요로 하는 페이지만 물리 메모리에 로드하고 페이지 테이블을 통해 해당 정보를 관리하여 전체 주소 공간을 사용하는 것처럼 작동하게 하는 것이다. 정리하면, 페이지 테이블을 통해 가상 주소에서 물리 주소로 변환이 이루어지기 때문에 페이지 테이블을 적절하게 관리함으로써 가상 메모리가 구현되는 것이다. 3장에서 다룬 프로세스의 추상개념인 보호 영역도 페이지 테이블을 통하여 구현되는 점을 생각해 보기 바란다.

페이지 테이블 엔트리(PTE)

가상 메모리에서 매우 중요한 역할을 하는 페이지 테이블을 좀 더 세부적으로 살펴보자. 페이지 테이블은 여러 엔트리entry로 구성되어 있고, 각 엔트리는 1개의 가상 페이지를 물리 프레임에 매핑한다. 페이지 테이블 엔트리는 20비트의 물리 프레임 번호와 다양한 상태 정보를 담고 있는 다음과 같은 플래그flag 비트로 이루어진다.

- `access`: 페이지 접근 여부
- `dirty`: 페이지 내용 수정 여부
- `present` : 페이지에 할당된 프레임 존재 여부
- `read protection`: 읽기 권한
- `write protection`: 쓰기 권한

3 인텔 CPU는 CR3이, ARM CPU는 TTBR 레지스터가 페이지 테이블 시작 주소를 가리킨다..

이 중 `access`, `dirty`, `present` 비트는 나중에 다룰 페이지 폴트page fault와 페이지 교체page replacement에서 중요한 역할을 하며, `read/write protection` 비트는 보안에 중요한 역할을 한다. 특히 읽기 또는 쓰기 권한이 없는 페이지에 프로세스가 접근할 경우, MMU가 트랩trap을 발생시켜 해당 프로세스의 접근을 차단한다.

MMU는 하드웨어적으로 페이지 테이블 플래그 비트를 체크하여, 해당 비트 값이 설정되어 있지 않으면 해당 페이지에 접근(읽기 또는 쓰기)하지 못하도록 트랩을 발생시킨다. 이러한 보안 체크 기능은 프로세스가 실행하면서 접근하는 모든 메모리에 대해 하드웨어적인 접근 제어를 구현해 소프트웨어적인 보안 공격을 어렵게 한다. 트랩 핸들러는 해당 프로세스에 시그널을 보내 프로세스를 종료시킨다. C 프로그래밍 중에 흔히 발생하는 널null 포인터 접근 오류를 예로 들면, `segmentation fault`와 같은 메시지와 함께 프로그램이 비정상적으로 종료되는 것을 볼 수 있다. 모든 프로세스가 페이지 테이블에 널 포인터로부터 계산되는 가상 페이지의 엔트리에 `read/write protection` 비트를 `0`으로 설정하므로 하드웨어적인 예외를 발생시켜 종료하는 것이다[4].

> **NOTE** 페이지 테이블의 플래그 비트
>
> 페이지 테이블의 플래그 비트는 CPU 구조마다 조금씩 다르다. ARM과 인텔의 경우 각각 Virtual Memory Systems Architecture와 Paging and Segmentation에 해당하는 문서를 읽어보면 더 정확한 비트 필드의 내용을 확인할 수 있다.

프로세스의 코드 영역은 읽기 전용으로 설정되어 있으므로 코드 변경을 막을 수 있으며, 데이터 영역은 읽기와 쓰기가 가능하도록 설정되어 있다. 해커들은 이 점을 악용하여 데이터 영역에 악성 코드를 삽입하기도 한다. 이러한 이유로 플래그 비트는 보안에 매우 중요한 역할을 한다.

5 TLB

가상 메모리에서의 주소 변환 동작을 생각해 보면, 프로세스가 메모리에 접근할 때마다 가상 메모리와 물리 메모리 변환을 위해 페이지 테이블에 접근해야 한다. 페이지 테이블이 물리 메모리에 위치하기 때문에 프로세스가 메모리에 접근할 때마다 물리 메모리에 두 번 접근해야

---

4 최근 CPU들은 PTE에 실행 권한과 관련한 비트(NX)를 가지고 있다. 이 비트가 설정된 페이지는 CPU에서 실행이 제한된다.

하는데, 이는 컴퓨터 성능에 매우 부정적인 영향을 미친다. 실제 시스템에서는 이러한 성능 저하 문제를 극복하기 위한 추가 구조로 TLB를 도입하여 가상 메모리가 효율적으로 동작할 수 있도록 하였다. TLBTranslation Lookaside Buffer는 페이지 테이블 엔트리를 캐싱하여 메모리 접근 속도를 높이는 역할을 하며, MMU 내부에 존재한다. 페이지 테이블 엔트리PTE를 TLB에 저장하면 가상 주소를 물리 주소로 변환할 때 물리 메모리에 있는 페이지 테이블을 검색하는 대신 자주 사용하는 변환 결과, 즉 PTE를 TLB에서 가져와 사용하므로 주소 변환 속도를 높일 수 있다.

CPU 캐시에서 콜드 미스가 발생하는 것처럼 최초로 메모리에 접근할 때 TLB에는 주소 변환 정보가 없어 실패하게 된다. 이 경우 MMU는 페이지 테이블을 검색하여 현재 요청된 가상 주소에 대한 물리 주소를 찾아 TLB에 저장한다. 이후 같은 메모리 주소에 접근할 때는 TLB를 통해 페이지 테이블 검색 없이 곧바로 물리 메모리에 접근할 수 있다.

NOTE CPU 캐시의 콜드 미스

CPU 캐시에서 콜드 미스cold miss는 캐시의 내용이 채워지지 않은 상태에서 발생하는 미스를 의미한다. 콜드 미스가 발생하면 메모리에서 데이터를 가져와 캐시라인을 채우며, 이후 해당하는 주소에 대한 접근은 캐시에서 이루어진다.

TLB는 CPU 캐시와 비슷하게 동작할 수 있도록 하드웨어 레지스터 형태로 구현된다. 이를 통해 MMU를 사용하는 주소 변환 과정에서 성능 저하를 최소화하고 주소 변환을 빠르게 할 수 있다. TLB 히트 시 물리 프레임을 즉시 얻어와 오프셋과 결합하여 빠르게 물리 메모리로 주소 변환한다. TLB 미스 시에는 페이지 테이블을 참조하여 물리 프레임을 찾아야 하는데 이 과정은 상대적으로 느리다.

NOTE CAM 기술

최근 구현되는 TLB는 CAMContent-Addressable Memory이라는 메모리 기술을 사용한다. 이 기술은 메모리의 내용을 기반으로 빠르게 원하는 데이터를 찾을 수 있다는 장점이 있다.

[그림 5-11]에서 볼 수 있듯이, TLB는 가상 페이지 번호와 물리 프레임 번호가 한 쌍으로 이루어진 테이블 형태다. 가상 페이지 번호가 필요한 이유는 TLB 엔트리 숫자가 페이지 개수보다 훨씬 적기 때문이다. 하드웨어적 처리를 신속하게 하기 위해 TLB 크기에 물리적 제약이 존재하기 때문이다. TLB의 단점은 프로세스 문맥 전환이 발생하면 TLB 내용을 모두 지워야(플러시flush) 한다는 것이다. 왜냐하면 TLB에는 가상 페이지에 대한 프레임 주소가 있는데 이 가상 페이지는 현재 수행 중인 프로세스의 가상 주소이기 때문이다. 결국 TLB는 문맥 전환의 오버헤드를 증가시키는 측면이 있으나, 신속한 주소 변환의 장점이 더 크므로 대부분의 CPU에서 TLB를 사용하고 있다.

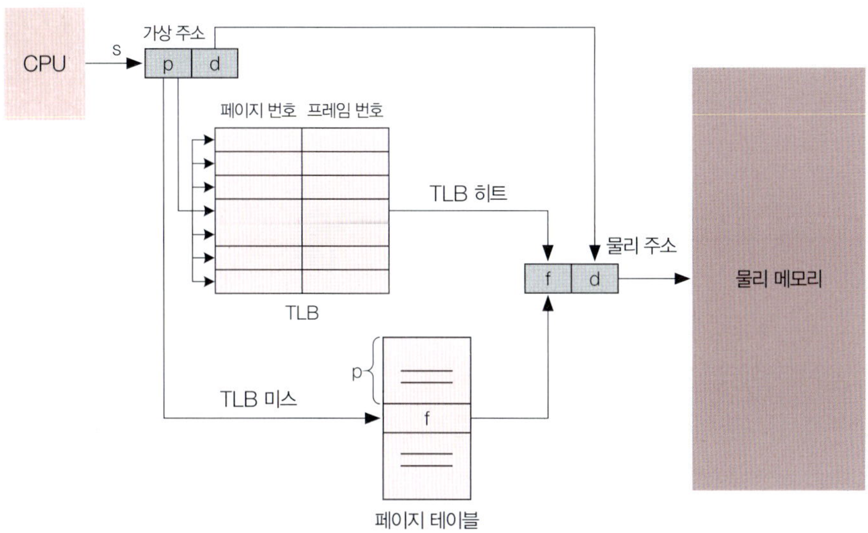

그림 5-11 TLB를 활용하여 가상 주소에서 물리 주소로 변환하는 과정

NOTE TLB 엔트리와 TLB 플러시

TLB 엔트리의 수와 크기는 CPU 구조마다 다르지만, 대개 100개 정도다. TLB 엔트리는 해당 프로세스의 주소 공간에서만 유효하므로, 문맥 전환이 빠르게 일어날수록 TLB 플러시는 더 빈번하게 발생한다. TLB 플러시 이후의 메모리 접근은 페이지 테이블을 순회하여 가상 주소–물리 주소 변환을 거쳐야 하므로 매우 느려진다. 즉, 빈번한 문맥 전환으로 인한 시스템 성능 저하는 TLB 플러시로 인한 메모리 접근 성능 저하가 주요한 원인이다. 최근 CPU의 TLB 엔트리에서는 프로세스 번호를 기억하여 (ASID 필드) TLB 플러시 오버헤드를 최소화한다.

6 다단계 페이지 테이블

각 프로세스마다 페이지 테이블이 존재한다는 점을 잊지 말자. 그런데 프로세스의 주소 공간을 살펴보면 빈 영역이 많다[5]. 페이지 크기가 4KB인 32비트 시스템에서 어떤 프로세스가 실제 사용하는 주소 공간이 100KB일 수 있지만 페이지 테이블은 100만 개의 엔트리를 가지며, 엔트리 하나의 크기가 4B일 경우 페이지 테이블의 크기는 4MB가 된다. 즉, 프로세스 크기[6]에 비해 페이지 테이블의 크기가 훨씬 커지는 현상이 발생한다.

프로세스에 할당된 주소 공간 중 사용되지 않는 부분은 페이지 테이블에서 해당 엔트리가 비어 있는 상태로 표현된다. 페이지 테이블 크기 자체가 아주 크다고 할 수 없지만, 페이지 테이블이 커널 메모리를 사용한다는 점과 프로세스 개수가 많아지면 페이지 테이블 크기가 비례하여 증가한다는 것을 감안하여, 프로세스의 비어 있는 페이지 테이블을 효율적으로 관리할 필요가 있다[7].

빈 페이지 테이블을 효율적으로 관리하기 위해 다단계 페이지 테이블multi-level page table이 도입되었다. 다단계 페이지 테이블의 핵심 아이디어는 페이지 테이블 전체에 선형적으로 접근하지 않고 보다 큰 단위의 매핑을 구성한다는 것이다. 예를 들어 32비트 시스템에서 20비트 가상 주소의 페이지 번호를 사용할 때 10비트씩 나누어 상위 단계와 하위 단계 페이지 테이블을 구성하면 [그림 5-12]와 같이 2단계로 된 계층적 페이지 테이블 구조가 만들어진다.

[그림 5-12]에서 상위 페이지 테이블은 1단계 페이지 테이블이다. 상위 페이지 테이블의 엔트리 하나가 하위 페이지 테이블 하나에 매핑된다. 하위 페이지 테이블은 2단계 페이지 테이블을 의미한다. 2단계 페이지 테이블에서 하나의 엔트리는 물리 페이지 프레임을 가리킨다. 1단계와 2단계 페이지 테이블은 각각 10비트 크기의 인덱스를 가지므로 각 페이지 테이블에는 $2^{10} = 1{,}024$개의 엔트리가 존재한다. 2단계 페이지 테이블에서 하나의 엔트리는 4KB 크기로, 하나의 가상 페이지를 매핑한다. 그러나 1단계 페이지 테이블에서 하나의 엔트리는 2단

5 직접 만든 프로그램의 실행 파일 크기를 한번 확인해 보기 바란다. 자료구조 과제로 만든 프로그램은 대부분 100KB를 넘지 않는다. 이 실행 파일이 프로세스가 되면 코드, 데이터, 스택 영역용으로 각각 페이지를 사용하게 된다. 물론 데이터베이스 시스템처럼 프로세스가 주소 공간 전체를 사용하는 경우도 있다.

6 엄밀하게 말하면 프로세스의 주소 공간의 크기라고 표현해야 하지만 줄여서 프로세스 크기라고 했다.

7 여러분이 쓰는 노트북이나 휴대폰에서도 수십, 수백 개의 프로세스가 실행되고 있음을 기억하자. 100개의 프로세스가 실행된다면 커널은 페이지 테이블을 위해 400MB의 메모리를 사용해야 한다.

계 페이지 테이블 전체를 포함하므로 총 1,024개의 가상 페이지를 대표하여 매핑한다. 따라서 1단계 페이지 테이블 하나는 1024×4KB=4MB에 해당하는 더 큰 가상 메모리 영역을 매핑한다.

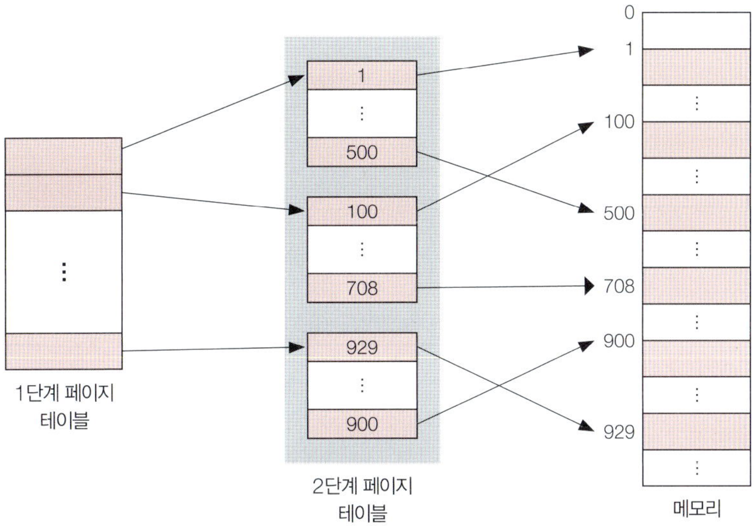

그림 5-12 2단계 페이지 테이블 구조

2단계 페이지 테이블 구조에서는 모든 프로세스가 생성될 때 각자 상위 페이지 테이블은 가지지만, 하위 페이지 테이블은 가상 주소가 실제 물리 메모리에 매핑될 때만 생성된다. 즉, 프로세스가 사용하는 가상 주소 영역에 대해서만 물리 프레임 매핑을 유지한다. 예를 들어 어떤 프로세스가 코드, 데이터, 스택 영역에 각각 하나의 물리 프레임을 사용한다면, 해당 영역에 대한 2단계 페이지 테이블만 메모리에 존재한다. [그림 5-13]은 프로세스의 가상 주소 공간이 2단계 페이지 테이블을 통해 물리 메모리에 매핑되는 과정을 보여준다. 텍스트, 데이터, 스택 세그먼트의 시작 가상 주소는 '텍스트: 0x0, 데이터: 0x8000 0000, 스택: 0xB000 0000'이라고 가정한다. 데이터와 스택 주소는 임의로 정한 주소다. 그림과 같이 12KB 프로세스의 텍스트, 데이터, 스택은 1개의 1단계 페이지 테이블과 3개의 2단계 페이지 테이블을 통해 매핑되고 있다.

여기서 중요한 점은 2단계 페이지 테이블 구조를 통해 페이지 테이블이 차지하는 물리 메모리 크기가 계층적 페이지 테이블 구조를 사용하지 않는 경우보다 많이 줄어든다는 점이다.

[그림 5-13]에서 프로세스의 주소 공간을 4GB라고 가정했다. 만약 프로세스가 하나의 페이지 테이블만 사용한다면 페이지 테이블 크기는 어떻게 될까? 2단계 페이지 테이블 구조를 사용하지 않으면 페이지 테이블은 모든 페이지에 대한 공간을 필요로 한다. 프로세스의 페이지가 현재 사용되지 않아도 미래에 사용될 수 있으므로 모든 페이지 테이블 엔트리를 위한 공간을 가지고 있어야 하기 때문이다. 전체 주소 공간을 페이지 크기로 나누면, 약 100만 개(1M = 4GB/4KB)의 페이지 매핑을 관리하는 페이지 테이블이 요구된다. 페이지 테이블의 각 엔트리 크기가 4바이트라면, 한 프로세스의 페이지 테이블은 4MB 크기가 된다.

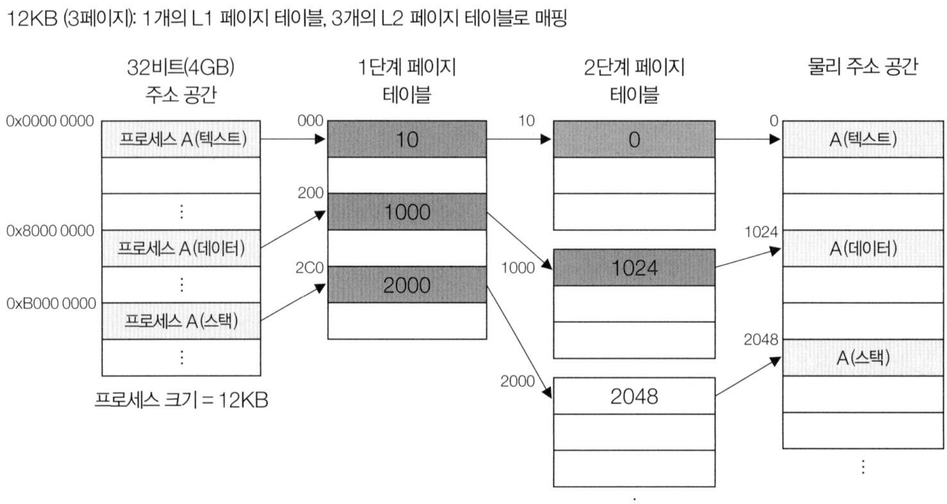

그림 5-13 12KB 프로세스의 다단계 페이지 테이블 매핑 과정

2단계 페이지 테이블 구조에서 페이지 테이블은 각각 1,024개의 엔트리를 갖는 1단계 및 2단계 테이블로 이루어진다. 1단계 페이지 테이블과 2단계 페이지 테이블의 크기는 각각 4KB(4바이트 × 1,024개 엔트리)다. 모든 프로세스는 반드시 1개의 1단계 테이블이 필요하고, [그림 5-13]의 프로세스는 텍스트, 데이터, 스택 영역별로 1개씩 총 3개의 2단계 테이블이 필요하다. 따라서 총 16KB(1단계 테이블 1개 + 2단계 테이블 3개 = 4개 × 4KB)의 페이지 테이블 공간이 요구된다. 결론적으로, 2단계 페이지 테이블 구조는 페이지 테이블이 차지하는 물리 메모리를 약 256배 절약하여 0.4%만 사용하게 된다.

[그림 5-13]을 보면 텍스트, 데이터, 스택에 각각 2단계 페이지 테이블이 하나씩 할당된 것을 알 수 있다. 각 페이지 테이블에서 하나의 엔트리를 사용하여, 텍스트는 프레임 0, 데이터는

프레임 1024, 스택은 프레임 2048에 위치하고 있다(이 주소들은 예시다). 또한 2단계 페이지 테이블을 가리키는 1단계 페이지 테이블 엔트리 값도 임의로 지정한 물리 프레임 번호다.

다단계 페이지 테이블에서는 MMU가 각 테이블에 순차적으로 접근해야 하는데 이를 테이블 워크table walk라 한다. [그림 5-14]는 테이블 워크가 순차적으로 페이지 테이블에 접근하는 과정을 보여준다.

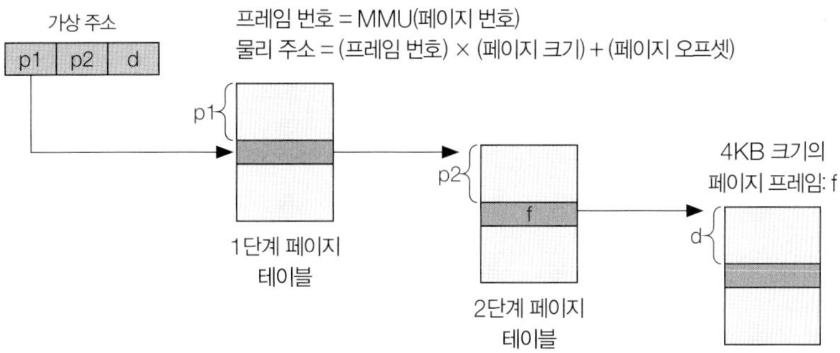

그림 5-14 2단계 페이지 테이블 구조에서 MMU가 물리 메모리를 찾아가는 과정

MMU는 가상 주소 p1 부분을 이용해 1단계 페이지 테이블에서 2단계 페이지 테이블 위치를 찾고, 이어서 가상 주소 p2를 사용해 최종 페이지 프레임 번호(f)를 알아낸다. 테이블 워크는 순차적으로 접근하기 때문에 속도 저하를 막기 위해 MMU에서 하드웨어적으로 빠르게 처리되도록 설계된다.

페이지 테이블을 2단계가 아닌 3단계로 구성하면 어떻게 될까? 3단계 페이지 테이블을 사용하면 메모리 사용량이 2단계보다 더 줄어들 수 있지만 MMU가 테이블 워크를 하는 복잡도가 증가한다는 단점이 발생한다. 따라서 32비트 운영체제에서는 대부분 2단계를 사용하고, 64비트로 가면 4단계 페이지 테이블 또는 해시 기반의 페이지 테이블을 사용한다.

NOTE 64비트 운영체제의 페이지 테이블 구성 방식

64비트 운영체제의 경우 상위 단계 페이지 테이블이 커지기 때문에 CPU마다 처리하는 방식이 달라진다(4단계나 5단계 페이징). 또한 64KB나 4MB처럼 매핑 단위가 큰 페이지를 사용하기도 한다. 매핑 단위가 다른 경우, 별도의 TLB 엔트리를 사용한다.

7 IPT

가상 메모리를 구현하는 가장 일반적인 방법은 페이지 테이블을 사용하는 것이다. 페이지 테이블은 가상 주소에 대하여 물리 주소를 기록해 놓은 자료구조다. 이렇게 페이지 테이블을 만들면 프로세스마다 페이지 테이블이 하나씩 있어야 하므로, 프로세스 개수가 늘면 페이지 테이블 수도 비례하여 늘어야 한다(다단계 페이지 테이블을 사용하더라도 마찬가지임). 그런데 페이지 테이블 사용을 역발상적으로 접근하여 시도한 적이 있다. 즉 물리 주소에 대하여 가상 주소를 기록해 놓는 방식으로, IBM이라는 회사에서 발명한 IPT^Inverted Page Table^다.

IPT는 각 물리 프레임에 (어떤 프로세스의) 어떤 가상 페이지가 매핑되어 있는지 보여주는 테이블이다. [그림 5-15]의 (a)는 가상 주소 기반의 페이지 테이블을 의미한다. CPU 내의 페이지 테이블 베이스 레지스터가 현재 실행 중인 프로세스 A의 1단계 페이지 테이블을 가리키고 있다. 만약 문맥 교환이 발생하여 프로세스 B가 실행되면, 페이지 테이블 베이스 레지스터는 B의 페이지 테이블을 가리키게 된다. (b)는 IPT로서 페이지 테이블에 물리 프레임 번호에 할당된 가상 페이지 번호와 프로세스 ID를 저장한다. 따라서 IPT는 프로세스별로 존재하지 않는다는 특성을 지닌다. 예를 들어 첫 번째 줄은 물리 프레임 0번에 어떤 가상 페이지가 매핑되었는지, 그 페이지가 어떤 프로세스에 속하는지를 나타낸다. IPT의 크기는 물리 메모리 크기에 따라 결정되며, 프로세스 개수와 무관하게 고정된다. 가상 주소가 32비트이든 64비트이든 관계없이 IPT는 일정한 크기를 갖는다는 장점이 있다.

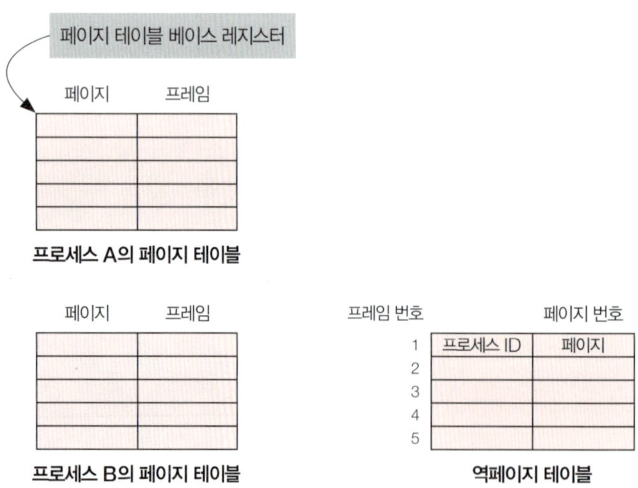

(a) 페이지 테이블 (b) IPT

그림 5-15 일반 페이지 테이블과 역페이지 테이블 비교

IPT를 사용한 물리 페이지 접근 과정은 [그림 5-16]에서 확인할 수 있다. CPU에서 발생한 가상 주소를 사용해 IPT에서 물리 프레임을 찾으려면 IPT에서 이 가상 주소가 어느 물리 프레임에 매핑되어 있는지를 알기 위해서 IPT 전체, 즉 모든 물리 프레임을 검색해야 한다. 즉, IPT 엔트리(`i`)마다 가상 주소의 `pid`와 `p`가 매칭되는지 확인해야 한다. IPT의 엔트리를 하나씩 소프트웨어적으로 검색한다면 물리 메모리가 커질수록 검색에 걸리는 시간도 늘어날 것이다. Set-associative 캐시처럼 하드웨어적으로 동시 룩업lookup을 수행하는 방법도 고려할 수 있지만 높은 하드웨어 비용이 발생한다는 문제점이 있다.

IPT의 약점으로 페이지 공유가 어렵다는 문제도 있다. 프로세스 간에 공유하는 메모리를 구성하는 경우, 여러 가상 페이지는 하나의 페이지 프레임을 공유할 수 있다. 예를 들어 가상 페이지 1번과 36번이 페이지 프레임 12번을 공유한다면, IPT에는 공유되는 프로세스와 가상 페이지 번호를 (12, 1), (12, 36)과 같이 일일이 표기해 줘야 하는데, 공유하는 프로세스 수가 얼마나 될지 알 수 없기 때문에 IPT 설계가 복잡해지고 [그림 5-16]의 IPT 엔트리 검색도 하드웨어적으로 하기 어려워진다.

IPT의 핵심 문제는 프로세스가 생성하는 주소가 가상 주소라는 데 있다. IPT는 물리적 페이지 프레임을 인덱스로 사용하기 때문에, 가상 메모리의 주소가 어디에 있는지 찾으려면 처음부터 검색해야 한다. 이로 인해 페이지 테이블 검색 시간이 길어진다. IPT는 흥미로운 아이디어이지만, 이처럼 구현하는 데 어려움이 있어 아직 널리 사용되지 못하고 있다.

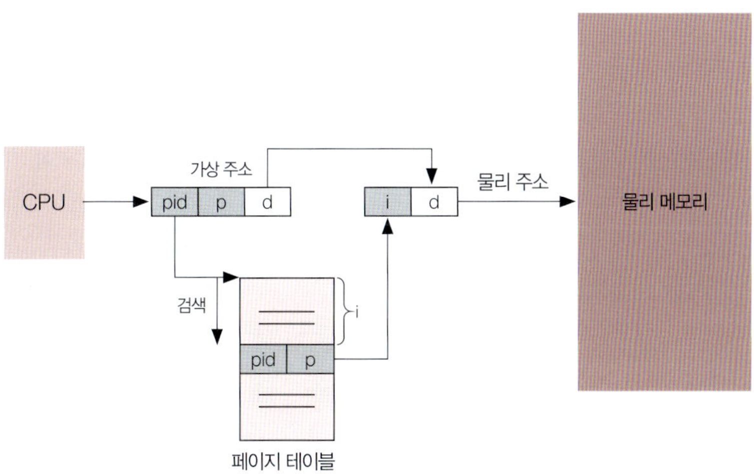

그림 5-16 IPT에서 페이지 테이블을 통해 가상 주소에서 물리 주소로 변환하는 과정

요점 정리

*** 가상 메모리**

가상 메모리는 물리 메모리 크기에 제한받지 않고 프로세스가 메모리를 제한 없이 사용하도록 하는 추상개념이다.

*** 가상 메모리와 물리 메모리의 관계**

가상 메모리 시스템에서는 프로세스에 필요한 부분만 물리 메모리에 로드해 사용하므로 물리 메모리보다 큰 프로세스도 실행할 수 있다.

*** 매핑**

매핑은 가상 메모리상의 가상 페이지에 물리 메모리 프레임을 연결하는 것이다.

*** 페이징**

페이징은 가상 메모리 주소 공간을 페이지라는 동일한 크기의 블록으로 나누는 기법이다.

*** 페이지 테이블**

페이지 테이블에는 프로세서가 사용하는 모든 주소 변환 정보가 담겨 있다.

*** 주소 공간**

주소 공간은 프로세스가 사용할 수 있는 모든 주소의 집합을 의미한다. 주소 공간의 최대 크기는 CPU 주소 버스의 비트 수에 따라 결정된다.

*** TLB(Translation Lookaside Buffer)**

TLB는 자주 사용되는 페이지 테이블 엔트리(PTE)를 캐싱하여 주소 변환 속도를 높여주는 하드웨어 장치다.

*** IPT(Inverted Page Table)**

IPT는 페이지 테이블 이용 방법을 뒤집어 페이지 프레임 번호를 기반으로 하여 프로세스와 해당 가상 페이지를 찾아내는 방식이다.

*** 다단계 페이지 테이블**

다단계 페이지 테이블은 페이지 테이블을 여러 단계로 나눠 계층적으로 구성하는 방식이다.

퀴즈

퀴즈 1) "실제 메모리 용량보다 큰 프로그램이 실행 가능하다."라는 말의 의미를 설명하시오.

퀴즈 2) "페이지 크기는 작을수록 좋다."라는 주장이 맞는가? 그렇게 대답한 이유도 함께 쓰시오.

퀴즈 3) 페이지 테이블의 정의와 역할을 설명하시오.

퀴즈 4) 64비트 주소를 사용하는 시스템이 있다고 하자.

1. 3단계 페이지 테이블을 사용한다고 할 때, L1, L2, L3 페이지 테이블에 몇 비트를 쓸 수 있는가? 그렇게 할당하는 이유도 함께 설명하시오. 단, 페이지 크기는 임의로 정하되 512KB를 넘지 않도록 한다.
2. 텍스트, 데이터, 힙, 스택 영역에 각각 하나의 페이지 프레임이 할당되었을 때, 페이지 테이블 전체가 사용하는 물리 메모리 크기를 계산하시오.

예시 답안

02 페이징과 페이지 교체

Section

가상 메모리는 물리적 메모리와 분리된 논리적 메모리 영역을 제공하며, 실제 메모리 용량을 초과하는 효과를 낼 수 있다. 이 절에서는 스와핑과 디맨드 페이징을 통해 물리적 메모리의 한계를 극복하는 방법을 설명한다.

이 장의 학습 목표

- 디맨드 페이징과 페이지 폴트 처리 과정을 이해한다.
- 다양한 페이지 교체 알고리즘을 이해한다.
- 스와핑을 이해한다.
- 가상 메모리 없는 페이징(물리 메모리 할당 기법)을 이해한다.

1 디맨드 페이징과 페이지 폴트

프로세스를 실행시키기 위해 제일 먼저 해야 할 작업은 주소 공간을 만드는 것인데, 이 작업은 페이지 테이블을 할당하고 초기화하는 일이다. 당연히 커널의 가상 메모리 시스템이 이 작업을 한다. 그렇다면 페이지 테이블은 어떻게 초기화하면 될까? 실행 파일 전체를 물리 메모리에 올리고 페이지 테이블을 그에 맞게 초기화할 수 있다. 하지만 이 방법이 과연 효율적일까? 적어도 가상 메모리 관점에서는 꼭 필요한 방법이라고 볼 수 없다. 프로세스는 주소 공간 전체가 물리 메모리에 상주하지 않아도 실행될 수 있기 때문이다.

그래서 도입된 개념이 디맨드 페이징demand paging이다. 디맨드 페이징은 가상 주소가 필요할 때만 물리 메모리에 올려 효율성을 높이는 방식이다. 필요한 가상 주소가 무엇인지는 어떻게 알 수 있을까? 페이지 테이블 엔트리의 플래그 비트를 떠올려보자. 바로 그 플래그 비트가 디맨드 페이징에서 필요하다. 프레임이 현재 메모리에 있는지를 나타내는 `present` 비트를 생각해 보자. 만약 해당 가상 페이지에 대한 프레임이 없다면, 그 가상 페이지는 물리 메모리에 존재하지 않는 것이다. 프로세스가 해당 가상 페이지에 접근하려고 할 때, MMU는 페이지 테이블을 확인하여 해당 엔트리의 `present` 비트를 검사한다. `present` 비트가 1이 아니라면 가상 페이지가 물리 메모리에 없다는 뜻이므로 커널은 프로그램 실행을 위해 해당 페이지를 물리 메모리에 올려놓아야 한다. 이러한 방식을 디맨드 페이징이라고 한다. 즉, 프로세스에서 필요로 할 때마다 페이지를 메모리에 로드하는 방식이다. 디맨드 페이징을 사용하면 프로세스를 처음 실행할 때 페이지 프레임을 할당하지 않고 페이지 테이블을 0으로 초기화한다. 즉, present 비트도 0으로 설정된다.

[그림 5-17]에서 맨 왼쪽에 있는 프로세스의 주소 공간인 0~7번 페이지에는 각각 A부터 H까지 데이터가 저장되어 있다고 가정한다. 맨 오른쪽에 있는 디스크에는 A부터 F까지의 데이터가 저장되어 있다. 이 주소 공간의 페이지 테이블을 보면, 가상 페이지 0번, 2번, 5번은 물리 프레임 4번, 6번, 9번에 각각 매핑되어 있다. 또한 해당 페이지들의 present 비트는 유효함을 나타내는 v로 표시되어 있으며, 나머지 페이지들은 유효하지 않음을 나타내는 i[invalid]로 표시되어 있다. 결과적으로, 물리 메모리에는 프레임 4번에 A, 6번에 C, 9번에 F가 저장되어 있다는 것을 알 수 있다.

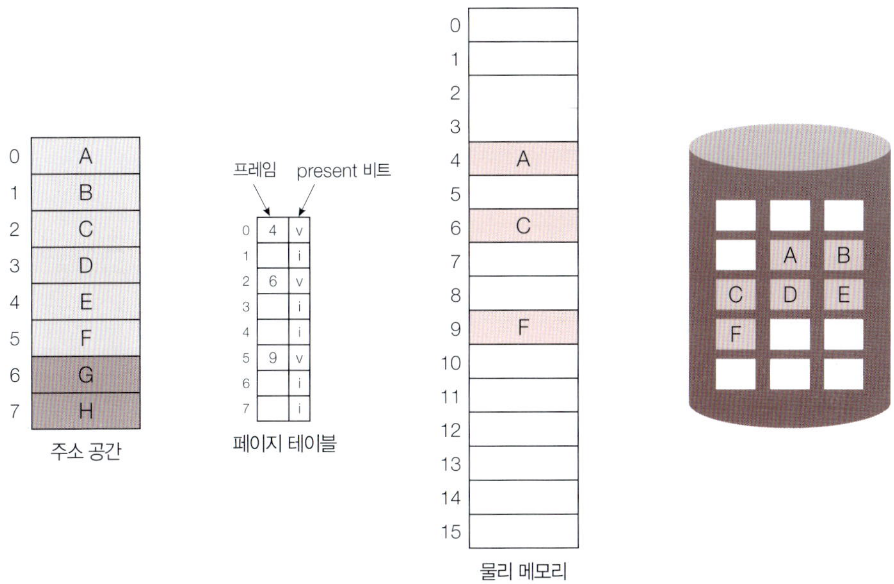

그림 5-17 페이지 테이블을 통해 주소 공간과 물리 메모리를 매핑하는 과정

[그림 5-17] 상황에서 가상 페이지 1번에 접근하면 어떻게 될까? MMU가 페이지 테이블에 접근하여 해당 PTE를 체크해 유효하지 않음을 알게 된다. 이때 CPU(엄밀하게 말하면 MMU)는 페이지 폴트를 발생시킨다. 즉, 프로세스가 가상 주소에 접근할 때 PTE의 present 비트가 0이면 해당 가상 주소가 물리 메모리에 없다는 의미이므로 저장 장치에서 해당 페이지

를 가지고 와야 한다. 페이지 폴트가 발생하면 커널의 가상 메모리 시스템은 [그림 5-18]과 같은 동작을 수행한다.

NOTE 페이지 폴트

페이지 폴트는 CPU 입장에서 일종의 예외로 처리된다. 사용자가 CPU의 명령을 실행하고자 하나 CPU가 실행할 수 없는 명령어인 경우 예외가 발생된다. 페이지 테이블 엔트리의 present 비트가 0인 경우(혹은 invalid인 경우), CPU는 현재 접근하고자 하는 가상 주소에 대응하는 물리 주소를 찾을 수 없다. 따라서 메모리 접근 명령을 실행할 수 없으므로 이를 예외로 처리한다. 예외가 발생하면 미리 지정된 운영체제제의 예외 처리 핸들러로 이동한다. 운영체제 커널은 페이지 폴트를 처리하기 위한 페이지 폴트 핸들러를 가지고 있다.

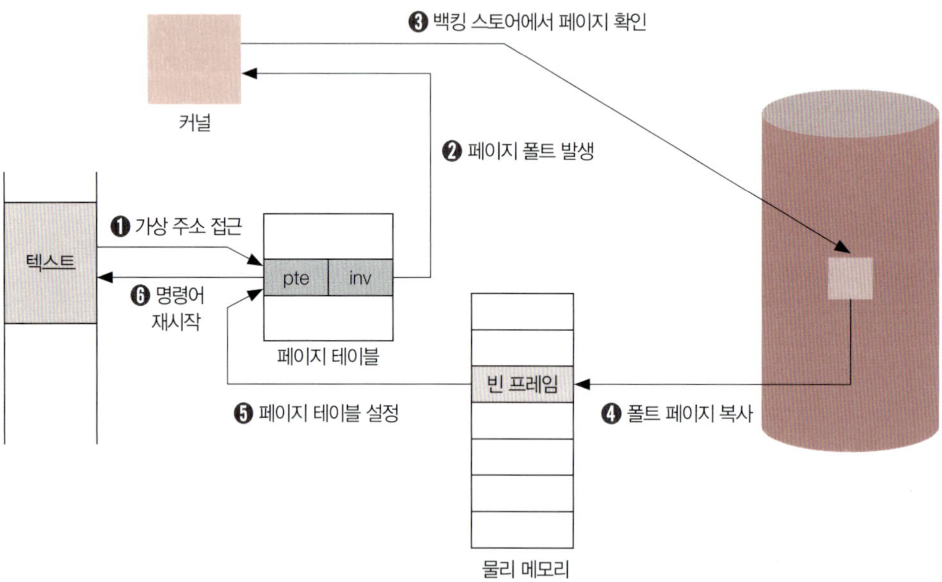

그림 5-18 페이지 폴트 처리 과정

[그림 5-18]을 순서대로 살펴보자. ❶ 사용자가 가상 주소를 통해 메모리에 접근한다. CPU는 해당 메모리에 접근하기 위해 페이지 테이블을 검색한다. 이때 페이지 테이블의 `present` 비트는 `invalid(0)`으로 설정되어 있으므로, ❷ 페이지 폴트가 발생한다. ❸ 커널은 페이지 폴트를 처리하기 위해 트랩 핸들러(페이지 폴트 핸들러)를 동작시킨다. 이제 트랩 핸들러는 페이지 폴트가 발생한 페이지를 어디서 가져올지 찾는다. 저장 장치를 확인하여 필요한 데이

터를 확인한다. ❹ 저장 장치에서 사용자 데이터를 빈 물리 프레임으로 가지고 온다. ❺ 복사가 끝난 후, 해당 프로세스 페이지 테이블에 PTE 값을 설정한다. 즉, 프레임의 페이지 번호를 PTE에 쓰고 `present` 비트를 1로 만든다. 이를 통해 페이지 폴트가 발생했던 가상 주소는 데이터를 가지고 있는 프레임으로 매핑된다. ❻ 트랩으로부터 사용자 프로세스로 복귀하여 페이지 폴트가 발생한 명령어부터 수행을 재개한다.

2 메모리 참조의 지역성

실행 파일에 존재하지 않아 저장 장치에 없는 bss 영역이나 스택에 처음 접근할 때 페이지 폴트가 발생하면 어떤 일이 벌어질까? 스택이나 bss 영역은 저장 장치에서 가지고 오는 단계가 필요 없기 때문에 커널은 곧 바로 빈 물리 프레임을 찾아 프로세스에 할당하고 해당 프레임의 PTE를 페이지 테이블에 설정한 후 프로세스를 재개한다. 프로세스가 수행될 때 페이지 폴트가 발생하는 빈도를 시간 축으로 살펴보면 대부분 [그림 5-19]와 같은 그래프 형태를 나타낸다.

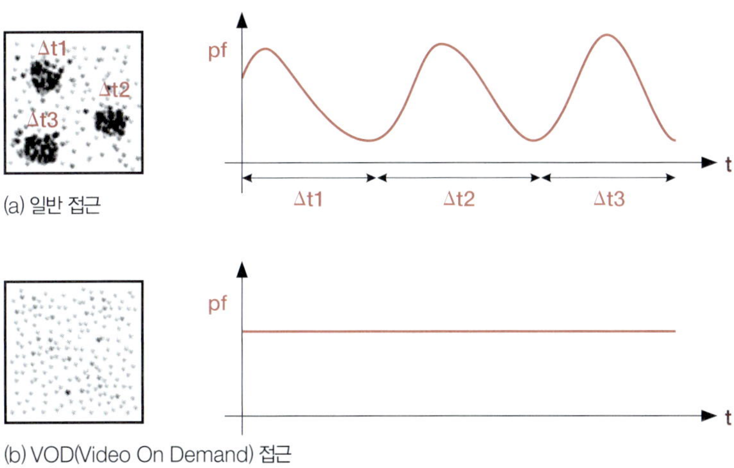

그림 5-19 시간에 따른 페이지 폴트 발생 패턴 비교

[그림 5-19]에서 (a)의 오른쪽 그래프를 보면 시간 흐름에 따라 프로세스 수행 시 비어 있던 페이지 테이블에 디맨드 페이징으로 페이지 폴트가 발생하면서 페이지들이 물리 메모리에 로드되어 페이지 폴트 수가 증가한다. 그리고 시간이 흐르면서 프로세스가 필요한 프레임들을

확보하여 페이지 폴트가 감소한다. 프로세스가 실행을 계속하면서 페이지 폴트는 다시 증가와 감소를 반복하는 양상을 보인다. 이러한 현상이 나타나는 이유는 무엇일까? 대다수 프로그램은 메모리에 접근할 때 특정 코드 영역을 집중적으로 사용하는 경향이 있기 때문이다. 예를 들어 `for` 루프를 처음 실행하면 이전에 참조된 메모리가 없어 페이지 폴트가 발생하지만 해당 페이지가 메모리에 로드된 후에는 루프 내에서 동일 페이지에 계속 접근하므로 페이지 폴트 없이 빠르게 실행된다. 이렇게 어떤 시간 동안 특정 메모리에 집중적으로 접근하는 것을 지역성locality이라고 부른다. 즉, 프로세스가 수행되는 동안 페이지를 참조하는데 메모리의 전부분을 골고루 참조하는 것이 아니라 일부 페이지를 집중적으로 참조하는 것이 지역성이다. 지역성 때문에 [그림 5-19]의 (a)에서 Δt1 동안 페이지 폴트 횟수가 증가했다가 줄어드는 것이다.

그러면 이 그래프에서 Δt2와 Δt3은 왜 생기는 것일까? 왼쪽 박스는 프로세스가 수행될 때 주소 공간에서 접근하는 주소의 위치에 점을 찍어본 것이다. 여기서 지역성에 포함되는 주소에 점이 여러 번 찍혀 검게 나타나게 된다. 이 박스는 우측 그래프에 대응되는 3개의 지역성(Δt1, Δt2, Δt3)을 보여준다. 즉, 왼쪽 박스는 공간 지역성spatial locality을 보여주고, 오른쪽 그래프는 시간 지역성temporal locality을 보여준다. 대부분의 프로그램에는 지역성이 있기 때문에 컴퓨터 구조에서 사용하는 프로세서 캐시도 지역성을 활용하여 성능을 향상시키려고 한다.

반면 [그림 5-19]에서 (b)의 왼쪽 박스는 지역성을 보여주지 않는다. 비디오 스트리밍(VOD)과 같은 앱은 한 번 접근한 페이지 프레임에 다시 접근하지 않는 특성이 있기 때문에 지역성이 없다. 그래서 오른쪽 그래프를 보면 페이지 폴트가 지속적으로 발생하는 것을 볼 수 있다. 비디오 스트리밍처럼 지역성이 없는 예도 있지만, 많은 앱이 지역성을 가지고 있는 것으로 알려져 있다.

커널에서는 지역성을 표현하기 위하여 워킹셋working set이라는 개념을 사용한다. 워킹셋은 어떤 시간 윈도우window가 주어졌을 때, 그 윈도우 동안 접근한 페이지들의 집합이다. [그림 5-20]에서 시간 윈도우 t가 주어졌다면, 워킹셋은 다음과 같이 {4, 3, 2, 1, 0, 8}이 된다.

그림 5-20 시간 t에서의 워킹셋 계산

[그림 5-19]의 (a)로 돌아가면, Δt1, Δt2, Δt3 동안 접근한 페이지들이 워킹셋이 된다. 즉, 지역성에 포함되는 페이지들이 워킹셋이 되는 것이다. 워킹셋 개념이 유용한 이유는 워킹셋의 크기만큼 페이지를 프로세스에 할당하면 페이지 폴트를 최소화할 수 있기 때문이다. 프로세스를 시작할 때 프로세스에 물리 프레임을 전혀 할당하지 않고 디맨드 페이징에 의존하면 계속 페이지 폴트가 발생하므로 프로세스를 시작하기까지 너무 오래 걸린다. 따라서 프로세스를 만들 때 워킹셋 크기만큼의 프레임을 프로세스에 미리 할당해 준다. 그러면 커널은 새로운 메모리 페이지에 접근할 때마다 페이지 폴트 처리에 의존하는 대신 미리 할당해 둔 페이지를 손쉽게 활용할 수 있다. 페이지 폴트는 저장 장치에서 메모리로 페이지를 복사하는 과정이 있기 때문에 오버헤드가 크다. 따라서 프로그램 실행 중에 가능하면 페이지 폴트가 일어나지 않게 하는 것이 매우 중요하다. 프로그래밍할 때 페이지 폴트를 감안하여 프로그래밍하면 성능을 크게 높일 수 있다. 필자가 검색 엔진 성능을 높일 수 있었던 방법 중 하나는 검색 엔진이 페이지 폴트가 일어나지 않도록 한 것이었다. 특히 전문 프로그래머를 꿈꾼다면, 페이지 폴트와 같은 커널 지식을 갖추었을 때 같은 작업을 하는 다른 사람보다 월등하게 빠르게 동작하는 프로그램을 만들 수 있다.

서버 용량을 계획capacity planning할 때 워킹셋은 예상되는 사용자 수와 메모리 사용량을 바탕으로 적절한 서버 메모리 크기를 결정하는 데 큰 도움을 준다. 1,000명의 사용자가 동작하는 서버의 물리 메모리 크기를 얼마로 하는 것이 적절한지 계산해 달라는 요청을 받았다고 하자. 어떻게 계산할 것인가? 서버에서 구동하는 프로그램의 크기를 이해하고 사용자당 필요한 워킹셋이 어느 정도가 될지를 예상하면 서버에 적절한 메모리 용량을 계산할 수 있다. 워킹셋의 크기는 TLB의 개수를 정하는 데도 유용하다. TLB의 엔트리 개수가 워킹셋의 크기보다 크거나 같으면 TLB 미스를 최소화할 수 있어 성능을 최대화할 수 있기 때문이다.

3 페이지 교체 알고리즘

디맨드 페이징을 사용해 가상 메모리를 구현하면 많은 수의 프로세스가 동시에 물리 메모리에 로드되고 실행될 수 있다. 클라우드에서 수행되는 프로세스의 숫자가 점점 증가하는 경우를 생각해 보자. 이 상황을 "멀티 프로그래밍 정도가 증가한다"라고 표현한다. 프로세스당 필요한 워킹셋의 수가 프로세스 주소 공간보다 (매우) 적지만, 멀티 프로그래밍 정도가 증가하면 물리 메모리 공간이 부족한 상황에 봉착한다. 이런 상황을 메모리 과다 할당 상태라고 한다.

이 경우 운영체제는 어떻게 대처해야 할까? 가장 간단한 방법은 더 이상 프로세스가 늘어나지 못하게 하는 것이다. 실제로 안드로이드에서는 OOMOut Of Memory 에러를 발생시켜서 프로세스가 생기지 못하도록 한다. 그러나 범용 운영체제에서는 이렇게 동작하지 않고 페이지 교체를 시행한다.

페이지 교체는 페이지 폴트를 처리할 때 [그림 5-21]의 과정을 통해 일어난다. 메모리 과다 할당 상태가 발생하면 페이지 폴트를 처리할 때 비어 있는 물리 프레임이 없는 상태가 된다. 이때 커널은 물리 메모리에 로드된 '적당한' 물리 프레임을 선택하여 프레임의 내용을 비우고, 이 프레임을 비어 있는 프레임으로 가정하여 페이지 폴트가 발생한 프로세스에 새롭게 할당한다. 즉, 페이지 교체는 페이지 테이블에서 정의한 가상 페이지와 물리 프레임의 매핑을 교체하는 것이다.

이때 선택받아 비워지는 프레임을 빅팀victim이라고 부른다. 즉, 빅팀이 프리free 프레임이 되어 페이지 폴트가 발생한 페이지에 할당된다. 빅팀 프레임은 다른 프로세스가 그 내용을 덮어 씌울 수 있기 때문에 페이지 교체 시에는 빅팀 프레임 내용을 별도로 저장해야 한다. 따라서 빅팀에 로드된 페이지의 내용을 보존하는 방법과 적당한 빅팀을 찾는 기법이 필요하다.

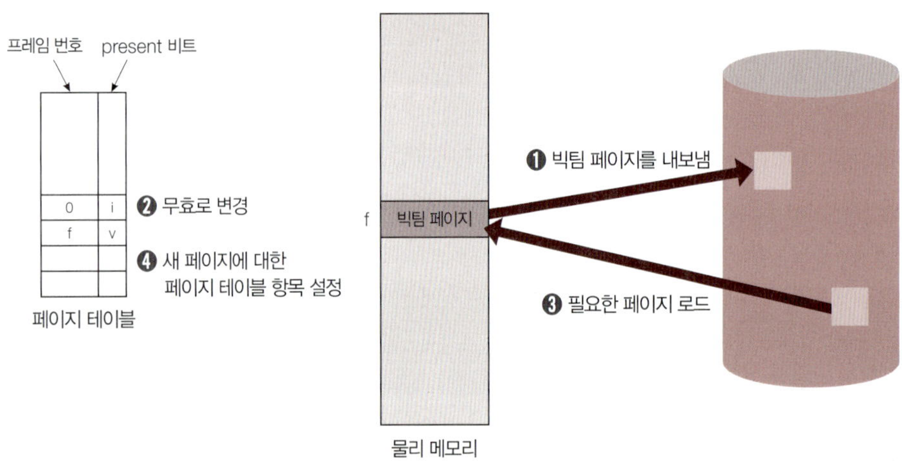

그림 5-21 페이지 교체 과정: 빅팀 페이지(페이지-아웃) 및 새로운 페이지 로드(페이지-인)

[그림 5-21]의 페이지 교체 과정은 다음과 같다. 먼저, 빅팀 f에 로드된 페이지 내용을 보존하기 위하여 ❶ 해당 내용을 저장 장치로 복사한다. 즉 페이지-아웃page out한다. 페이지-아

웃이 일어나면, ❷ 해당 PTE의 `present` 비트를 `0`으로 설정한다(이 페이지가 물리 메모리에 존재하지 않음을 표시함). 이때 PTE의 가상 페이지 번호는 그대로 둘 수 있다. 즉, `present` 비트는 `0`이지만 가상 페이지 번호가 남아 있는 PTE는 페이지-아웃된 것을 의미한다.

❶~❷ 과정을 조금 구체적으로 살펴보자. 빅팀에 있는 페이지가 스택이면 페이지-아웃하지만 페이지가 텍스트라면 굳이 페이지-아웃을 하지 않는다. 텍스트는 읽기 전용으로서 저장 장치에 이미 페이지 내용이 존재하기 때문이다. 페이지가 데이터이면 어떻게 될까? 이때는 페이지 변경 여부에 달려 있다. 즉, 해당 페이지에 쓰기가 일어나서 내용이 변경되었다면 페이지-아웃이 필요하다. 그러나 해당 페이지에 변경된 내용이 없다면 페이지-아웃은 필요없다. CPU는 내용이 변경된 프레임에 해당하는 PTE의 `dirty` 비트를 `1`로 설정한다. 페이지-아웃 동작은 저장 장치에 해당 페이지를 저장하기 때문에 비싼expensive 동작이다. 불필요한 페이지-아웃은 피해야 한다. 따라서 페이지 교체 시에 빅팀 페이지의 PTE 플래그 `dirty` 비트가 `0`인 페이지는 페이지-아웃하지 않고, `1`로 된 경우에만 페이지-아웃한다. 페이지-아웃하면 스택이나 변경된 데이터 페이지는 저장 장치의 별도 공간에 저장되는데, 이 영역을 스왑swap 영역이라고 한다. 스왑 영역에 저장되는 페이지는 저장 장치에 '원본'이 존재하지 않는 특성이 있어서, 커널 내부적으로 무기명anonymous 메모리로 명명된다.

무기명 영역의 페이지-아웃된 물리 프레임이 저장된 스왑 영역의 위치는 별도로 저장된다. 이후 페이지-인이 발생하여, 스왑 영역에서 프레임을 다시 가져올 때 이 정보가 활용된다.

❸은 빅팀이 스왑에 저장된 후 페이지 폴트가 발생한 프로세스에 할당되는 상황을 보여준다. 저장 장치에서 페이지 폴트에 필요한 페이지를 가져오고 있다(페이지-인page in이라고 함). 만약 페이지 폴트된 페이지가 새롭게 할당한 스택이나 힙이라면 ❸처럼 저장 장치에서 데이터를 가져오는 과정을 거치지 않고 빅팀 페이지가 프로세스에 할당된다. ❹는 새롭게 할당된 메모리 주소에 대해 페이지 테이블을 설정하는 상황이다. 이후에 프로세스는 페이지 폴트가 끝났으므로 수행을 재개한다.

만약 페이지-아웃된 페이지에 프로세스가 접근하면 어떻게 될까? 해당 페이지는 물리 메모리에 존재하지 않는다. 따라서 페이지 폴트가 발생하고 페이지 폴트 처리 알고리즘에 의하여 프리 프레임 `g`가 할당된다. 이 과정에서 페이지 교체가 일어날 수 있다. 프리 프레임이 할당되면, 이 프레임에 페이지-아웃되었던 페이지가 저장 장치에서 복사된다. 즉, 페이지-인이 발생한다. 페이지-인이 일어나면, 해당 PTE를 g로 갱신하며 `present` 비트를 `1`로 설정한다. 텍스트인 경우, 실행 파일의 텍스트 세그먼트에서 해당 페이지를 페이지-인하고, 무기명 메모리는 스왑 영역에서 페이지-아웃된 페이지를 찾아서 페이지-인한다.

다음은 '빅팀을 어떻게 정할 것인가' 하는 문제다. 이 문제를 해결하기 위해 페이지 교체 알고리즘을 도입하는데, 어떤 정책과 기준으로 페이지 교체를 하느냐에 따라 다양한 알고리즘이 존재한다. 가장 중요한 기준은 페이지 폴트 횟수를 줄이는 것이다. 왜냐하면 페이지 폴트가 매우 비싼 동작이기 때문이다. 따라서 어떤 프레임을 페이지-아웃했는데 잠시 후에 해당 페이지에 접근하여 다시 페이지 폴트가 일어나서 페이지-인해야 한다면 이는 페이지 교체 알고리즘이 제대로 동작하지 않았다고 할 수 있다. 즉, 페이지-아웃하는 프레임을 고를 때 해당 페이지에 대한 접근이 앞으로 오랜 시간 동안 일어나지 않도록 하는 것이 중요하다. 이 작업은 미래를 예측해야 하는 부분이라 구현하기가 쉽지 않다[8].

또한 페이지 교체를 위한 빅팀을 고를 때 해당 프로세스가 보유한 프레임 중에서 고를지, 전체 물리 메모리 프레임을 대상으로 고를지를 정책적으로 고려해 볼 수 있다. 이는 메모리 할당의 공정성 관점에서 중요한 고려 사항으로, 어떤 프로세스가 과도하게 메모리를 사용하고 있을 때 추가로 메모리를 할당해 줄 필요가 있는가를 판단하는 것이다. 해당 프로세스의 프레임 중에서 빅팀을 고르면 한 프로세스가 사용할 수 있는 프레임을 제한하는 효과가 있다. 반면 전체 메모리 중에서 빅팀을 고르면 교체 정책의 효율성이 높아질 수 있다.

이제 페이지 교체 알고리즘의 작동 방식을 자세히 살펴보자. 비교를 수월하게 하기 위해 프레임이 3개 있고 페이지 접근이 7, 0, 1, 2, 0, 3, 0, 4, 2, 3, 0, 3, 2, 1, 2, 0, 1, 7, 0, 1 순으로 일어난다고 가정한다.

FIFO 알고리즘

FIFO 알고리즘은 먼저 할당된 페이지(프레임)를 먼저 교체한다. [그림 5-22]에서 페이지 프레임 번호를 위에서부터 f1, f2, f3라고 하자. 페이지 7, 0, 1번이 f1, f2, f3에 순차적으로 할

8 머신러닝을 도입하여 페이지 사용 패턴에 대한 예측을 시도할 수 있는데, 앞으로 연구가 많이 필요한 부분이다. madvise() 시스템콜을 사용하면 사용자는 앞으로 참조할 것으로 예상되는 페이지 정보를 커널에 미리 제공할 수 있다. 다만, 커널은 이를 무시할 수도 있다.

당된 후에 ❶에서 2번 페이지를 할당하려고 하니 3개의 프레임이 모두 할당된 상태다. 따라서 빅팀을 정해야 한다. FIFO 알고리즘은 f1이 가장 먼저 할당되었기 때문에 f1을 빅팀으로 선택한다. f1에 올라와 있는 7번 페이지를 내보내고 현재 필요한 2번 페이지를 f1 프레임에 로드한다. 이후 0번 페이지에 접근할 때는 이미 f2에 0번 페이지가 존재하므로 빅팀을 고를 필요가 없다. 이후 3번 페이지에 접근하게 되면, 현재 메모리에는 3번 페이지가 로드된 프레임이 없고 모든 프레임이 사용 중이기 때문에, f1 다음으로 오래된 f2 프레임을 빅팀으로 선택한다. 이처럼 FIFO는 프레임이 할당된 시간에 따라 빅팀을 정한다. 주어진 페이지 접근 패턴에 대하여 FIFO에서는 총 15번의 페이지 폴트가 일어난다.

그림 5-22 FIFO에 따른 페이지 프레임 변화

FIFO 알고리즘은 구현이 간단하다는 장점이 있다. 그러나 지역성을 제대로 반영하지 못한다는 약점도 있다. 현재 쓰이고 있는 페이지 프레임이 당분간 계속해서 쓰인다는 지역성의 개념과 FIFO는 서로 반대되는 개념이기 때문이다. 그러나 지역성이 없는 비디오 스트리밍 같은 앱에 대해서는 FIFO가 유용하게 사용될 수 있다.

최적 교체 알고리즘

페이지 교체 알고리즘은 페이지 폴트 수를 어디까지 줄일 수 있을까? 페이지 폴트를 최소화하는 알고리즘을 최적optimal 교체 알고리즘이라고 부르는데, 최적 교체 알고리즘은 앞으로 사용될 페이지를 빅팀으로 선택하지 않아야 한다. 빅팀을 정해야 한다면, 교체가 필요한 시점에서 미래에 가장 오랫동안 사용되지 않을 페이지와 매핑된 물리 프레임을 빅팀으로 정해 페이지 폴트를 최소화하려고 한다. 이렇게 최적 교체 알고리즘을 적용하면 [그림 5-23]과 같이 페이지 교체가 일어난다.

페이지 접근 7, 0, 1, 2, 0, 3, 0, 4, 2, 3, 0, 3, 2, 1, 2, 0, 1, 7, 0, 1

시간에 따른 페이지 접근

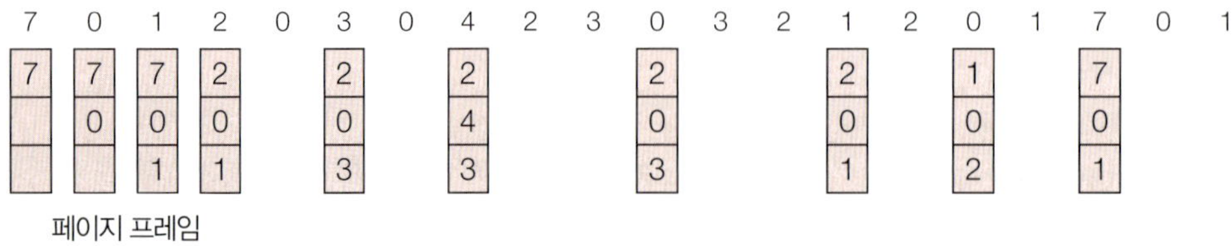

그림 5-23 최적 교체에 따른 페이지 프레임 변화

2번 페이지에 접근할 때 프레임이 부족하기 때문에 페이지 교체를 해야 한다. 그 시점에서 프레임에 로드된 페이지는 7, 0, 1번이다. 이후의 페이지 접근 패턴을 보면, 가장 멀리 있는 페이지는 7번이다. 따라서 최적 알고리즘은 f1을 빅팀으로 정하게 된다. 이렇게 동작하여, 최적 알고리즘의 총 페이지 폴트 수는 9번이 된다. 물론, 페이지 접근 패턴을 미리 안다는 것은 현실적으로 불가능하므로 이 알고리즘은 구현할 수 없는 알고리즘이다. 다만, 페이지 교체 알고리즘의 상한을 알 수 있어서 페이지 교체 알고리즘의 성능을 비교하는 목적으로 중요하게 사용된다.

LFU 알고리즘

미래를 정확히 알 수는 없지만 과거를 통해 어느 정도는 추측할 수 있을 것이다. 그래서 나온 알고리즘 중 하나가 LFU[Least Frequently Used]다. 즉, 과거에 가장 적게 사용된 프레임을 빅팀으로 선택하는 방식이다. 과거에 사용되지 않은 프레임은 미래에도 사용되지 않을 것이라는 가정에 기반한다.

페이지 접근 7, 0, 1, 2, 0, 3, 0, 4, 2, 3, 0, 3, 2, 1, 2, 0, 1, 7, 0, 1

시간에 따른 페이지 접근

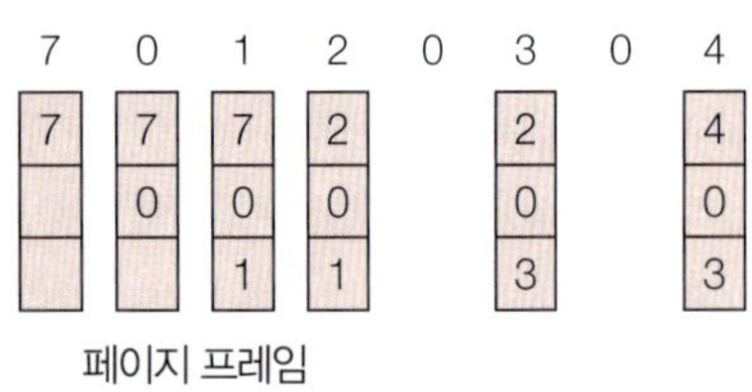

그림 5-24 LFU에 따른 페이지 프레임 변화

[그림 5-24]에서 2번 페이지에 접근하는 경우, LFU 관점에서는 f1, f2, f3가 같은 값을 갖는다. 이 경우 같은 값에서 하나를 선택하는 tie-breaker가 필요하게 된다. 그림에서는 tie-breaker로서 FIFO를 사용하였다. LFU 알고리즘이 동작하기 위해서는 프레임을 사용할 때마다 기록해 두어야 한다. 따라서 페이지를 교체할 때마다 프레임 사용 횟수를 체크해야 하는 오버헤드가 발생한다. 이 그림에서는 LFU를 사용하여 페이지 교체하는 과정을 일부만 나타내고 있다. 나머지를 완성해 보기 바란다.

LRU 알고리즘

LRU(Least Recently Used) 알고리즘은 가장 오랫동안 사용되지 않은 프레임을 빅팀으로 정하는 방식으로, 오랫동안 사용되지 않은 프레임은 앞으로도 사용되지 않을 것이라는 지역성을 전제로 한다. LRU 알고리즘에서는 프레임이 과거에 사용된 시점에 대한 정보가 필요하다. LRU 알고리즘은 프레임 접근 시간을 기록해 두는 방법과 프레임들에 대한 접근을 연결 리스트(linked list)를 만들어서 관리하는 방법을 사용한다. 연결 리스트에서는 프레임에 접근할 때마다 해당 프레임을 연결 리스트 앞으로 이동시켜서 제일 뒤에 있는 프레임이 가장 오랫동안인 사용되지 않은 프레임이 된다. 접근 시간을 기록해 두는 방법은 가장 오랫동안 사용되지 않은 프레임을 찾기 위해 모든 프레임을 조사해야 하는 오버헤드가 발생한다. 리스트를 사용하는 방법은 메모리에 접근할 때마다 큐에 있는 프레임을 이동해야 하기 때문에 이 역시 상당한 오버헤드를 초래한다. LRU를 적용하여 페이지 교체를 하면 [그림 5-25]와 같이 총 페이지 폴트가 12번 발생한다.

페이지 접근 7, 0, 1, 2, 0, 3, 0, 4, 2, 3, 0, 3, 2, 1, 2, 0, 1, 7, 0, 1

시간에 따른 페이지 접근

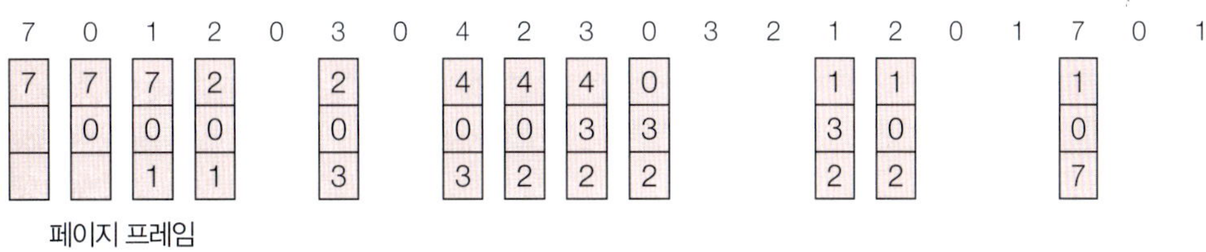

그림 5-25 LRU에 따른 페이지 프레임 변화

LRU는 가장 널리 사용되는 페이지 교체 알고리즘이다. LRU를 구현할 때 오버헤드를 줄이기 위해 접근 시간을 근사화approximate하는 방법으로 SCR, 시계 알고리즘, 2비트 근사가 있다.

SCRSecond Chance Replacement은 PTE 플래그 비트 중에서 access 비트를 사용한다[9]. CPU는 프로세스가 페이지에 접근할 때 해당 PTE의 access 비트를 1로 설정한다. SCR이 빅팀 페이지를 스캔할 때, access 비트가 1인 프레임은 최근에 참조된 것이므로 메모리에 남아 사용될 기회를 한 번 더 준다. 즉, 빅팀의 대상이 되지 않는다. 대신 비트를 0으로 만든다(그래서 second chance라는 이름이 붙었음). 시간이 흐르면 그간 참조된 모든 페이지의 access 비트가 1로 변경되므로 커널은 access 비트를 주기적으로 0으로 초기화한다. 이 기법을 사용하면 페이지 참조 여부는 나타내지만 어느 페이지가 가장 오래 전에 접근되었는지에 대한 정보는 나타내지 못한다. 또한 SCR은 빅팀을 찾기 위해 프레임을 계속 스캔해야 하기 때문에 적지 않은 오버헤드를 수반한다.

시계clock 알고리즘은 SCR의 오버헤드를 줄이기 위해 고안되었다. 이 알고리즘은 프레임들을 원형circular 큐에 배치하고 head와 tail이라는 포인터를 둔다. head 포인터는 프레임을 스캔하면서 access 비트를 0으로 만든다. tail 포인터는 head 뒤에 위치하면서 빅팀 후보를 가리킨다. 페이지 교체가 필요한 경우 tail이 가리키는 프레임을 빅팀으로 처리한다. 만약 tail이 가리키는 프레임의 access 비트가 1이라면(head가 지나간 뒤에 페이지가 접근된 경우), tail은 앞으로 이동하면서 access 비트가 0인 페이지를 빅팀으로 정한다. 이 알고리즘은 head가 프레임을 미리 스캔하여 빅팀 후보를 만들어 놓는다는 것이 핵심 아이디어다. head의 스캔 속도는 컴퓨터에 빈 메모리가 얼마나 되는지에 따라 달라진다. 빈 메모리가 많으면 head가 프레임을 스캔하지 않도록 하며, 빈 메모리가 어떤 임계치threshold 이하로 떨어지면 페이지 스캔의 속도를 높인다.

2비트 근사two bit approximation 알고리즘은 PTE의 플래그 비트 중에서 access 비트와 dirty 비트를 사용한다. 프로세스가 페이지를 읽었을 때 access 비트를 1로 설정하고, 시간이 흘러 모든 프레임의 access 비트가 1이 되는 것을 방지하기 위해 일정 간격으로 0으로 초기화한다. 페이지에 대한 쓰기 작업이 발생하면 dirty 비트를 1로 설정한다. 2비트 근사 알고리즘에서는 페이지 교체 시 두 비트의 조합으로 빅팀을 정한다. 즉, (access 비트, dirty 비트)인 (0, 0) → (1, 0) → (0, 1) → (1, 1) 순으로 우선순위를 가진다. access 비트와 dirty

9 PTE의 access 비트는 참조 비트라고도 한다.

비트가 (0, 0)인 프레임이 빅팀의 첫 번째 대상이 되고, 이 프레임이 없다면 (1, 0)인 프레임이 그다음 대상이 된다. 프레임이 (0, 0) 또는 (1, 0)을 가지고 있다면 이 프레임의 페이지는 페이지-아웃할 필요 없이 그대로 빈 페이지로 사용될 수 있다. 프레임이 (0, 1) 또는 (1, 1)을 가지고 있다면 해당 프레임의 내용을 저장 장치로 보내기 위해 페이지-아웃이 일어난다.

2비트 근사 알고리즘은 하드웨어 MMU의 지원이 있는 경우에 사용된다. 페이지에 접근하거나 변형할 때 MMU가 하드웨어적으로 `access` 비트와 `dirty` 비트를 설정하도록 하여 가상 메모리 성능 저하를 최소화한다. 주소 변환뿐 아니라 페이지에 접근할 때 정보를 기록하는 역할도 MMU가 담당한다.

리눅스에서 페이지-아웃은 커널 쓰레드에 의해 이루어진다. 이 커널 쓰레드를 페이지-아웃 데몬pageout daemon이라고 한다. 여기서 데몬은 스스로 알아서 동작하는 쓰레드라는 의미다. 페이지-아웃 데몬은 물리 메모리의 프리 메모리 상태에 따라 달리 활동한다. 빈 메모리가 충분하면 동작하지 않다가sleep, 어떤 임계치 이하가 되면 깨어나서 미리 빈 페이지를 만들어두어 페이지 폴트를 처리할 때 빈 페이지가 부족하지 않도록 작동한다. 만약 빈 페이지가 바다난다면 커널이 멈추고 이로 인해 전체 시스템이 멈추는 불상사가 발생하므로 페이지-아웃 데몬의 역할이 매우 중요하다.

그렇다면 모든 프레임이 페이지-아웃되는 걸까? 예를 들어 커널이 사용하는 프레임이 페이지-아웃 당한다면 커널 기능이 중단될 수도 있다. 따라서 어떤 프레임은 어떤 상황에서도 페이지-아웃 당하지 않도록 페이지 고정page fix시키는 경우가 있다. 이것을 페이지 피닝pinning이라고 한다. 즉, 커널 영역과 입력, 출력이 진행 중인 프레임 등은 피닝시켜서 페이지-아웃되지 않도록 한다.

4 스와핑

멀티 프로그래밍 정도가 증가하면 커널은 물리 메모리가 부족해지는 문제를 해결하기 위해 페이지-아웃을 사용하는데, 그래도 메모리 부족 문제가 해결되지 않을 수 있다. 이 경우 커널은 어떤 프로세스를 선택하여 프로세스 전체를 메모리에서 내보내는 동작을 하게 되는데, 이를 스와핑swapping이라 한다. 메모리에서 프로세스를 통째로 저장 장치로 내보내는 것을 스왑-아웃swap out이라고 하며, 스왑-아웃된 프로세스는 페이지-아웃처럼 스왑 영역에 저장된다.

그렇다면 어떤 프로세스가 스왑-아웃 대상으로 선택될까? 일반적으로 사용 빈도수가 적은 프로세스나 대기 상태에 있는 프로세스, 일정 기간 동작하지 않은dormant 프로세스가 선택된다. [그림 5-26]은 9번 프로세스를 수행하려고 하는데 물리 메모리가 부족한 상황이라 8번 프로세스를 내보는 스왑-아웃을 보여준다. 스왑-아웃된 프로세스가 다시 동작하려고 하면 저장 장치에서 스왑-인swap in해야 한다. 이 과정은 페이지-인보다 시간이 더 많이 걸리는 작업이다. 윈도우 환경에서 평소에 사용하지 않던 창을 클릭했을 때 상당한 시간이 경과한 뒤에 창이 뜨는 것을 경험했을 것이다. 이것은 그 프로세스가 스왑-아웃 당했기 때문인데, 그 프로세스를 다시 메모리로 가지고 오는 스왑-인 동작에 시간이 걸린 것이다.

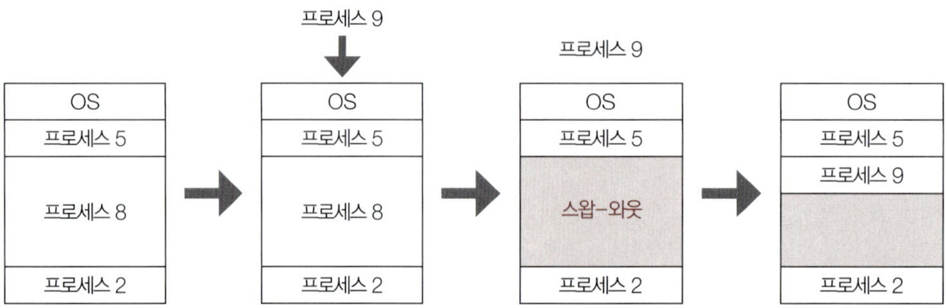

그림 5-26 프로세스 스와핑 과정: 프로세스 8 스왑-아웃 및 프로세스 9 로드 과정

만약 스왑-아웃과 스왑-인이 계속 반복된다면, 커널은 부지런히 동작하여 CPU와 메모리와 저장 장치를 사용하지만, 정작 사용자 프로세스는 제대로 수행되지 못하는 상황이 발생한다. 이것을 쓰래싱thrashing이라고 부른다. 스와핑뿐 아니라 페이지-아웃과 페이지-인이 지속적으로 발생해도 쓰래싱이 발생할 수 있다. 쓰래싱을 방지하기 위해서는 물리 메모리를 증설하거나 멀티 프로그래밍 정도의 최대치를 정하여 그 이상 넘어가지 않도록 해야 한다. 쓰래싱은 DoS 공격의 한 방법으로 사용되기도 한다. 공격자는 의도적으로 과도한 메모리 할당을 지속적으로 요청하므로 메모리 증설은 해결 방법이 되지 않는다. 따라서 쓰래싱이 발생하면 원인을 정확히 찾는 것이 중요하다.

5 가상 메모리 없는 물리 메모리 할당 기법

가상 메모리가 없던 시절에는 프로그램(여기서는 실행 코드를 의미함) 전체를 물리 메모리에 로드하여 실행하였다. 따라서 물리 메모리를 나누어서 프로그램을 로드하는 기법을 사용하였다. 그중에서 파티셔닝은 물리 메모리를 일정한 크기로 나누어 쓰는 기법이다. 파티셔닝 기법에는 몇 가지 종류가 있는데, [그림 5-27]에서 단일 파티션single partition, 다중 파티션multiple partition, 비파티션no partition을 보여준다. 과거에 사용된 기법들을 왜 언급하는가 싶겠지만, 요즘 클라우드에서 가상머신에 물리 메모리를 할당하는 데 이 기법들을 사용하고 있다. 온고이지신溫故而知新이라 하겠다.

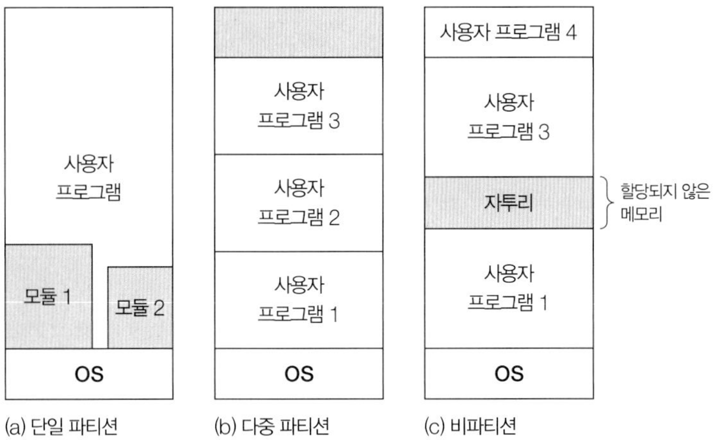

그림 5-27 가상 메모리가 없는 메모리 할당 기법 예

단일 파티션은 물리 메모리 전체를 하나의 파티션으로 사용하는 기법이다. 메모리 관리 역사에서 가장 초기적인 형태이자 가장 오래된 방법이다. 단일 파티션이 사용된 컴퓨터는 물리 메모리 크기가 몇 백KB 정도였던 시절인데, 이때 물리 메모리보다 큰 프로그램을 돌리기 위하여 오버레이overlay라는 기법을 사용했다. 오버레이는 프로그램을 여러 모듈로 쪼개서 모듈 1을 먼저 메모리에 로드하고 수행한 뒤에 모듈 2를 로드하는 식으로 동작한다. 물리 메모리의 한계를 극복하고자 프로그램 자체적으로 메모리를 관리하는 시도였다. 즉, 오버레이는 가상 메모리의 전신이라고 할 수 있다. 다만 오버레이의 경우 프로그래머가 물리 메모리의 크기를 알고 그에 맞게 오버레이 동작을 고안했다면, 가상 메모리에서는 커널이 메모리를 관리하므로 프로그래머는 물리 메모리의 크기를 고려하지 않고 프로그래밍할 수 있다는 차이점이 있다. 오버레이는 1960년대에 CDC 6000 시리즈 (당시 기준으로) 대형 컴퓨터에 사용되던 기법이다.

다중 파티션은 멀티 프로그래밍을 구현하기 위하여 도입된 기법으로, 물리 메모리를 몇 개의 메모리 파티션으로 나눈 것이다. 각 메모리 파티션은 크기가 고정되어 있었으므로 멀티 프로그래밍에서 프로그램을 메모리에 로드할 때 프로그램의 크기와 파티션 크기를 고려하였다.

이때 두 가지 문제를 해결해야 했다. 첫째, 프로그램이 수행 중에 파티션을 넘어가지 않도록 설계해야 했다. 당시 MMU와 같은 하드웨어가 없는 상태에서 파티션을 침범하지 않도록 하는 방법이 필요했다. 둘째, 프로그램 전체가 파티션에 올라가지만, 올라가는 파티션이 바뀔 수 있기 때문에 실행하는 물리 메모리 주소를 유연하게 바꾸도록 하는 방법이 필요했다.

다른 파티션을 침범하지 않도록 하는 것은 보호protection의 문제이고, 프로그램을 실행하는 물리 주소를 변경하는 것은 재배치relocation의 문제다. [그림 5-28]과 같이 CPU 내에 간단한 하드웨어를 추가하여 보호와 재배치 문제를 해결하였다. 메모리에 접근할 때 경계limit 레지스터에서 파티션의 주소를 넘어가는지 체크하고, 그다음에 재배치 레지스터를 통해 파티션의 물리 메모리 시작 번지 주소를 더하여 프로그램 시작 물리 메모리 주소가 재배치될 수 있도록 하였다.

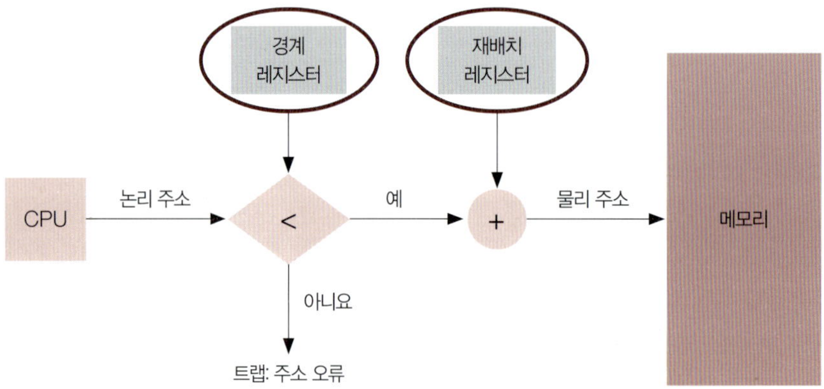

그림 5-28 경계 레지스터와 재배치 레지스터를 통한 파티션 보호 및 재배치

비파티션은 메모리 파티션의 크기가 고정적이어서 프로그램 실행의 유연성이 떨어지는 약점을 보완하기 위해 만든 것이다. 비파티션에서는 메모리 전체에 대하여 프로그램 할당을 하기 때문에 메모리의 빈 공간에 어떤 프로그램을 로드할지를 정하는 알고리즘이 필요하다. 예로 [그림 5-29]를 살펴보자(별색 부분이 비어 있는 물리 메모리 영역임). 로드되기를 기다리는 프로그램들이 작업 큐에 있을 때, 어느 물리 메모리 영역에 로드할 것인지를 정하는 알고리즘에는 최초 적합first-fit, 최적 적합best-fit, 최악 적합worst-fit이 있다. 최초 적합은 프로그램의 크기를 만족하는 첫 번째 메모리 영역에 프로그램을 로드하는 방법이고, 최적 적합은 프로그램 크기와 비슷한 메모리 영역을 찾는 방법이다. 최악 적합은 프로그램의 크기와 가장 차이가 많이 나는 메모리 영역을 선택하는 방법이다. 최악 적합을 사용하는 것에 대해 의문이 들 수

있다. 프로그램 크기와 가장 비슷한 영역을 선택하는 것이 최적이라고 생각하기 때문이다. 최악 적합을 사용하는 이유는 물리 메모리 단편화fragment를 줄이기 위함이다. 최적 적합을 사용하면 프로그램을 로드하고 남은 메모리는 자투리가 되어, 사용할 수 없는 크기가 될 가능성이 높다. 그에 비해 최악 적합은 프로그램을 로드하고 남은 공간에 다른 프로그램을 로드할 가능성이 높다.

[그림 5-29]는 P1~P5의 프로그램들이 수행되는 동안 물리 메모리가 최적 적합으로 할당되는 과정을 보여준다. P2가 종료된 후에 생긴 공간에 P4가 할당된다. P1이 끝나고 나서 생긴 공간에는 P5가 할당된다. 이렇게 해서 남은 공간(별색) 중 P5와 P4 사이에 있는 공간의 크기를 보면 100KB인데, 이 메모리 공간은 작아서 새로 할당되기 어렵다.

단편화를 좀 더 세분하면, 내부 단편화internal fragmentation과 외부 단편화external fragmentation로 나뉜다. [그림 5-29]에서 생기는 단편화는 외부 단편화다. 내부 단편화는 페이지 단위로 물리 메모리를 할당할 때 페이지 내부의 사용되지 않는 메모리를 의미한다.

작업 큐

프로세스	메모리	시작 시간
P1	600K	10
P2	1000K	5
P3	300K	20
P4	700K	8
P5	500K	15

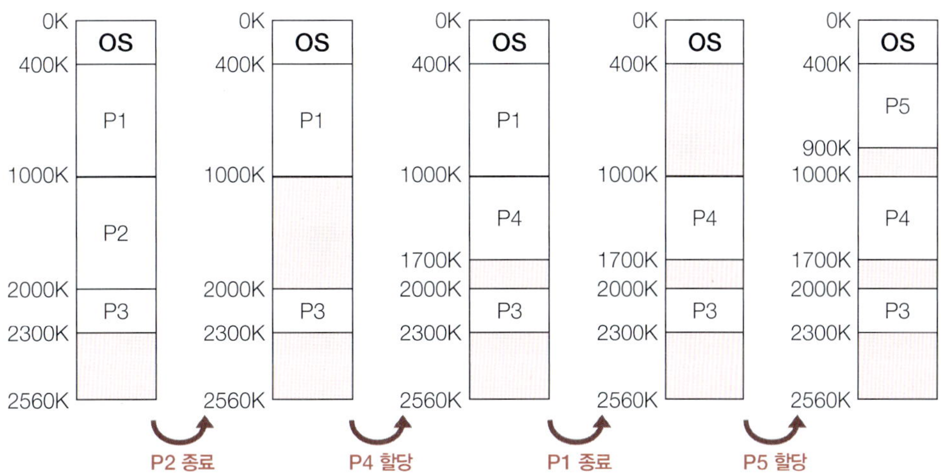

그림 5-29 비파티션에서 최적 조합 할당 과정

NOTE 윈도우의 조각모음 기능

윈도우에서 조각모음이라는 기능을 사용해 보기 바란다. 조각모음은 파일의 단편화를 모아서 큰 공간을 만드는 것이다. 물론 조각모음은 파일 시스템 할당에서 생기는 조각을 모으는 작업이라 메모리 할당과 다르지만, 조각을 최소화한다는 점에서는 유사하다.

요점 정리

*** 페이지-아웃과 페이지-인**

페이지-아웃은 사용 중인 페이지 프레임의 내용을 스왑 영역에 저장하는 것이다. 반대로 페이지-인은 스왑 영역에 머물러 있는 내용을 다시 메모리로 불러들이는 것이다.

*** 스왑-아웃**

컴퓨터 메모리가 부족할 때 사용 빈도가 적은 프로세스를 통째로 스왑 영역으로 내보내는 것이다.

*** 지역성**

프로세스가 메모리를 참조할 때, 메모리의 전 부분을 골고루 참조하는 것이 아니라 일부 페이지 프레임에 대해서 집중적으로 참조하는 것이다.

*** 워킹셋**

프로세스가 특정 시간 동안 사용하는 페이지 프레임을 모아놓은 것이다. 메모리가 부족할 때 워킹셋에 포함된 페이지는 제외하고 페이지-아웃을 진행해야 한다.

*** 스와핑과 페이징 관리**

스와핑 및 페이징 관리는 커널의 페이지-아웃 데몬이라는 별도의 쓰레드에서 담당한다. 이 커널 쓰레드는 평소 비활성화 상태에 있다가 메모리 부족을 나타내는 임계치에 도달하면 활동을 시작한다.

*** 오버레이**

프로그램이 메모리보다 크면 프로그램의 운영상 관련이 깊은 구조끼리 묶어 메모리가 처리할 수 있는 작은 모듈로 나누어 실행하는 것이다.

*** 페이지 교체 알고리즘**

① FIFO: 메모리에 먼저 로드된 페이지 프레임을 가장 먼저 페이지-아웃하는 방법이다.

② 최적 교체: 앞으로 사용되지 않을 페이지 프레임을 예측하여 페이지-아웃하는 방법이다.

③ LRU(Least Recently Used): 가장 오랫동안 사용되지 않은 페이지 프레임을 페이지-아웃하는 방법이다. 오랫동안 사용되지 않은 페이지는 앞으로도 사용되지 않을 것이라는 지역성 원리를 기반으로 한다.

*** 2비트 근사**

2비트 근사 알고리즘에서는 PTE에 있는 플래그 비트 중 access 비트와 dirty 비트를 이용하여 MMU가 페이지 프레임을 참조할 때마다 access 비트를 1로 만든다. 페이지-아웃 데몬은 PTE를 검사해서 참조 비트가 0인 페이지 프레임을 페이지-아웃한다.

*** 쓰래싱**

페이지 공간이 부족해서 프로세스를 페이지-아웃했다가 잠시 후 그 프로세스에 다시 접근해야 하는 상황이 계속 발생할 수 있다. 이처럼 시스템은 바쁘게 움직이지만 정작 사용자에게 필요한 작업이 제대로 처리되지 못하는 현상을 쓰래싱이라고 한다.

퀴즈

퀴즈 1) 페이지 교체 방법 중 FIFO는 지역성의 개념이 등장한 이후 환영받지 못했다. 그 이유를 쓰시오.

퀴즈 2) LRU(Least Recently Used)를 구현하기 위한 방법 중 페이지 프레임 리스트를 사용하는 방법이 있다. 이 방법의 단점을 쓰시오.

퀴즈 3) 쓰래싱이 발생하면 컴퓨터 시스템 성능이 심각하게 저하된다. 그 이유를 쓰시오.

(다단계 페이지 테이블)

퀴즈 4) 3개의 프로세스가 16KB 메모리를 공유한다고 가정할 때, 2단계 페이지 테이블 구조에서 각 프로세스(1, 2, 3번)의 L1, L2 페이지 테이블 및 해당 PTE를 구체적으로 보이시오. 문제를 간단히 하기 위해 물리 프레임들은 메모리에 연속적으로 할당되어 있다고 가정한다.

(가상 메모리와 멀티 쓰레드 설계)

퀴즈 5) 리눅스는 멀티 쓰레딩을 멀티 프로세스를 사용하여 구현하고 있다. 즉, 멀티 프로세스들이 쓰레드로 동작하기 위하여 프로세스 간 텍스트 및 데이터 영역은 공유하며 스택은 공유하지 않아야 한다. 이 공유를 가능하게 하는 가상 메모리의 설계 방법을 제안 또는 설명하시오. 단, 2단계 페이지 테이블을 사용한다고 가정한다.

(프로세스의 실행과 가상 메모리)

퀴즈 6) 윈도우에서 설치된 크롬 브라우저를 더블 클릭하여 동작시키려고 한다. 첫 화면이 나오기까지의 과정을 단계별로 설명하시오(다음 순서를 참고해도 좋음).

① 파일에서 메모리로 읽어와 크롬.exe(실행 파일)에서 크롬 프로세스를 만드는 과정(DMA 포함)

② 크롬 프로세스가 시작할 때 메모리 관리 시스템이 동작하는 과정(MMU, 페이지 테이블 포함)

③ 크롬 프로세스가 스케줄링되어 동작을 시작하는 과정(화면이 보이는 과정)

①부터 ③까지 준비 큐와 대기 큐의 이동 과정에 대해 (순서에 따라) 누가 어떤 일을 어떻게 하는지 구체적으로 설명하시오.

예시 답안

03 실습 과제

Lab 가상 메모리를 시뮬레이션하고 디맨드 페이징, 다단계 페이징 등을 추가로 구현한다.

실습 이론

- 페이징 기반의 가상 주소–물리 주소 간의 주소 매핑 개념
- 디맨드 페이징, 다단계 페이징, 페이지–인/페이지–아웃 등의 가상 메모리 개념

실습 1 가상 메모리 시뮬레이션

4장에서 구현한 스케줄링을 확장하여 가상 메모리 관련 기능을 추가해 보자. 매 타임 틱마다 자식 프로세스는 20개의 가상 메모리 주소를 참조한다고 가정한다. 참조한 가상 주소는 IPC를 통해 부모 프로세스에 한꺼번에 전달된다.

부모 프로세스는 자식 프로세스의 PCB에 페이지 테이블 정보를 포함한다. 자식 프로세스의 주소 공간과 물리 주소 공간의 크기는 적절하게 설정한다.

요청된 메모리 접근에 대해 현재 실행 중인 프로세스의 페이지 테이블을 참조하여 해당 가상 주소가 매핑된 실제 물리 주소를 출력한다. 각 프로세스는 독립적인 페이지 테이블을 갖도록 구성하며, 프로세스 간에 공유되는 영역이 없도록 설정한다. 실행 후 1,000 타임 틱 동안 각 프로세스의 메모리 접근 요청 및 변환된 물리 주소를 출력하여 변환 과정의 결과를 확인한다.

응용 과제 1 읽기/쓰기 요청 구분 처리하기

물리 메모리는 데이터 저장과 읽기/쓰기 요청을 구분하여 처리한다. 사용자가 특정 메모리 주소에 대해 읽기 또는 쓰기 요청을 수행하는 과정을 구현해 보자. 이를 위해 가상의 물리 메모리를 부모 프로세스에 할당하고, 자식 프로세스가 요청하는 읽기 또는 쓰기 요청이 실제로 어떻게 처리되는지 확인한다.

응용 과제 2 디맨드 페이징 추가하기

디맨드 페이징을 추가해 보자. 부모 프로세스는 사용되지 않은 물리 메모리 영역을 리스트 또는 비트맵 형태로 관리한다. 이 자료구조는 프리 리스트 혹은 프리 프레임 맵으로 불린다.

초기 상태에서는 전체 물리 메모리가 비어 있으며, 각 프로세스의 페이지 테이블도 비어 있다. 프로세스가 메모리 접근을 요청하면 다음과 같이 처리한다.

❶ 페이지 테이블의 내용이 있는 경우 가상 주소를 물리 주소로 변환하여 결과를 출력한다.

❷ 페이지 테이블에 해당 주소 정보가 없는 경우 프리 리스트 또는 프리 프레임 맵에서 사용되지 않은 페이지 프레임을 선택한다. 페이지 테이블에 매핑을 추가한 후 물리 주소로 변환하여 결과를 출력한다.

이처럼 필요한 페이지가 실제로 요청될 때 매핑하는 기법을 디맨드 페이징이라 한다. 디맨드 페이징을 통해 실제 페이지 사용량을 얼마나 줄일 수 있는지 확인해 보자.

응용 과제 3 2단계 페이징 적용하기

2단계 페이징을 적용해 보자. PCB가 가리키는 페이지 테이블의 크기는 주소 공간의 크기에 비례한다. 예를 들어 32비트 주소 공간에서는 2^{20}개의 엔트리를 가지는 매우 큰 배열이 된다. 이 문제를 해결하기 위해 2단계 페이징을 사용하여 페이지 테이블의 크기를 최적화할 수 있다. 1단계 페이지와 2단계 페이지의 인덱스 비트 크기는 임의로 설정할 수 있다. 설정 값에 따라 성능과 메모리 사용량이 달라지므로 각 방식의 장·단점을 분석하여 최적의 구조를 설계해 보자.

더 큰 주소 공간을 다루거나, 페이지 테이블 크기를 추가로 줄이기 위해 4단계 또는 5단계 페이징 구조를 설계할 수 있다. 4단계나 5단계 페이징을 사용한다면, 페이징 구조를 어떻게 설계할 것인가? 기존 시스템의 문제점과 현재까지 제시된 해결책들을 찾아보자.

응용 과제 4 스와핑 기능 추가하기

스와핑 기능을 추가해 보자. 가상 메모리는 물리 메모리 크기를 초과하는 논리적 메모리 매핑을 지원한다. 스와핑 기법을 적용하여 물리 메모리 용량을 초과하는 메모리 접근 시 디스크를 활용할 수 있도록 한다. 부모 프로세스는 특정 파일을 디스크로 가정하고, 읽기/쓰기를 통해 스와핑 연산을 구현할 수 있다. 프로세스에서 주소 공간의 일부 페이지를 스와핑 아웃할 때는 해당 페이지를 나중에 다시 사용할 수 있도록 저장된 영역에 대한 정보를 함께 보관해야 한다.

CHAPTER

06

파일 시스템

01 파일과 파일 시스템

Section

파일은 이름을 가진 논리적 데이터 단위로, 영구 저장 매체에 저장된다. 파일 시스템은 파일을 효율적으로 저장하고 검색하는 역할을 하는 추상개념이다. 이 절에서는 파일과 파일 시스템의 기본 개념을 설명한다.

이 절의 학습 목표

- 파일과 파일 시스템의 개념을 이해한다.
- 저장 매체에서 데이터와 메타 데이터가 분리된 영역에 저장되는 원리를 이해한다.

1 파일과 저장 매체

컴퓨터를 사용하는 사람 중 '파일'을 모르는 사람이 있을까? 하지만 막상 '파일'을 정의해 보라 하면 깔끔하게 대답하는 사람이 별로 없다. 컴퓨터 시스템에서 사용되는 파일은 이름이 있는 논리 데이터 단위다. 파일 시스템은 운영체제에서 영구 저장 매체persistent storage에 파일을 조직화하여 효율적으로 저장하고 사용할 수 있도록 구조화하는 소프트웨어를 의미한다.

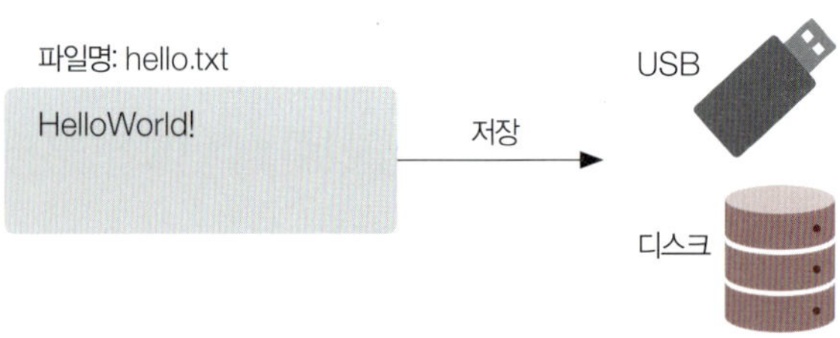

그림 6-1 텍스트 파일의 영구 저장 매체 저장

영구 저장 매체는 우리가 흔히 보는 SSD나 USB 저장 장치 또는 하드디스크를 의미한다. USB에 파일을 저장하면 USB 장치의 어디(몇 번째 블록)엔가 해당하는 데이터가 기록될 것이다. 어디에 데이터를 기록할까? 파일 내용을 읽어들이려면 어디에서 읽어와야 할까? 파일 시스템이 '어디에'를 결정하고, 데이터를 저장한다. 즉, 우리가 파일을 읽거나 쓸 때 접근해야

하는 저장 매체와 해당 매체에서 읽거나 써야 할 블록의 위치를 기억하고 있다. 그뿐 아니라 파일 시스템은 사용자가 함수 호출(예 `fread()`나 `fwrite()` 함수 호출)을 사용하여 파일에 접근할 수 있는 인터페이스를 제공한다.

파일 시스템은 데이터를 영구 저장 매체에 저장하는데, 영구 저장 매체에서 '영구'는 데이터가 영원히 저장된다는 뜻이 아니라 컴퓨터 전원이 꺼지더라도 데이터가 남아 있는 속성을 가리키는 말이다. 즉, 파일 시스템은 운영체제가 동작하지 않더라도 데이터가 남아 있는 장치를 사용한다.

잠시 블록 위치를 저장하는 방법에 대해 생각해 보자. 일반적인 소프트웨어에서는 리스트, 배열, 트리와 같은 자료구조를 활용하여 파일별 데이터 블록의 위치를 관리할 수 있다. 이러한 자료구조는 주로 메모리에 저장된다. 하지만 컴퓨터 시스템이 종료된다면? 이 경우 주기억 장치인 DRAM에 저장된 정보가 모두 사라진다. 그렇다면 운영체제는 어떻게 자료구조를 다시 복구하여 파일 위치를 찾을 수 있을까? 파일 시스템은 이러한 문제를 해결해 준다. 파일 시스템상의 자료구조는 메모리에만 기록되는 것이 아니라 저장 매체에도 기록되므로 운영체제가 시작되는 시점에 저장 매체에 기록된 자료구조를 복원하여 사용한다.

파일 시스템에 저장되는 커널 자료구조에 어떠한 것들이 있을까? 커널은 데이터의 실제 위치를 저장하는 자료구조뿐 아니라, 파일의 이름 · 크기 · 생성 일자 등의 메타 데이터도 관리한다. 2절과 3절에서는 파일 시스템의 주요 구성 요소인 디렉터리와 인덱스 구조에 대해 구체적으로 살펴본다.

NOTE 데이터와 메타 데이터(metadata)

hello.txt 파일에 'hello world'를 저장한다고 해보자. 저장이 완료되면 저장 매체에는 파일 내용인 hello world가 저장된다. 그런데 파일을 닫고 한참 후에 이 내용을 어떻게 다시 읽을 수 있을까? 파일 이름을 바탕으로 저장 매체상의 위치 정보를 검색해야 한다. 즉, hello.txt라는 파일 이름을 통해 내가 찾고자 하는 파일의 위치를 확인하고, 해당 파일의 저장 매체상 위치를 확인해야 한다. 파일 이름이나 파일의 저장 매체상 위치 정보는 hello world와 같은 파일 내용은 아니지만 파일 정보를 기술하는 '데이터를 위한 데이터'다. 이와 같이 데이터 내용 자체가 아니라 데이터를 기술하고 설명하는 부가적인 데이터를 메타 데이터라고 한다.

대부분의 파일 시스템은 저장 매체에 메타 데이터 영역과 데이터 영역을 구분하여 저장한다. 메타 데이터 영역에는 인덱스 구조와 저장 매체의 비어 있는 영역을 나타내는 프리free 블록에 대한 정보 등이 저장되고, 데이터 영역에는 파일의 데이터가 저장된다. 저장 매체는 각각 고유한 특성을 지닌다. 예를 들어 디스크와 플래시 메모리는 특성이 매우 다르다. 많은 연구를 통해 저장 매체의 특성과 장점을 잘 살릴 수 있는 다양한 종류의 파일 시스템이 제시되었다. MS-DOS의 FAT, 윈도우의 NTFS, 리눅스의 ext2/ext3/ext4들이 그 예다. 파일 시스템마다 고유한 저장 매체 구성 방식이 있는데, 운영체제는 저장 매체를 처음 사용할 때 파일 시스템의 형태에 맞게 저장 매체의 구조와 내용을 초기화하는 작업을 진행한다. 이를 포맷팅formatting이라고 한다. [그림 6-2]는 포맷팅을 하면서 메타 데이터 블록과 데이터 블록을 나누어 저장하는 것을 보여준다.

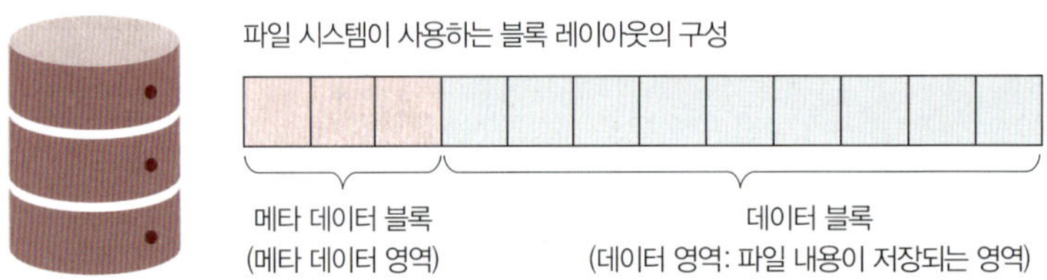

그림 6-2 포맷팅과 블록 레이아웃 구성

윈도우와 리눅스는 기본으로 사용하는 파일 시스템이 다르며, 이에 따라 저장 매체의 포맷 방식도 달라진다. 예를 들어 리눅스의 ext4 파일 시스템으로 포맷된 SSD는 윈도우에서 바로 사용할 수 없다. 윈도우에서 기본으로 사용하는 파일 시스템이 NTFS이기 때문이다. 반면, 리눅스와 윈도우에서 모두 USB에 저장된 파일을 읽을 수 있는 이유는 두 운영체제가 모두 FAT 파일 시스템을 지원하기 때문이다.

NOTE 로그 기반 파일 시스템과 데이터 복구

파일 시스템은 종종 성능 향상과 에러 복구 기능을 지원하기 위해 로그 기반 저장 작업을 수행한다. 로그 기반 저장 작업이란 파일의 변경 내역(변경되는 데이터와 메타 데이터)을 로그로 만들어두었다가 한꺼번에 파일 시스템에 저장하는 것을 의미한다. 로그 기반 저장 작업이 적용된 파일 시스템을 로그 기반 파일 시스템Log-structured file system이라고 한다. 로그 기반 파일 시스템은 데이터가 변경되더라도 이전 버전의 데이터가 로그 형태로 남아 있으므로, 이전 버전으로 돌아갈 수 있다. 또한 파일 시스템 작업 도중 실수로 데이터를 지웠거나 오류로 인해 일부 데이터가 파손되었을 때 로그 정보를 이용하여 파일 시스템의 이전 데이터를 복원할 수 있다.

요점 정리

*** 메타 데이터**

메타 데이터는 사용자가 실제로 사용하는 데이터가 아닌, 데이터를 설명하기 위한 데이터다. 예를 들어 파일 이름, 파일 크기, 소유자와 같은 파일 관련 부가 정보나 설명 데이터가 메타 데이터에 해당한다.

*** 포맷팅**

포맷팅은 저장 장치에 파일 시스템을 초기화하는 작업이다. 파일 시스템은 데이터(파일 내용)와 데이터에 대한 정보인 메타 데이터로 이루어지는데, 파일 시스템마다 데이터와 메타 데이터를 저장하는 방식이 다르다. 특히, 메타 데이터의 구조가 파일 시스템의 특성을 결정하게 되는데, 포맷팅은 메타 데이터를 초기화하는 작업이다.

*** 파일과 데이터베이스의 차이점**

파일은 바이트 단위로 접근하는 반면, 데이터베이스는 레코드(record) 단위로 접근한다. 또한 파일은 데이터베이스가 지원하는 트랜잭션(transaction) 기능을 제공하지 않는다. 이는 운영체제가 트랜잭션 기능을 제공할 수 없어서가 아니라 설계 결정 시 트랜잭션을 제외했기 때문이다. 운영체제는 범용적인 사용을 전제로 설계되지만, 데이터베이스는 금융과 같은 특정 영역에서 동작하는 것을 고려해 설계된다.

퀴즈

퀴즈 1) 파일 시스템의 빠른 포맷을 하면 파일이 모두 삭제된다. 그 이유를 설명하시오.

퀴즈 2) 파일 시스템의 메타 데이터에는 어떤 것들이 포함되는가?

퀴즈 3) 파일 시스템이 메타 데이터와 데이터를 구분하여 저장함으로써 발생하는 문제점을 제시하시오.

예시 답안

02 디렉터리와 인덱스 구조

Section

파일은 사용자가 쉽게 구별할 수 있도록 문자열 형태의 파일 이름을 지정하지만 파일 시스템 내부에서는 번호로 인식된다. 디렉터리는 그 안에 있는 파일 이름과 파일 번호를 가지고 있다. 이 절에서는 디렉터리의 구성, 계층적 구조, 마운트 명령어에 대해 다룬다.

이 절의 학습 목표

- 디렉터리 개념과 동작을 이해한다.
- 마운트의 개념을 이해한다.
- 인덱스 구조의 개념을 이해한다.

1 디렉터리

컴퓨터는 문자를 인식하는 사람과 달리 숫자로 사물을 구분하는 것이 훨씬 더 쉽다. 그렇다면 파일 시스템은 왜 파일을 숫자로 인식하지 않을까? 사실, 운영체제 내부에서는 파일이 파일 번호로 처리된다. 다만 사람들이 쉽게 읽고 구분할 수 있도록 파일 이름과 파일 번호를 매핑하는 자료구조가 존재하는데, 이를 디렉터리 엔트리directory entry라고 한다. 디렉터리는 윈도우 운영체제에서 '폴더'라는 이름으로 불리는데, 많은 사용자에게 이 폴더라는 용어가 더 친숙할 것이다. 이제, 파일 시스템에서 말하는 디렉터리 엔트리가 무엇인지 구체적으로 살펴보자.

[그림 6-3]에서 볼 수 있듯이, 디렉터리 엔트리는 파일 이름과 파일 번호 간의 매핑을 가지고 있다.

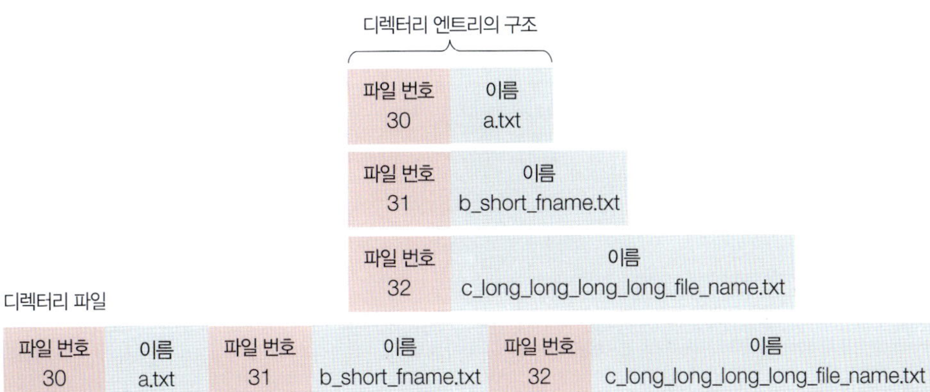

그림 6-3 디렉터리 엔트리와 디렉터리

또한 디렉터리 엔트리는 다양한 길이의 파일 이름을 저장할 수 있는 구조로 되어 있어야 하는데, 리눅스의 디렉터리 엔트리 자료구조는 [코드 6-1]과 같이 정의되어 있다[1].

코드 6-1 리눅스의 디렉터리 엔트리 자료구조

```
struct linux_dirent {
    unsigned long   d_ino;      /* 아이노드 번호; 파일 번호에 해당함 */
    unsigned long   d_off;      /* 다음 linux_dirent까지의 오프셋, 파일 오프셋이 아님 */
    unsigned short  d_reclen;   /* 이 linux_dirent 구조체의 길이 */
    char        d_name[];       /* 파일 이름(null로 종료됨) */
};
```

[코드 6-1]을 보면, 파일 이름이 얼마나 길지 알 수 없기 때문에 길이를 나타내는 `d_reclen` 변수가 저장되어 있으며, `d_name`은 길이가 지정되지 않은 `char` 배열로 구현되어 있다. `d_ino`라는 아이노드 번호는 파일 번호를 나타낸다. 이런 디렉터리 엔트리가 모여서 디렉터리가 된다. [그림 6-3]에서 보여주듯이 디렉터리는 특별한 종류의 파일이다.

그런데 잠깐, 디렉터리가 파일이라고? 파일은 디렉터리 안에 있는데…? 그렇다. 디렉터리는 그 자체가 파일들의 목록을 가진 파일로, 파일 시스템을 계층적으로 구성하는 데 활용된다. 이 내용을 좀 더 구체적으로 살펴보자. 모든 파일이 시작되는 위치인 루트 파일 시스템(`rootfs`)은 루트 디렉터리를 가지는 파일 시스템이다. 일반적으로 리눅스의 루트 디렉터리(/)에는 `boot`, `home`, `lib`, `usr`, `sys`, `var`, `proc` 등의 하위 디렉터리가 있다. 이들 하위 디렉터리를 서브 디렉터리라고 부른다. 각 서브 디렉터리도 디렉터리 형태의 특수 파일이다. 즉, 루트 디렉터리의 내용을 확인해 보면 서브 디렉터리 이름과 각각의 파일 번호를 기록하고 있다. 여기서 서브 디렉터리인 `home` 디렉터리를 살펴보면, `user1`, `user2`라는 사용자 디렉터리 이름과 각각의 파일 번호를 가지고 있다. `user1` 디렉터리에 `a.txt`라는 파일이 있다고 하자. 이 파일의 전체 경로path는 `/home/user1/a.txt`다. 파일 시스템이 `a.txt`를 찾아가는 과정을 [그림 6-4]에서 보여준다. 루트 디렉터리(/)에서 시작하여 `home`, 다음에 `user1` 디렉터리로 하나씩 순서대로 가면서traverse `a.txt`를 찾아간다.

1 리눅스에서 linux_dirent 자료구조는 사용자 공간에 직접 노출되는 구조체가 아니다. 커널 소스 디렉터리 아래의 include/uapi/linux/dirent.h 경로에서 구조체 정의를 찾을 수 있다.

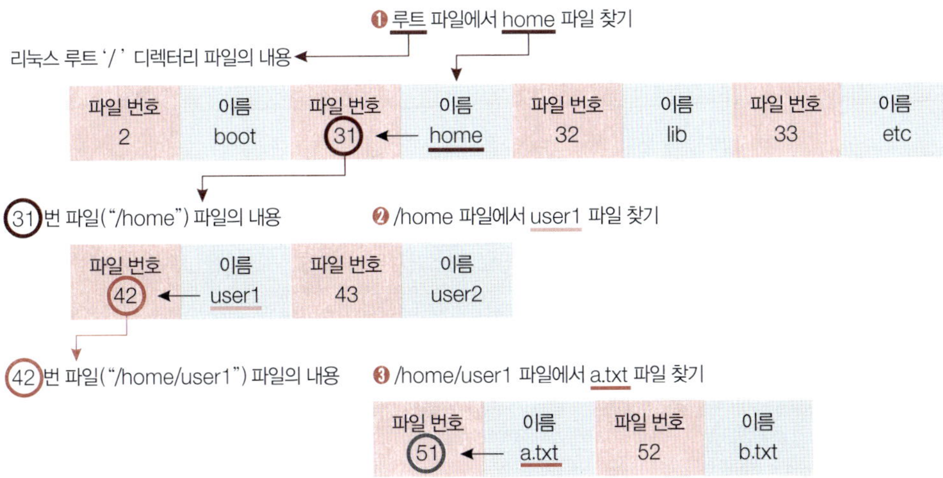

그림 6-4 /home/user1/a.txt 파일의 파일 번호를 탐색하는 과정

[그림 6-4]에서 볼 수 있듯이, 디렉터리 구조는 서브 디렉터리를 계속 재귀적recursive으로 만들 수 있게 한다. 이를 통하여 여러 디렉터리가 계층 구조를 이루도록 한다. 디렉터리의 또 다른 기능에는 사용자가 원하는 파일들을 하나의 디렉터리에 모아둘 수 있도록 하는 기능이 있다. 관련된 파일들을 디렉터리에 모아둠으로써 사용자는 더욱 편리하게 파일을 관리할 수 있다.

NOTE . 과 .. 디렉터리 파일

루트 디렉터리를 제외한 모든 디렉터리는 특수 파일인 .과 .. 파일을 가지고 있다. . 파일은 현재 디렉터리를 나타내며, ..은 현재 디렉터리의 바로 위에 있는 디렉터리를 나타낸다. 이러한 특수 파일을 이용해서 자주 사용되는 경로의 파일에 손쉽게 접근할 수 있다.

어떤 파일 시스템은 디렉터리에 파일 이름 말고도 추가적인 속성을 넣어두기도 한다. 예를 들어 FAT 파일 시스템의 경우, 파일의 생성 일자나 파일 크기, 파일의 보안 속성에 대한 정보가 디렉터리 파일에 저장된다. 이렇게 하는 이유는 파일 시스템에 대한 공격attack이 많기 때문이다. 디렉터리의 내용을 공격하여 파일의 접근 권한을 변경하기도 하고 최근 사용 일자나 파일 크기 등을 위·변조하기도 한다. 보안 공격에 대응하기 위하여 파일 시스템들은 보안 속성과 관련한 내용을 파일별로 별도의 자료구조에 저장한다.

지금까지 살펴본 디렉터리는 파일 시스템이 지원하는 특수 파일이다. 디렉터리 외에도 널리 사용되는 특수 파일로 링크 파일이 있다. 링크는 윈도우에서 숏컷short cut이라 불린다. 서브 디렉터리가 계층적으로 계속 만들어지다 보면 파일의 경로가 매우 길어지기도 한다. 링크는 긴 경로를 일일이 입력할 필요 없이 간편하게 파일에 접근할 수 있도록 한다. 예를 들어 `/a/b/c/d/e/f/g`라는 파일이 있다고 하자. 이 파일에 대해 `/abcdefg`라는 심볼릭 링크를 만들어서 `/a/b/c/d/e/f/g` 파일을 가리키도록 하는 것이다. 링크 파일은 구현에 따라 하드 링크, 소프트 링크로 구분되기도 하는데, 소프트 링크는 별도의 파일 번호를 가지는 파일인 반면, 하드 링크는 디렉터리 엔트리상의 파일 번호가 동일한 링크 파일을 의미한다.

2 파일 시스템과 장치 마운트 명령어

파일 시스템의 루트 디렉터리는 부팅 시 루트가 특정 저장 매체의 최상위 디렉터리를 가리키면서 시작된다. 윈도우에서는 저장 장치 `c:`가 루트가 된다. 이 과정을 좀 더 엄밀하게 보면, 커널이 저장 장치를 디렉터리에 연결시켜 파일 시스템의 일부로 인식하게 하는 것이다. 이를 마운트mount라고 한다. 마운트의 강점은 새로운 저장 장치를 파일 시스템에서 임의의 디렉터리에 연결할 수 있다는 것이다. 일단 저장 장치가 마운트되면 사용자는 파일이 어느 저장 장치에 있는지 알 필요 없이device independence 파일에 접근할 수 있다.

운영체제는 파일 시스템을 마운트하기 위해서 장치를 마운트할 빈 디렉터리(타깃 디렉터리라고 부름)를 준비하고, 마운트 명령을 이용하여 사용할 장치와 디렉터리 경로를 제공한다. 이때 운영체제는 파일 시스템의 타깃 디렉터리 안에 파일이 없는 것을 확인하고, 장치에 있는 파일 시스템의 포맷팅을 확인한 후, 장치를 타깃 디렉터리에 마운트한다. 그리고 타깃 디렉터리의 상위 디렉터리 내용을 마운트한 장치의 내용으로 업데이트한다. 이러한 과정을 통해 임의의 장치를 마운트하므로 확장성 있는 파일 시스템을 구성할 수 있다.

NOTE 여러 파일 시스템 지원하기

리눅스 운영체제는 장치를 파일 시스템에 마운트할 때 읽어들일 파일 시스템의 종류를 지정할 수 있다. 이 정보에 따라 운영체제는 여러 종류의 파일 시스템을 사용할 수 있다. 이렇게 여러 파일 시스템을 지원하기 위해서, 리눅스의 가상 파일 시스템virtual file system은 각 파일의 연산과 디렉터리 연산을 파일 시스템별로 모듈화된 함수로 정의하여 파일 시스템에 맞는 파일 연산과 디렉터리 연산을 호출할 수 있는 구조를 갖추었다.

예를 들어 [그림 6-5]는 disk1에 있는 /home 디렉터리에 disk2를 마운트한 결과를 보여준다. 셸 명령어 #mount disk2 /home은 disk2를 /home 디렉터리에 마운트하라는 의미다. 마운트한 결과, 파일 경로명은 /home/bill, /home/sue와 같이 확장될 수 있다. 이때 /bin에 설치된 시스템 프로그램과 /home/sue에 저장된 사용자 데이터는 서로 다른 저장 매체에 위치할 수 있다는 점에 주목해야 한다. 마운트 명령어는 다음과 같은 이점을 제공한다.

- 사용자가 파일이 어느 물리적 저장 장치에 위치하는지 알 필요 없이 파일에 접근할 수 있다.
- 저장 매체를 디렉터리별로 분리하여 할당함으로써, 특정 파일 시스템이 장애를 겪더라도 전체 파일 시스템의 장애로 이어지는 것을 방지할 수 있다.

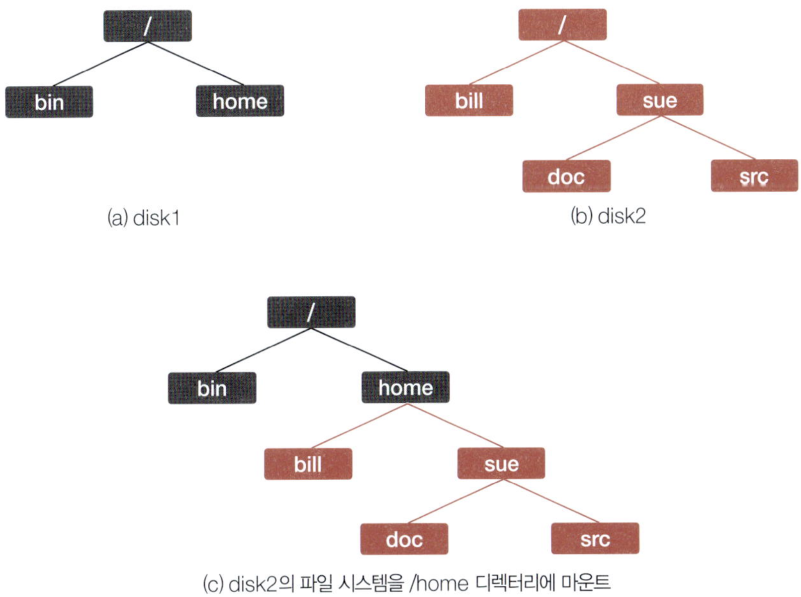

그림 6-5 마운트 예

3 데이터 블록의 위치 검색을 위한 인덱스 구조

파일 시스템은 개별 파일의 메타 데이터를 관리하는데, 특별히 파일이 저장된 데이터 블록의 위치를 추적하는 자료구조를 인덱스 구조라고 한다. [그림 6-6]은 인덱스 구조를 통하여 파일 데이터가 저장된 블록을 찾는 상황을 보여준다. 그림에서 데이터 블록 71, 74, 75번은 데이터 블록 번호(주소)를 나타낸다. 즉, 인덱스 구조는 실제 사용자의 데이터가 저장된 블록을 찾는 인덱스 역할을 하기 때문에 이 같은 이름이 붙었다.

앞서 설명했듯이 운영체제 내부에서는 파일 이름 대신 파일 번호로 파일을 구분한다. 사용자가 파일에 접근하기 위해 open() 시스템콜을 호출하면 운영체제는 디렉터리를 검색하여 파일 이름으로부터 파일 번호를 찾는 작업을 수행한다. 이렇게 찾은 파일 번호는 어떻게 사용될까? 파일 시스템에는 파일 번호를 이용해 개별 파일의 인덱스 구조를 가져올 수 있는 자료구조가 있다. 파일 시스템의 유형에 따라 파일 번호는 배열의 인덱스나 해시 테이블의 키 값 혹은 연결 리스트 배열의 시작 위치로 사용된다.

그림 6-6 52번 파일의 메타 데이터와 52번 파일이 저장된 데이터 블록

실제 파일 읽기 작업을 생각해 보자. 파일의 내용을 읽으려면 파일 내용이 저장된 블록의 번호를 알아야 한다. 파일마다 크기가 다르므로 여러 개의 블록 번호를 저장할 수 있는 자료구조가 필요하다. 인덱스 구조는 파일 시스템의 유형에 따라 다르게 정의된다. 예를 들어 FAT는 연결 리스트로, ext2는 간접 인덱스 배열로, ext4는 extent 배열[2]이나 트리 구조로 정의된다.

> **NOTE** 파일과 데이터 블록
>
> 파일 시스템에서는 파일을 일정한 크기의 블록으로 나누고, 이 파일 블록을 데이터 블록에 매핑한다. 이때 파일 블록을 논리logical 블록이라고 부르고, 데이터 블록은 저장 매체의 블록을 의미한다.

2 extent는 연속된 여러 블록을 한 번에 나타낼 수 있는 자료구조다. 3절에서 더 자세히 설명한다.

정리하면, 파일 시스템은 단순히 메모리에 존재하는 것이 아니라 저장 매체에도 기록되는 대규모 자료구조로, 다음과 같이 구성된다.

- 파일 번호를 이용하는 개별 파일의 인덱스 구조
- 논리 블록을 데이터 블록으로 매핑하는 방식

다음 절에서는 현재 널리 사용되는 파일 시스템인 FAT와 리눅스 파일 시스템인 ext2, ext3, ext4에 대해 조금 더 구체적으로 살펴본다.

요점 정리

＊ 디렉터리(폴더)

디렉터리는 개념적으로 공통 속성을 갖는 파일을 묶어놓는 역할을 한다. 구현 관점에서 보면, 디렉터리는 디렉터리에 포함되는 (파일 이름, 파일 번호)의 매핑들을 저장하고 있는 파일이다.

＊ 디렉터리 파일의 계층 구조

디렉터리는 상위 디렉터리와 하위 디렉터리를 만듦으로써 계층적인 구조를 형성할 수 있다.

＊ 장치의 마운트 명령

장치의 마운트는 새로운 저장 장치를 파일 시스템의 디렉터리에 연결하는 작업이다. 이 작업은 루트 권한을 가진 관리자가 할 수 있다. 마운트된 장치는 종류나 위치에 관계 없이 파일 시스템의 일부로 보이기 때문에 장치 독립성(device independence)을 달성한다.

＊ 인덱스 구조

인덱스 구조는 파일 시스템에서 메타 데이터를 관리하는 커널 자료구조다. 파일 시스템은 전원이 꺼져도 데이터를 유지해야 하므로, 인덱스 구조는 커널 자료구조이면서도 저장 장치에 기록된다. 각 파일마다 하나의 인덱스 구조가 할당되며, 파일이 삭제되기 전까지 모든 메타 데이터를 저장하고 있다.

＊ 파일 시스템의 인덱스 구조

파일 시스템의 인덱스 구조는 논리 블록이 저장된 데이터 블록의 위치 정보를 가지고 있는 자료구조다. 파일은 고유한 인덱스 구조를 갖는다.

퀴즈

퀴즈 1) 디렉터리가 계층 구조를 형성하는 방법을 설명하시오.

퀴즈 2) 파일의 open 연산을 통해 일어나는 일을 설명하시오.

퀴즈 3) 리눅스에서 사용하던 USB가 맥OS나 윈도우에서 인식되지 않는다. USB의 내용을 확인하기 위해서는 어떤 작업이 필요한가?

예시 답안

03 여러 가지 파일 시스템

Section

파일 시스템마다 메타데이터 저장 방식이 다르다. 이 절에서는 널리 사용되는 FAT 및 ext2 파일 시스템의 인덱싱 기법을 살펴보고, 신뢰성과 성능을 향상시키는 RAID 저장소 및 플래시 장치에 최적화된 파일 시스템을 소개한다.

이 절의 학습 목표

- 연결 리스트 기반의 FAT 파일 시스템 인덱싱 구조를 이해한다.
- 간접 참조를 지원하는 ext2 파일 시스템의 인덱싱 구조를 이해한다.
- 다중 디스크 배열(RAID)을 통한 고성능 · 고신뢰 저장소의 특성을 이해한다.
- 플래시 장치의 특성과 이를 활용한 파일 시스템을 이해한다.

1 FAT 파일 시스템

FAT File Allocation Table 파일 시스템은 마이크로소프트 사에서 개발되어 초기 운영체제인 MS-DOS와 초기 윈도우 운영체제에서 널리 사용되었다. 이후 저장 장치의 용량 증가에 맞춰 일부 변형되었을 뿐 FAT는 구조가 간단하고 구현이 용이해 현재까지도 사용되고 있다.

초기의 FAT는 8비트 블록 주소를 사용했지만, 이후 16·32비트 등 더 큰 블록 주소를 가리킬 수 있도록 확장되었다. 이는 하드웨어 기술이 발전함에 따라 저장 매체에서 사용할 수 있는 블록 주소의 범위가 증가했기 때문이다. 즉, FAT의 구현(FAT32 등)에 따라 실제로 사용할 수 있는 파일 크기가 달라진다. 또한 디렉터리 개수나 생성 가능한 파일 개수, 디렉터리 깊이도 차이가 있지만, FAT의 기본 구조는 유지되고 있다. 이 절에서는 FAT의 기본 구조를 살펴본다.

FAT는 파일 할당 테이블File Allocation Table이라는 자료구조를 기반으로 한다[3]. 이 파일 할당 테이블은 쉽게 말해 매우 큰 크기의 배열이며, FAT라는 이름도 이 자료구조에서 유래했다. 구체적으로 보면, 파일 할당 테이블은 파일이 저장되어 있는 저장 매체의 블록에 대한 맵map을 가지고 있으며, 각 데이터 블록 번호와 일대일로 대응되는 배열이다. 즉, [그림 6-7]에서 볼 수 있듯이 데이터 블록 `0`번은 `FAT[0]`에, 데이터 블록 `1`번은 `FAT[1]`에 매핑된다. 매핑되는

3 이 책에서는 파일 시스템의 이름과 자료구조를 구분하기 위해 FAT는 파일 시스템 이름으로, 파일 할당 테이블은 자료구조의 명칭으로 사용한다.

관계, 즉 화살표의 의미는 잠시 후에 설명한다. FAT는 파일이 저장된 데이터 블록의 위치를 나타내는 인덱스 구조이며, 동시에 모든 파일의 인덱스 구조를 통합하는 자료구조다.

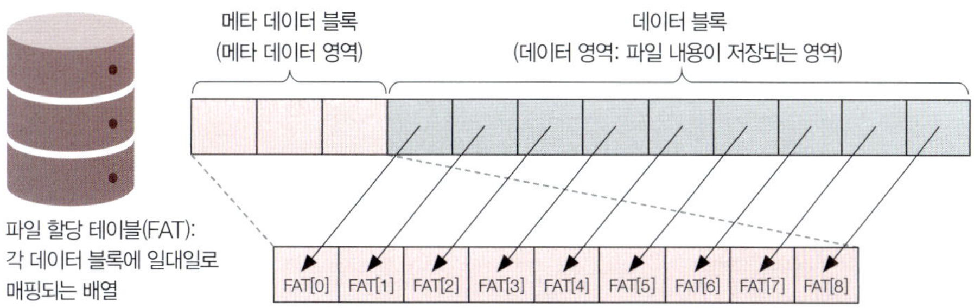

그림 6-7 FAT 파일 시스템의 파일 할당 테이블(FAT) 구조와 데이터 블록 매핑

FAT의 파일 읽기 과정

FAT는 파일이 저장되어 있는 데이터 블록을 연결 리스트linked list 형태로 나타낸다. 연결 리스트의 출발은 FAT 파일 시스템에서 파일을 나타내는 파일 번호가 되는데, 해당 파일이 저장된 첫 번째 데이터 블록 주소가 파일 번호가 된다. 예를 들어 [그림 6-7]에서 `a.txt` 파일의 파일 번호가 3이라면, `a.txt`의 첫 번째 데이터 블록은 3번 블록에 저장되는 것이다. 또한 파일 `a.txt`를 나타내는 디렉터리 엔트리는 데이터 블록 3번을 가리키게 된다. 그러나 파일 크기가 한 블록보다 크다면 다음 논리 블록의 주소를 어딘가에 저장해야 한다. 이를 위하여 FAT는 데이터 블록 정보를 FAT 내에서 연결 리스트 형태로 저장한다.

예를 들어 `a.txt` 파일이 3, 5, 6, 9, 10번 데이터 블록에 저장되어 있다면, FAT의 3번 엔트리에는 5가, 다음 연결 리스트 FAT의 5번 엔트리에는 6이, 6번 엔트리에는 9가, 9번 엔트리에는 10이, 10번 엔트리에는 EOFEnd Of File가 각각 저장되어 있다. 따라서 파일의 전체 내용을 읽기 위해서는 다음과 같은 작업을 거쳐야 한다.

❶ 파일 번호를 확인함

❷ 3번 블록을 읽어들임

❸ FAT에서 3번 엔트리를 확인함(5가 저장되어 있음)

❹ 5번 블록을 읽어들임

❺ FAT에서 5번 엔트리를 확인함(6이 저장되어 있음)

❻ 6번 블록을 읽어들임

❼ FAT에서 6번 엔트리를 확인함(9가 저장되어 있음)

❽ 9번 블록을 읽어들임

❾ FAT에서 9번 엔트리를 확인함(10이 저장되어 있음)

❿ 10번 블록을 읽어들임

⓫ FAT에서 10번 엔트리를 확인한(EOF가 저장되어 있음) 후 종료함

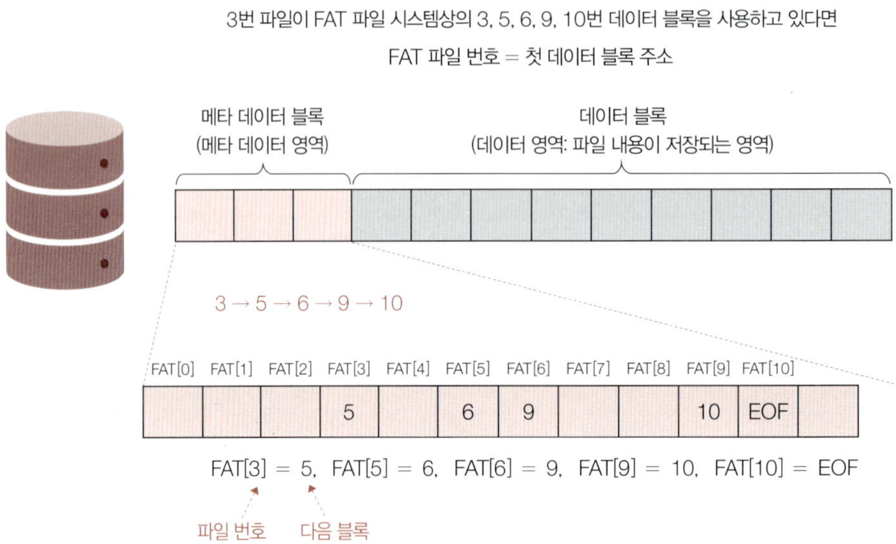

그림 6-8 3번 파일이 데이터 블록 3, 5, 6, 9, 10번에 저장된 FAT 구조. 3번 파일이 저장된 데이터 블록들은 파일 할당 테이블을 통해 찾을 수 있다.

파일 할당 테이블의 각 엔트리는 데이터 블록에 일대일로 매핑되므로 파일 할당 테이블은 전체 저장 매체에 대한 매핑 맵을 갖게 된다. 따라서 저장 매체가 증가함에 따라 선형적linear으로 증가한다. FAT 엔트리가 비어 있어도(데이터 블록이 할당되지 않은 상태를 의미함) 공간을 차지하고 있게 된다. 또한 FAT는 지속적persistent인 특성, 즉 전원이 끊어져도 엔트리를 보존하는 특성을 제공해야 하기 때문에 파일 할당 테이블도 저장 매체에 저장된다. 구현 측면에서 파일 할당 테이블은 메타 데이터로 저장 매체의 앞부분에 위치하게 되며, 그 뒤에 데이터 블록이 위치한다.

FAT의 파일 쓰기/삭제 과정

쓰기 작업을 하려면 전체 데이터 블록 중에서 아직 사용되지 않은 블록을 검색해야 한다. FAT 파일 시스템은 아직 사용되지 않은 비어 있는 블록이나 지워진 블록들의 정보 역시 연결 리스트 형태로 관리한다. 현재 사용하고 있지 않은 프리 블록을 할당하는 경우, 이 연결 리스트의 한 블록을 꺼내 사용하고 프리 블록의 시작 주소를 변경함으로써 이후 블록 할당이 이어지도록 한다.

이전 파일 예제에서 10번 블록 이후 프리 블록인 12번 블록을 데이터 블록으로 추가하는 경우, 연산 순서는 다음과 같다.

❶ 파일의 쓰기 포인터는 10번 블록의 맨마지막에 가 있다고 가정함

❷ 프리 블록 리스트에서 12번 블록을 리스트에서 제거하고, 프리 블록 리스트를 업데이트함

❸ 12번 블록에 사용자 데이터를 씀

❹ 파일 할당 테이블의 10번 엔트리에 12를 저장하여 이후 블록이 12번 블록임을 기록함

❺ 파일 할당 테이블의 12번 엔트리에 EOF를 저장하고 종료함

NOTE 인덱스 구조와 파일 시스템의 복구

FAT 파일 시스템에서는 파일 할당 테이블이 인덱스 구조가 된다. 따라서 그 내용이 매우 중요하다. 파일 할당 테이블의 내용이 변경되거나 소실되면 파일 데이터가 물리적으로 저장되어 있더라도 어디에 저장되어 있는지 확인할 수 없기 때문이다. FAT32를 비롯한 몇몇 파일 시스템은 인덱스 구조의 유실을 방지하고, 손실 이전 상태로 복구하기 위하여 인덱스 구조의 복사본을 내부적으로 보관한다. 리눅스의 파일 시스템 체크 도구(fsck)는 인덱싱 구조의 무결성을 검사하고, 인덱싱 구조가 훼손된 경우 손상되기 전 상태의 파일 시스템으로 돌리기 위해 복사본을 이용하여 복구를 시도한다. 저장 매체가 커질수록 파일 시스템 체크에 소요되는 시간이 급격히 증가한다.

파일 삭제는 디렉터리 엔트리 삭제와 데이터 블록 회수로 나뉜다. 디렉터리 엔트리가 삭제되면 해당 디렉터리에서 파일 이름으로 파일 번호를 찾을 수 없으므로, 실제 데이터 블록을 지우지 않더라도 파일에 접근할 방법이 없다. 삭제된 파일에서 사용되던 데이터 블록은 프리 블록 리스트에 추가한다. 데이터 블록이 연결 리스트 방식으로 되어 있기 때문에 파일의 첫 번째 데이터 블록을 프리 블록 리스트에 넣으면 된다. 이러한 방식은 파일 삭제 시 데이터 블록은 지워지지 않는 것을 의미하는데, 데이터 블록을 지우지 않기 때문에 파일 삭제 속도가 빠르다. 그러나 데이터 블록이 지워지지 않았기 때문에 디지털 포렌식digital forensic에서 삭제된

파일의 데이터 블록을 복구하는 작업이 가능해진다. 셸 명령어를 통해서 파일을 지우면 디렉터리에서 파일은 보이지 않지만 저장 장치에 데이터 블록 값이 남아 있을 수 있기 때문에 포렌식이 가능하다. 그렇다면 데이터 블록을 완전히 지우려면 어떻게 해야 할까? 데이터 블록을 덮어쓰는 작업이 필요한데, 간단한 방법은 이 장의 1절에서 언급한 포맷팅을 하는 방법이다.

FAT의 장단점

FAT 파일 시스템은 파일 할당 테이블이라는 독특한 자료구조를 통해 연결 리스트 형태로 파일을 저장한다. 연결 리스트의 특성상, 새로운 블록을 추가하거나 삭제하는 작업이 매우 유연하다. 다만, 연결 리스트는 임의의 위치까지 찾아가는 검색 시간이 느리다는 단점이 있다. 파일 크기가 작더라도 파일에 접근할 때마다 파일 할당 테이블의 연결 리스트를 처음부터 하나씩 순차적으로 찾아가야 한다. 순차 접근을 할 때는 유리하지만 임의 접근을 할 때는 시간이 많이 소요된다. 특히 큰 파일의 경우 접근 지연시간latency을 줄이기 위해 인덱스 구조 캐시를 사용하는데, FAT가 사용하는 파일 할당 테이블은 연결 리스트 기반이라 캐시 효과를 기대할 수 없다. 또한 이 테이블은 커널 자료구조로, 저장 매체의 크기에 따라 배열의 크기가 바뀐다. 그래서 FAT32, exFAT 같은 버전이 등장하게 되었다.

2 ext4 파일 시스템과 아이노드

현재 널리 사용되는 리눅스의 ext4 파일 시스템은 2009년부터 기본 파일 시스템으로 채택되었다. ext4는 1993년 초기 리눅스에 포함된 ext2 파일 시스템을 기반으로 발전해 왔다. 이후 ext3 파일 시스템에서는 저널링 기능을 추가하여 안정성과 복구 성능을 향상시켰으며, ext4에서는 extent 기법을 도입해 성능과 저장 용량 측면에서 많은 개선이 이루어졌다. 여기서는 먼저 ext2 파일 시스템의 핵심적인 파일 인덱스 구조인 아이노드를 살펴보고, ext3와 ext4에 도입된 추가적인 기법들을 소개한다.

ext2 파일 시스템은 파일의 인덱싱을 위해 아이노드inode를 사용한다. 리눅스의 아이노드는 각 파일의 메타 데이터를 보관하고 있는 커널 자료구조로 모든 파일은 자신의 고유한 아이노드를 가진다. ext2 파일 시스템의 아이노드의 설계와 구현에 대해 좀 더 자세히 살펴보자.

ext2 파일 시스템 설계

ext2 파일 시스템은 1993년에 도입되었는데, 그 당시 대다수 파일의 크기가 40KB 정도라는 통계 자료를 바탕으로 대다수 파일에 빠르게 접근할 수 있게 설계되었다. 또한 저장 매체의 크기가 증가하더라도 인덱스 구조의 크기가 변하지 않도록 하였다. 현재 리눅스에서 ext2 파일 시스템은 데이터 블록의 위치를 `i_block[]` 배열이라는 커널 자료구조에 저장한다. 배열의 크기는 15로, 정수형 숫자 15개를 저장할 수 있는데, 이것이 아이노드라고 불리는 인덱스 구조다([코드 6-1] 참고).

연결 리스트 자료구조를 사용하는 FAT 파일 시스템과 달리 ext2 파일 시스템은 데이터 블록 번호를 아이노드의 `i_block` 배열에 직접 가지고 있다. 즉, `i_block[0]`에는 파일 논리 블록 0이 저장되어 있는 데이터 블록의 번호(주소)가 있다(이것을 직접direct 인덱스라고 부름). 따라서 데이터 블록에 접근할 때 아이노드 전체를 탐색할 필요 없이 직접 인덱스를 통해 데이터 블록에 바로 접근할 수 있다. 즉, 사용자가 읽기/쓰기를 원하는 데이터 블록 위치로 곧바로 이동할 수 있다.

다만, ext2 파일 시스템은 배열을 사용하기 때문에 파일 크기에 제약이 생긴다. 그래서 더 큰 파일들을 다루기 위해 간접 참조 블록 구조를 도입하였다. `i_block[]` 배열의 12, 13, 14번째 엔트리는 간접indirect 인덱스, 이중 간접double indirect 인덱스, 삼중 간접triple-indirect 인덱스를 가지고 있다. 간접 인덱스는 저장 매체에 있는 간접 인덱스들이 모인 물리 블록 주소(인덱스 블록이라고 부름)를 가지고 있으며, 이중 간접 인덱스는 저장 매체에 간접 인덱스를 가지고 있는 물리 블록들의 정보가 담긴 물리 블록의 주소(이중 인덱스 블록)를 가지고 있다. 삼중 간접 인덱스는 유사한 삼중 인덱스 블록의 주소를 가지고 있다. 아이노드는 가상 메모리의 다단계 페이징과 같이 파일에 접근하는 것을 모두 `i_block[]` 배열을 사용해 직접 또는 간접(이중 또는 삼중을 포함하여) 참조하도록 함으로써 파일의 크기와 저장 매체의 크기가 증가하더라도 아이노드의 크기를 일정하게 유지할 수 있도록 한다.

코드 6-2 리눅스 소스 코드(linux_src/fs/ext2/ext2.h의 일부)

```
/*
 * 데이터 블록과 관련된 상수
 */
#define EXT2_NDIR_BLOCKS 12                          /* 직접 블록 수 */
#define EXT2_IND_BLOCK EXT2_NDIR_BLOCKS              /* 단일 간접 블록 */
#define EXT2_DIND_BLOCK (EXT2_IND_BLOCK + 1)         /* 이중 간접 블록 */
#define EXT2_TIND_BLOCK (EXT2_D IND_BLOCK + 1)       /* 삼중 간접 블록 */
#define EXT2_N_BLOCKS (EXT2_TIND_BLOCK + 1)          /* 총 블록 수 */

/*
 * 디스크상의 아이노드(inode) 구조
 */
struct ext2_inode {
    __le16  i_mode;              /* 파일 모드 */
    __le16  i_uid;               /* 소유자 UID의 하위 16비트 */
    __le32  i_size;              /* 파일 크기(바이트 단위) */

    __le32  i_atime;             /* 마지막 접근 시간 */
    __le32  i_ctime;             /* 생성 시간 */
    __le32  i_mtime;             /* 마지막 수정 시간 */
    __le32  i_dtime;             /* 삭제 시간 */
    __le16  i_gid;               /* 그룹 ID의 하위 16비트 */
    __le16  i_links_count;       /* 링크 수 */
    __le32  i_blocks;            /* 파일이 사용하는 블록 수 */
    __le32  i_flags;             /* 파일 플래그 */

    // ...

    __le32  i_block[EXT2_N_BLOCKS];      /* 데이터 블록에 대한 포인터 배열 */
    __le32  i_generation;                /* 파일 버전(NFS에서 사용) */
    __le32  i_file_acl;                  /* 파일 접근 제어 목록(ACL) */
    __le32  i_dir_acl;                   /* 디렉터리 접근 제어 목록(ACL) */
    __le32  i_faddr;                     /* 프래그먼트 주소 */

    // ...
};
```

[그림 6-9]는 아이노드를 사용하는 ext2 파일 시스템의 인덱싱 예다. 그림에서 볼 수 있듯이, 파일 크기가 작으면 직접 인덱스를 사용하여 빠르게 접근할 수 있고, 파일 크기가 크면 간접 인덱스, 이중 간접 인덱스, 삼중 간접 인덱스를 통해 인덱싱할 수 있다. 파일 크기가 커지면 간접 인덱스를 사용하게 되는데, 아이노드는 저장 매체에 저장되어 있다가 파일 시스템이 마운트되면 커널 자료구조가 된다. 그러나 간접 인덱스가 가리키는 인덱스 블록은 저장 매체에 저장되어 있다. 따라서 파일 크기가 커지면 저장 매체에서 간접 인덱스 블록을 읽어와야 하기 때문에 접근 속도가 현저하게 저하된다. 이를 해결하기 위하여 파일 시스템은 인덱스 캐시를 사용한다. 즉, 한 번 접근한 인덱스 블록의 데이터를 메모리에 저장해 두었다가, 이후 데이터 블록을 찾을 때 저장 매체에서 읽어오는 대신 메모리에 있는 인덱스 캐시를 이용해 빠르게 접근한다. 한발 더 나아가, 파일 시스템 성능을 높이기 위해 데이터 블록 자체를 캐시하는데 이것을 버퍼 캐시라고 한다. 디스크 기반 파일 시스템은 디스크에 접근하는 데 시간이 걸리기 때문에 버퍼 캐시가 성능 개선에 주요한 역할을 한다.

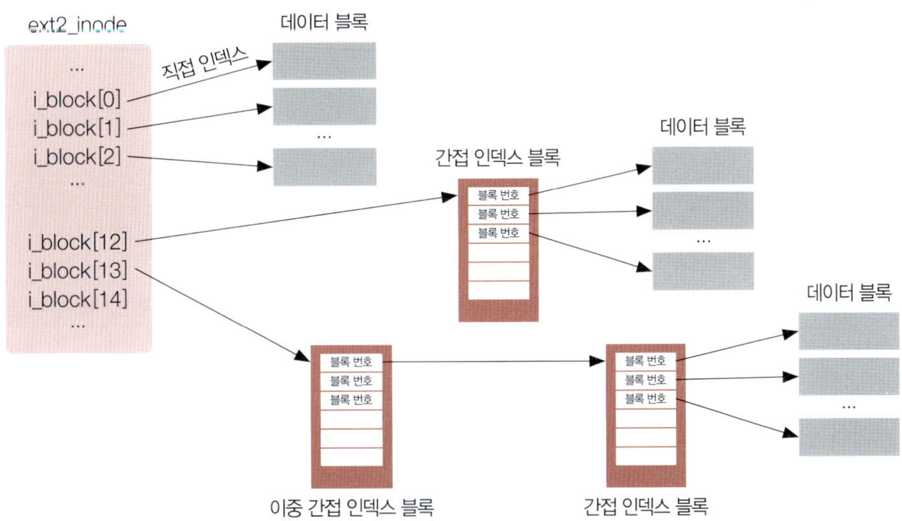

그림 6-9 아이노드를 이용한 ext2 파일 시스템의 인덱싱 구조

간접 인덱스 1개의 엔트리가 활용할 수 있는 파일 블록의 크기는 얼마나 될까? 4KB 크기의 블록에 대해 32비트 크기의 블록 번호를 배열 형태로 모두 저장하도록 한다면, 1,024개의 매핑을 추가할 수 있다. 따라서 간접 인덱스 1개의 엔트리는 1024 × 4KB = 4MB 파일의 블록을 커버할 수 있다. 이중 간접 인덱스를 이용하면, 이러한 매핑이 다시 1,024개가 생성되므로, 4GB 크기의 파일에 대한 블록 매핑을 구성할 수 있다. 리눅스 ext2 파일 시스템에서 저장할 수 있는 최대 파일 크기가 얼마인지는 퀴즈로 남겨두도록 한다.

ext2 파일 시스템의 읽기와 쓰기

ext2 파일 시스템은 전체 저장 매체를 일정한 단위의 블록 그룹으로 나누어 관리한다. 각 블록 그룹은 아이노드 블록, 블록 비트맵, 데이터 블록으로 구성된다. 아이노드 블록은 아이노드를 모아놓은 곳으로, 아이노드들이 배열로 저장되어 있다. 블록 비트맵은 저장 매체에서 비어 있는 블록들을 나타낸다. 이 비트맵은 데이터 블록을 할당할 때 사용되며, 비트 형태로 블록의 사용 여부를 나타낸다.

ext2 파일 시스템의 읽기 과정을 살펴보자. 데이터 블록에 저장된 파일의 내용을 읽고자 할 때 파일의 메타 데이터인 아이노드를 읽는 것으로 시작한다. 아이노드 번호는 파일이 생성될 때 파일 시스템이 생성하며, 이에 해당하는 아이노드가 아이노드 블록에 할당된다. 할당된 파일 번호는 디렉터리 파일에 저장된다. 따라서 읽기 과정은 먼저 디텍터리에서 파일 번호를 얻은 후 해당 번호를 이용해 아이노드를 아이노드 블록에서 찾는 것으로 시작된다.

아이노드가 결정되면, 아이노드 자료구조의 `i_block[]`으로부터 읽기를 원하는 블록을 직접 인덱스나 간접 인덱스를 통해 찾을 수 있다. 이후, 데이터 블록의 읽기와 `i_block[]`의 인덱스 읽기가 번갈아 가며 진행된다. 파일 쓰기 역시 파일의 아이노드를 통해 해당 데이터 블록을 찾아 쓰기 함으로써 구현할 수 있다. 만약 새로운 데이터 블록을 쓰는 것이라면, 데이터 블록을 쓰기 전에 블록 비트맵에서 비어 있는 데이터 블록을 할당하고 그 비트를 1로 비트맵을 업데이트한 후 아이노드의 해당 인덱스를 업데이트하는 과정을 거치게 된다.

ext3, ext4 파일 시스템에서 개선된 점

ext2 파일 시스템은 ext3, ext4 파일 시스템으로 발전해 왔다. ext3 파일 시스템에서는 파일 시스템 복구와 관련한 저널링 기능이 추가되었다. 이전의 ext2 파일 시스템은 비정상 종료 시 파일 시스템의 무결성 검사와 복구를 위한 시간이 매우 오래 걸렸다. 저장 장치는 종류에 따른 고유한 특성으로 인해 장치 자체의 노후화, 파일 저장 또는 수정 중 오류, 파일 정보 손실 등이 발생하여 파일 시스템에 손상을 주는 일이 빈번했다. 이러한 문제로 인한 시스템의 신뢰성 저하를 개선하기 위한 연구의 결과로 나온 것이 저널링 파일 시스템이다. 예를 들어 새 파일을 추가할 때 데이터 블록과 파일 정보의 업데이트 순서를 생각해 보자. 아이노드를 업데이트한 후에 데이터 블록을 업데이트했다고 가정했을 때, 아이노드 업데이트가 완료된 후 데이터 블록 업데이트가 아직 이루어지지 않은 상태에서 시스템 패닉이 발생한다면 어떻게 될까?

이 예의 경우 아이노드에는 기록되었으나 데이터 블록은 변경되지 않는다. 사용자는 아이노드를 통해 파일이 존재한다고 생각하지만, 실제 파일에 접근해 보면 원하는 내용이 저장되지 않았음을 알게 된다. 예를 들어 MS 워드로 문서 작업을 하는 도중 시스템이 다운되었다가 다시 돌아왔을 때, 작업하던 문서의 내용이 없어진 것도 바로 이런 이유 때문이다. 아이노드에는 데이터 블록 위치가 업데이트되어 있지만, 사용자가 실제 데이터 블록에 접근해 보면 원하지 않는 내용이 저장된 파일을 얻게 된다. 즉, 파일 시스템의 일관성이 깨진 상태가 된다.

저널링 파일 시스템은 파일 시스템에서 아이노드와 데이터의 변경 사항을 하나의 단위로 만들어 별도의 영역(이 영역을 저널journal이라고 하며, 이 때문에 저널링 파일 시스템이라는 명칭이 사용됨)에 저장하고, 저널을 한 덩어리로 하여 저장 매체에 쓰기 작업을 진행한다. 그래서 아이노드와 데이터 블록이 함께 업데이트되도록 하여 파일 시스템의 일관성을 유지한다. 저널링 파일 시스템의 다른 장점은 앞에서 설명한 로그 기반 파일 시스템처럼 여러 저널을 한꺼번에 처리하여 파일 시스템 성능을 높일 수 있다는 점이다.

구체적인 예로 [그림 6-10]은 저널링 파일 시스템에서 새로운 파일을 업데이트하는 과정을 보여준다. 새로운 파일을 추가하기 위해서는 ❶ 파일의 내용을 쓸 프리 블록을 할당하고, ❷ 아이노드를 새롭게 할당하여 아이노드에 새로운 블록 정보를 추가한 후, ❸ 디렉터리 엔트리에 아이노드 정보를 업데이트해야 한다. 파일 시스템의 일관성을 유지하기 위해서는 ❶~❸의 동작들을 한꺼번에 실행해야 한다. 이것을 구현하기 위하여 저널링 파일 시스템은 동작을 시작할 때 저널에 〈시작〉이라는 표시를 하고 동작을 마치면 〈커밋〉이라는 표시를 한다. 만약 저널에 〈시작〉만 있고 〈커밋〉이 없다면, 〈시작〉 이후에 발생한 동작들이 한꺼번에 실행되지 않았다고 간주하여 〈시작〉 이후의 동작을 되돌린다undo. 이것은 데이터 베이스 시스템에서 트랜잭션transaction을 구현하는 것과 매우 유사하다. 또한 소스 코드 관리 시스템인 깃git도 변경 단위를 저장하기 위해 비슷하게 동작한다.

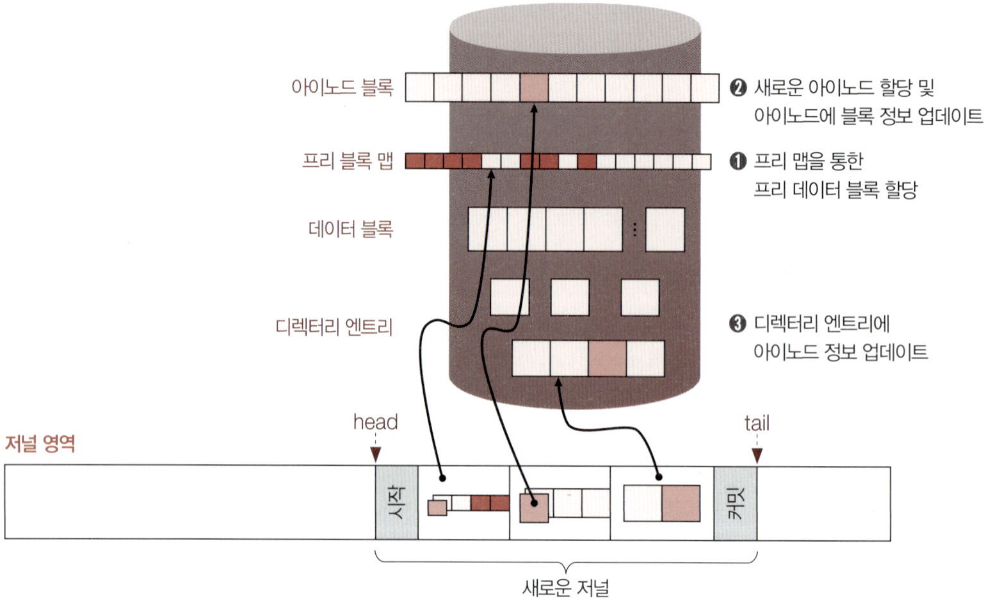

그림 6-10 저널링 파일 시스템을 활용한 파일 생성 예

ext4 파일 시스템은 extent를 활용해 최대 엑사바이트1EiB(2^{60}바이트) 수준의 대용량 저장 매체를 지원하며, 파일 최대 크기도 16테라바이트16TiB까지 다룰 수 있다. 또한 버퍼 캐시를 효율적으로 활용하는 지연 할당 기법을 통해 블록 할당을 최대한 연속적으로 수행하도록 개선했다.

ext2와 ext3 파일 시스템은 고정된 크기의 데이터 블록을 사용하는 데 반해, ext4 파일 시스템은 연속된contiguous 블록 할당을 지원하는 extent 기반의 방식으로 변경되었다. 그 이유는 저장 매체의 크기가 매우 크게 증가했기 때문이다. extent는 (시작 블록 주소, 길이)를 명시함으로써 큰 크기의 블록을 한 번에 할당할 수 있도록 한다.

이를 위해 전통적으로 사용되던 아이노드 구조가 변경되었다. 아이노드의 크기는 256바이트 이상으로 확장되었으며, 크기가 작은 파일의 경우 [그림 6-11]과 같이 extent 정보를 아이노드에 직접 저장한다. 아이노드에 저장되는 정보는 extent 헤더와 여러 개의 extent 엔트리를 포함한다. 크기가 크고 할당되는 블록이 복잡한 경우에는 [그림 6-12]와 같이 논리적인 B-트리 기반 자료구조를 만들어 사용한다. B-트리 구조를 만들기 위해 extent 엔트리는 extent 리프 블록과 extent 인덱스 블록으로 구분된다. extent 인덱스 블록은 트리 구조를 구성하는 내부 노드를 만드는 데 활용되며, 아이노드 자료구조 내부의 depth 비트를 이용해 구분한다.

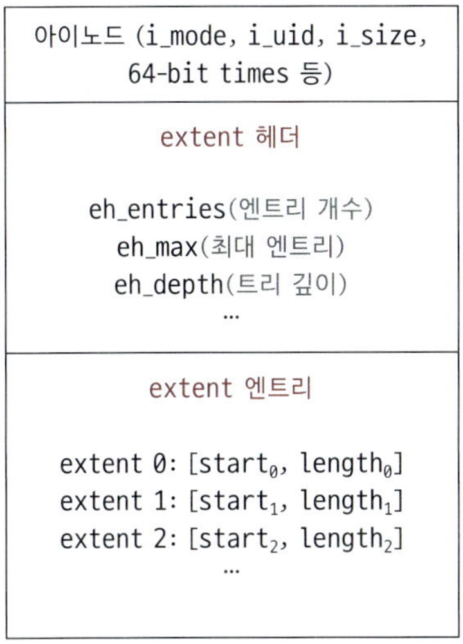

그림 6-11 ext4 파일 시스템의 아이노드 구조

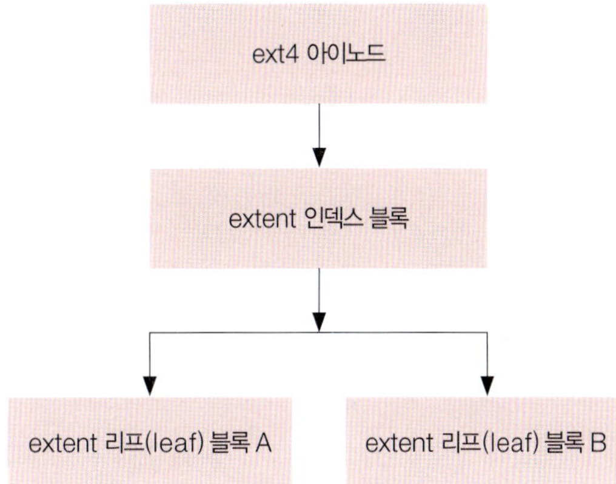

그림 6-12 확장 extent 사용 시 파일 인덱싱 구조

3 RAID와 플래시 기반 파일 시스템

파일 시스템은 저장 매체인 하드웨어의 특성에 따라 설계 방식의 다양화와 구현의 최적화를 거듭해 왔다. 여기서는 다중 디스크를 사용하는 RAID^Redundant Array of Inexpensive Disks^와 플래시를 사용하는 SSD^Solid State Drive^에 대해 설명한다. 먼저 RAID를 구성하는 디스크의 구조를 살펴보자.

디스크 기반 저장 매체의 특성과 파일 시스템의 설계

기존 디스크 저장 장치는 [그림 6-13]과 같은 구조를 가진다. 데이터를 디스크에 저장하기 위해서는 저장 위치를 (트랙, 헤드, 섹터)로 명시해야 한다. 트랙은 그림에서 스핀을 중심으로 원 형태로 이루어진다. 반지름이 적은 원(트랙)도 있고, 큰 트랙도 있다. 트랙은 섹터로 구성되는데 섹터의 크기는 고정되어 있다(일반적으로 512바이트). 섹터는 전자기적인 동작으로 0과 1을 읽고 쓸 수 있다. 트랙을 바꾸려면 장치 내 암^arm^을 움직여야 하는데, 이 동작은 기계적인 동작이다. 헤드를 원하는 트랙에 가져다 놓고, 디스크를 회전시켜 해당 트랙의 데이터를 읽는다. 그리고 이 데이터를 PCI나 SATA를 통하여 메모리로 전송한다.

암은 기계적인 동작을 통해 물리적으로 움직여야 하기 때문에 이동에 밀리초^ms^가 소요되고, 디스크를 한 바퀴 돌려 섹터를 읽는 데는 역시 수 밀리초 정도가 걸린다. 디스크의 하드웨어

규격을 보면, RPMRevolutions Per Minute이 있는데 이것이 디스크가 한 바퀴 도는 시간을 결정한다. 만약 디스크가 7,200RPM을 가지고 있다면 한 번 도는 데 8밀리초 정도 소요된다. 이처럼 디스크의 동작 시간은 CPU 처리 속도에 비해 상당히 길기 때문에 디스크를 저장 장치로 사용하던 시스템에서는 디스크 성능이 전체 시스템의 속도를 제한하는 요소로 작용했다. 다시 말해, 여러 작업이 동시에 수행되는 병행성이 높은 시스템에서 디스크 입출력 요청 속도는 디스크 자체의 처리 속도보다 훨씬 빨라서 운영체제는 여러 요청들을 큐에 저장해 놓고 순차적으로 처리한다.

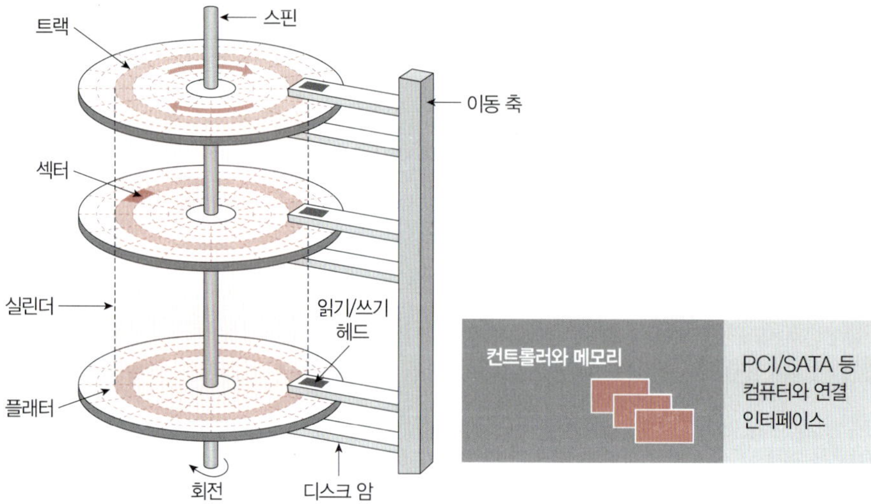

그림 6-13 디스크 기반 저장 매체의 구조

운영체제는 CPU 스케줄러가 다수의 CPU 작업 처리 순서를 결정하는 것과 유사하게, 여러 디스크의 입출력 요청 처리 순서를 조정하는 I/O 스케줄러를 활용한다. I/O 스케줄러는 보통 CPU 스케줄링에 쓰였던 FIFO 방식 외에도, 연속된 트랙 요청들을 모아 처리하거나 암의 이동을 최소화하는 방식으로 디스크 입출력의 효율성을 개선하였다.

파일 시스템은 디스크 구조를 고려하여 최적화되었는데, 예를 들어 파일 접근 시 데이터 블록과 메타 데이터 영역을 번갈아 접근해야 한다. 이때, 아이노드와 데이터 블록을 독립적으로 할당하게 되면, 아이노드와 데이터 블록이 다른 트랙에 위치하여 디스크 암이 아이노드를 읽은 후 데이터 블록을 읽기 위해 암을 다시 이동시켜야 한다. 그리고 이처럼 잦은 물리적 암 이동으로 파일 시스템 성능이 매우 저하된다. BSD 유닉스에서 도입된 FFSFast File system에서는 이러한 문제점을 해결하고자 메타 데이터와 관련된 데이터 블록이 가까이 위치하도록 개선하였다. 즉, 트랙들을 실린더 그룹으로 묶어 나누고 하나의 실린더 그룹 안에서 아이노드와 데이터 블록을 할당하도록 하였다. 이러한 아이디어는 이후의 디스크 기반 파일 시스템에서 널리 활용되었다.

다중 디스크 시스템(RAID)

디스크 장치의 느린 속도는 시스템 성능을 저해하는 주요 원인으로 널리 알려져 있었다. 게다가 물리적인 모터와 전자기적 원리에 기반한 디스크 장치는 기계적 마모나 충격에 쉽게 손상되어 고장률이 높았다. 이러한 디스크 장치의 성능과 신뢰성 문제를 해결하기 위한 연구는 수십 년간 계속되었으며, 그중 RAID[Redundant Array of Inexpensive Disks] 방식이 주목할 만하다. RAID는 [그림 6-14]에서 볼 수 있듯이 디스크를 병렬로 구성하여 속도와 안정성을 향상시키는 기술이다.

그림 6-14 RAID 구성

RAID는 다양한 설정 방식으로 구현될 수 있다. 특히 RAID-0 구성에서는 여러 디스크를 병렬적으로 최대한 활용하고자 스트라이핑 기법을 사용한다. 스트라이핑 기법은 여러 디스크에 걸쳐 논리적인 블록 주소를 할당하는 방식이다. 예를 들어 [그림 6-14]에서 논리 디스크 블록 0~7번을 디스크 0~3번에 순서대로 저장하는 방식이다. 이 경우, 순차적인 읽기 요청은 각기 다른 디스크로 분산되어 단일 디스크를 사용할 때보다 최대 4배 빠른 데이터 처리 속도를 제공한다.

일반적으로 디스크 고장률은 0.01%인데, 이 수치는 매우 작게 느껴질 수 있다. 하지만 대규모 서버 시스템에서 1만 개의 디스크를 사용한다면, 평균적으로 1개의 디스크는 고장 상태일 가능성이 있음을 의미한다. 데이터양이 급증하면서 스토리지의 신뢰성이 중요한 문제로 부상하였고 이로 인해 로그 기반 파일 시스템, 저널링 파일 시스템과 더불어 RAID 시스템 또한 널리 사용되고 있다.

디스크의 신뢰성을 높이기 위해 사용되는 것이 RAID-1이다. [그림 6-14]를 RAID-1으로 구성하면, 디스크 1에는 항상 디스크 0의 모든 블록이 복제되어 저장된다. 디스크 3 역시 디스크 2 블록의 복제본을 가지고 있다. 이러한 구조로 인해 디스크 저장 공간 효율은 50%로 감소하며, 입출력 처리 속도도 RAID-0 구성의 절반 수준에 불과하다. 그러나 디스크에 물리적 결함이 발생하더라도 복제된 데이터가 다른 디스크에 안전하게 보관되어 있어 높은 수준의 데이터 신뢰성을 확보할 수 있다.

RAID-4와 RAID-5는 이전의 두 RAID 구성 방식을 혼합한 형태로, 스트라이핑을 통해 병렬 접근 디스크 수를 늘리면서도 데이터 안정성을 위한 정보를 함께 보관한다. RAID-1처럼 모든 블록을 복제하는 대신, RAID-4는 데이터 일관성을 위한 패리티 비트만 관리한다. 전체 디스크 중 1개는 패리티 비트 저장용으로 쓰고, 나머지는 스트라이핑에 활용한다. 패리티 디스크에는 스트라이핑된 블록들의 XOR 연산 결과가 저장된다. 이 방법을 통해 하나의 디스크 오류를 쉽게 감지할 수 있다. [그림 6-14]를 RAID-4로 구성하면, 디스크 3는 패리티 비트를 저장하고, 디스크 0~2는 스트라이핑으로 사용될 수 있다.

RAID-4는 패리티 정보를 저장하기 위한 전용 디스크를 사용한다. 그렇다 보니 여러 디스크에서 동시에 쓰기 작업이 발생하면 이 전용 디스크의 XOR 연산 동기화로 인해 성능 병목 현상이 발생한다. 반면, RAID-5는 전용 디스크 대신 패리티 정보를 여러 디스크에 분산시켜 저장함으로써 병렬적인 쓰기 작업 시 성능 저하를 최소화하도록 한다.

플래시 기반 저장 매체의 특성과 파일 시스템의 설계

플래시 메모리는 비휘발성 반도체의 고유한 성질을 이용해 정보를 저장한다. [그림 6-15]는 이러한 플래시 기반 저장 장치인 SSD의 구조를 보여준다. 모터 같은 물리적인 구동 부품이 없어 접근 시간이 매우 빠르고 기계적 고장 발생률도 낮다. SSD는 그림과 같이 칩을 병렬로 연결하여 기존 디스크에 비해 훨씬 뛰어난 성능을 제공하도록 설계하고 SSD 컨트롤러를 통해 메모리에 연결한다. 그림의 FTL은 뒤에서 설명한다.

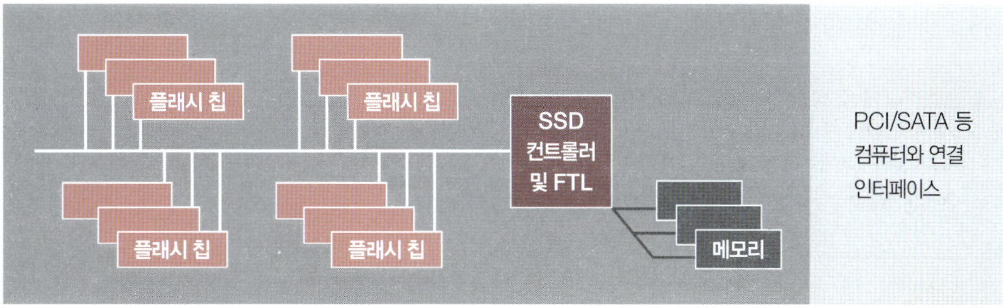

그림 6-15 SSD 장치의 내부 구조

플래시 저장 장치의 핵심 부품인 플래시 칩을 뱅크라고 하며, [그림 6-16]에서 볼 수 있듯이 뱅크는 여러 플래시 블록으로, 블록은 다시 여러 페이지로 나뉜다. 플래시 칩은 하드웨어 특성상 비휘발성을 가지며, 읽기와 쓰기 작업 시 속도와 방식에 차이가 있다. 읽기 작업은 메모리처럼 임의 주소에 접근하여 페이지 단위로 이루어지지만, 쓰기 작업은 지우기 작업이 완료된 영역에서만 가능하다. 쓰기 작업은 페이지 단위로 수행되지만, 지우기 작업은 읽기/쓰기보다 더 큰 블록 단위로 이루어진다. 또한 읽기 속도는 쓰기 속도보다 훨씬 빠르며, 플래시 장치는 쓰기 수명이 제한되어 있어 일정 횟수 이상 쓰면 작동이 불안정해진다.

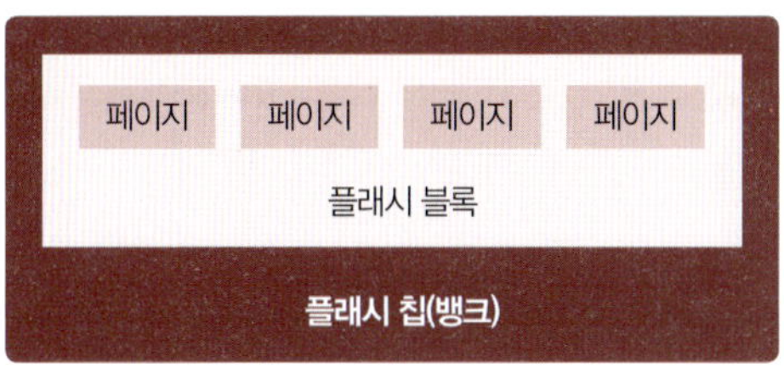

그림 6-16 플래시 칩의 구조

NOTE 데이터 블록 주소(LBA)와 파일 논리 블록

물리적인 저장 매체의 구조에 따라 데이터 블록의 주소는 다르게 지정된다. 디스크의 경우 물리적인 데이터 블록의 주소를 (실린더, 헤드, 섹터)로 지정한다. SSD의 경우 뱅크, 블록, 페이지로 데이터 블록의 위치를 지정한다.

LBA[Logical Block Address]는 저장 매체별로 다른 주소 지정 방식을 논리적인 번호로 통일하여 사용할 수 있도록 한다. 즉, LBA는 저장 매체와 무관하게 OS가 보는 물리적인 데이터 블록의 번호로 사용된다. 또한 LBA는 파일의 논리 블록에 해당한다.

특히 플래시 칩 내에서 페이지 쓰기는 임의 위치에 대한 덮어 쓰기in-place update가 불가능하다. [그림 6-17]의 왼쪽 그림에서 LBA2에 들어 있는 내용을 변경하려면(LBA2′라 하자) 해당 블록 전체를 지우고(LBA1 · 2 · 3 · 4 모두 삭제) 오른쪽 그림과 같이 모든 페이지의 내용을 업데이트해야 한다. 즉, LBA1 · 3 · 4는 다시 쓰고 LBA2′로 변경해야 한다. 플래시 칩은 쓰기 수명이 제한적인데, 이러한 특성은 플래시 기반 저장 매체의 치명적인 한계로 지적된다.

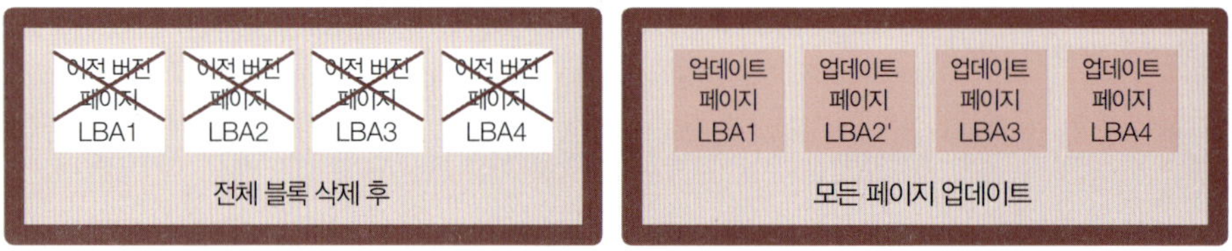

그림 6-17 LBA2를 업데이트하는 경우: 전체 블록을 삭제한 후 모든 페이지에 내용을 다시 써야 한다.

최근 SSD는 [그림 6-18]과 같이 FTLFlash Translation Layer, 플래시 변환 계층이라는 펌웨어를 내장하고 있다. FTL은 플래시 메모리를 마치 디스크처럼 사용할 수 있도록 한다. 그림에서는 LBA2가 플래시 페이지 2번에 있다가 쓰기를 하면서, LBA2′(변경된 LBA2)가 플래시 페이지 5번에 매핑되는 것을 보여준다. 즉, FTL은 [그림 6-17]의 블록 단위 삭제를 하지 않고, LBA2에 새롭게 할당된 페이지 5에 LBA2′를 저장한다. 이처럼 물리 페이지 번호와 LBA 매핑을 유연하게 관리함으로써 특정 플래시 블록의 수명 단축을 방지하고 쓰기/지우기 작업의 반복을 줄여 성능을 개선할 수 있다.

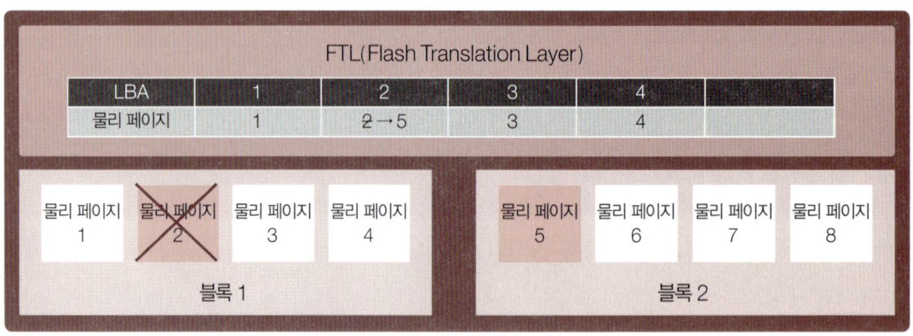

그림 6-18 FTL을 이용한 페이지 업데이트(LBA2를 업데이트하는 경우)

그러나 FTL은 새로운 문제를 야기한다. FTL은 페이지가 변경될 때마다 새로운 페이지를 사용한다. 예를 들어 한 프로세스가 파일의 내용을 지속적으로 업데이트하는 경우 SSD는 같은 위치에 내용을 덮어쓰는 대신 새로운 페이지를 계속 할당하게 되어 결국 저장 공간 부족 문제를 초래한다. 따라서 FTL은 블록 사용률을 항상 모니터링하다가, 유휴 공간이 부족해지면 사용률이 낮은 블록의 데이터를 다른 블록으로 옮긴 후 해당 블록을 삭제하여 유휴 공간을 확보한다. 이러한 작업은 C++ 또는 자바의 런타임 환경에서 실행되는 가비지 컬렉션Garbage Collection, GC과 유사하다.

FTL을 사용하지 않고 플래시 메모리의 특성을 반영한 순수 플래시 파일 시스템도 존재한다. 이런 플래시 파일 시스템은 데이터와 메타 데이터 블록을 쓸 때 이들을 플레시에 순차적으로 그리고 한꺼번에 쓰도록 하여 플레시 파일 시스템의 쓰기 속도를 향상시키고 저장 공간 부족 문제를 최소화한다. 이러한 동작은 로그 기반 파일 시스템과 유사하다. 또한 병렬적인 플래시 칩 구성을 통해 높은 성능을 유지한다.

최근 SSD 저장 장치는 플래시 파일 시스템과 입출력 시스템의 성능을 크게 향상시켰다. 이와 관련된 하드웨어 및 소프트웨어 효율성을 높이기 위한 연구가 계속되고 있다.

요점 정리

*** FAT 파일 시스템의 파일 저장 구조**

파일 할당 테이블은 디스크 블록과 일대일로 매핑된 배열 형태의 자료구조다. FAT 파일 시스템상의 파일 번호는 파일이 저장되기 시작하는 첫 번째 데이터 블록의 번호와 동일하다. 이후 블록들은 파일 할당 테이블 배열에 연결 리스트 형태로 구현된다(다음 블록의 번호가 저장되어 있음).

*** FAT 파일 시스템의 블록 할당 방식**

파일 할당 테이블상에서 아직 사용되지 않은 블록들은 별도의 연결 리스트로 구성되어 있다(다음 프리 블록의 번호가 저장되어 있음). 블록이 새로 할당되면 이 연결 리스트에서 한 블록을 빼내어 사용하고, 연결 리스트를 이어준다.

*** ext2 파일 시스템의 파일 저장 구조**

리눅스 ext2 파일 시스템은 각 파일에 대한 메타 데이터를 별도로 관리한다. 파일의 메타 데이터를 아이노드라고 부른다. 아이노드는 직접 인덱스를 통해 작은 파일의 접근 속도를 향상시키고, 간접 인덱스 및 이중 간접 인덱스를 이용하여 대용량 파일의 블록 사용을 지원한다.

퀴즈

퀴즈 1) 크기가 큰 파일을 사용할 때 FAT 파일의 장점과 단점을 설명하시오.

퀴즈 2) 보안적인 측면에서 FAT 파일의 단점은 무엇인가?

퀴즈 3) 스토리지의 크기가 더 커진 환경에서 크기가 큰 파일의 인덱싱을 지원하기 위한 기법에는 어떤 것들이 있는가?

퀴즈 4) [코드 6-1]의 파일 시스템 아이노드 자료구조를 사용할 경우, 이 파일 시스템에서 제공할 수 있는 최대 파일 크기는 얼마인지 계산하시오.

예시 답안

04 실습 과제

Lab 간단한 파일 시스템을 설계 및 구현하고 디렉터리 엔트리와 인덱스 구조를 이용한 파일 읽기/쓰기를 구현한다.

실습 이론

- 파일 시스템과 저장 매체의 레이아웃
- 파일 시스템 구현을 통한 디렉터리 엔트리와 인덱스 구조의 필요성

실습 1 파일 시스템 설계 및 구현

간단한 파일 시스템Simple File system을 설계하고 구현해 보자. 파일 시스템이 탑재된 저장 매체는 메타 데이터와 데이터를 저장하는 영역을 구분하며, 이를 정의하는 자료구조는 `fs.h` 헤더 파일에 포함되어 있다.

구현할 파일 시스템의 구조는 다음과 같다.

- 메타 데이터 영역
  - 슈퍼 블록(`super_block`): 파일 시스템 자체 정보를 저장한다.
  - 아이노드 배열(`inode_table`): 파일의 인덱스 정보를 저장한다.
- 파일 관련 구조체
  - 아이노드 구조체: 각 파일의 메타 데이터를 포함한다. 파일 크기, 종류, 데이터 블록 정보 등을 저장한다.
  - 디렉터리 파일(`dentry` 구조체): 파일 목록을 관리하며, 파일명과 해당 파일의 아이노드 번호를 저장한다. `inode_table` 배열의 인덱스가 해당 파일의 아이노드 번호를 의미한다.
- 루트 디렉터리(/): 최상위 경로이며, 아이노드 번호는 2번이다. 해당 정보는 슈퍼 블록에 저장한다.

응용 과제 1 루트 디렉터리의 파일 출력하기

fs.h 헤더 파일 구조에 따라 저장된 파티션 이미지 파일을 한빛아카데미 홈페이지의 자료실에서 다운로드하여 루트 디렉터리의 파일들을 출력한다. 이를 위해 다음과 같은 단계를 수행한다.

❶ 루트 디렉터리 파일(아이노드 2번)을 연다.

❷ 디렉터리 파일에서 각 파일의 아이노드 정보를 찾는다.

❸ 각 아이노드 정보를 읽고 파일 크기를 확인한다.

❹ 아이노드에 저장된 데이터 블록을 순차적으로 읽는다.

❺ 읽어들인 데이터를 dentry 형식에 맞게 분할하여 파일 목록을 출력한다.

응용 과제 2 파일 내용 읽고 출력하기

루트 디렉터리에 저장된 file_3 파일의 내용을 읽고 출력해 보자. 이를 위해 다음과 같은 단계를 구현한다.

❶ 루트 디렉터리 파일을 읽는다.

❷ 디렉터리 파일에서 file_3 파일의 아이노드 번호를 찾는다.

❸ inode_table에서 해당 아이노드 정보를 읽는다.

❹ 파일 크기를 확인한 후 데이터 블록을 순차적으로 읽는다.

❺ 읽어들인 데이터를 하나의 버퍼에 복사한 후 화면에 출력한다.

응용 과제 3 파일 작성하여 저장하기

파티션 이미지 파일을 열어 파일을 읽고 데이터를 추가로 작성한 후, 저장 여부를 확인하는 기능을 구현해 보자. 현재 파일 시스템 이미지에는 데이터 블록의 사용 현황을 관리하는 자료 구조가 포함되어 있지 않다. 이 문제를 해결하기 위해 슈퍼 블록의 padding 영역을 활용하여 다음과 같은 단계로 프리 블록 맵을 구성한다.

❶ 파일을 열고 기존 데이터를 읽는다.

❷ 새로운 데이터를 추가로 작성한다.

❸ 쓰기 작업이 정상적으로 수행되었는지 확인한다.

❹ 프리 블록 맵을 활용한다.

- 사용 중인 데이터 블록은 1, 사용하지 않은 데이터 블록은 0으로 설정한다.
- 쓰기 과정에서 비어 있는 블록을 찾아 동적으로 할당할 수 있도록 구현한다.

응용 과제 4 접근 제어 구현하기

여러 명의 사용자가 파일을 읽거나 쓸 수 있도록 파일 오픈 인터페이스를 정의하고, 읽기/쓰기 접근에 대한 제어 기법을 다음과 같이 구현해 보자.

❶ 파일 오픈 시 사용자가 읽기/쓰기 플래그를 지정할 수 있도록 인터페이스를 제공한다.

- O_READ: 여러 사용자가 동시에 파일을 읽을 수 있다.
- O_WRITE: 한 번에 한 사용자만 파일을 쓸 수 있도록 제어한다.
- O_RDWR: 동시에 읽고 쓸 수 있으나 동기화가 필요하다.

❷ 파일 접근 동기화를 구현한다.

- 쓰기 중 다른 사용자가 접근하지 못하도록 락Lock을 적용한다.
- 뮤텍스Mutex 또는 세마포Semaphore를 활용해 동기화를 처리한다.
- 읽기-쓰기 락RW Lock을 적용하여 동시 읽기 허용, 쓰기 충돌 방지를 적용한다.
- 파일 닫기(close()) 시 잠금 해제 및 접근 가능 상태로 변경한다.

```
/* Simple File system header(fs.h) */

/**
 * 정의된 값
 */
#define SIMPLE_PARTITION            0x1111

/* 아이노드(inode) 접근 권한 모드 */
#define INVALID_INODE               0
#define INODE_MODE_AC_ALL           0x777           // 모든 사용자 접근 가능
#define INODE_MODE_AC_USER_R        0x001           // 사용자 읽기 권한
#define INODE_MODE_AC_USER_W        0x002           // 사용자 쓰기 권한
#define INODE_MODE_AC_USER_X        0x004           // 사용자 실행 권한
#define INODE_MODE_AC_OTHER_R       0x010           // 다른 사용자 읽기 권한
#define INODE_MODE_AC_OTHER_W       0x020           // 다른 사용자 쓰기 권한
#define INODE_MODE_AC_OTHER_X       0x040           // 다른 사용자 실행 권한
#define INODE_MODE_AC_GRP_R         0x100           // 그룹 읽기 권한
#define INODE_MODE_AC_GRP_W         0x200           // 그룹 쓰기 권한
#define INODE_MODE_AC_GRP_X         0x400           // 그룹 실행 권한

/* 아이노드 파일 유형 */
#define INODE_MODE_REG_FILE         0x10000         // 일반 파일
#define INODE_MODE_DIR_FILE         0x20000         // 디렉터리 파일
#define INODE_MODE_DEV_FILE         0x40000         // 장치 파일

/* 디렉터리 엔트리 유형 */
#define DENTRY_TYPE_REG_FILE        0x1             // 일반 파일
#define DENTRY_TYPE_DIR_FILE        0x2             // 디렉터리 파일

/* 블록 크기 */
#define BLOCK_SIZE                  0x400           // 1KB

/**
  * 파티션 구조
  * 가정 사항:
  *      데이터 블록 크기: 1K
  *      파티션 크기: 4MB
```

```
 *      슈퍼 블록 크기: 1KB
 *      아이노드 테이블 크기: 7KB(32바이트 아이노드 * 224개)
 *      데이터 블록: ~4K개(1KB 블록)
*/

/**
 * 슈퍼 블록 구조체
 */
struct super_block {
    unsigned int partition_type;          // 파티션 유형
    unsigned int block_size;              // 블록 크기
    unsigned int inode_size;              // 아이노드 크기
    unsigned int first_inode;             // 첫 번째 아이노드 위치

    unsigned int num_inodes;              // 전체 아이노드 개수
    unsigned int num_inode_blocks;        // 아이노드 블록 개수
    unsigned int num_free_inodes;         // 사용 가능한 아이노드 개수

    unsigned int num_blocks;              // 전체 블록 개수
    unsigned int num_free_blocks;         // 사용 가능한 블록 개수
    unsigned int first_data_block;        // 첫 번째 데이터 블록 위치

    char volume_name[24];                 // 볼륨 이름
    unsigned char padding[960];           // 패딩(구조체 크기를 1KB로 맞춤)
};

/**
 * 32바이트 아이노드 구조체
 */
struct inode {
    unsigned int mode;                    // 파일 유형 및 접근 권한
    unsigned int locked;                  // 쓰기 작업을 위한 잠금 상태
    unsigned int date;                    // 타임스탬프
    unsigned int size;                    // 파일 크기
    int indirect_block;                   // 간접 블록 참조(-1은 NULL)
    unsigned short blocks[6];             // 직접 블록 포인터
};
```

```
struct blocks {
    unsigned char d[1024];
};

/**
 * 물리적 파티션 구조체
 */
struct partition {
    struct super_block s;                // 슈퍼 블록
    struct inode inode_table[224];       // 224개의 아이노드 테이블
    struct blocks data_blocks[4088];     // 데이터 블록(4096 - 8)
};


/**
 * 디렉터리 엔트리 구조체
 */
struct dentry {
    unsigned int inode;                  // 파일의 아이노드 번호
    unsigned int dir_length;             // 디렉터리 길이
    unsigned int name_len;               // 파일명 길이
    unsigned int file_type;              // 파일 유형
    union {
        unsigned char name[256];         // 파일명 저장
        unsigned char n_pad[16][16];     // 패딩
    };
};
```

참고문헌

[1] Accetta, Michael J., R. Baron, W. Bolosky, D. Golub, R. Rashid, A. Tevanian, and Michael Young. "Mach: A New Kernel Foundation for UNIX Development" 1986.

[2] Adams, Keith, and Ole Agesen. "A Comparison of Software and Hardware Techniques for X86 Virtualization" *SIGOPS Oper. Syst. Rev.* 40, no. 5 (October 20, 2006): 2-13.

[3] Agrawal, Nitin, William J. Bolosky, John R. Douceur, and Jacob R. Lorch. "A Five-Year Study of File-System Metadata" *ACM Trans. Storage* 3, no. 3 (October 1, 2007): 9:1-9:32 pg.

[4] Amdahl, Gene M. "Validity of the Single Processor Approach to Achieving Large Scale Computing Capabilities" [Reprinted from the AFIPS Conference Proceedings, Vol. 30 (Atlantic City, N.J., Apr. 18-20), AFIPS Press, Reston, Va., 1967, Pp. 483-485, When Dr. Amdahl Was at International Business Machines Corporation, Sunnyvale, California] *IEEE Solid-State Circuits Society Newsletter* 12, no. 3 (2007): 19-20.

[5] Anderson, Thomas, and Michael Dahlin. "Operating Systems: Principles and Practice" 2nd edition. s.l.: Recursive Books, 2014.

[6] Anderson, Thomas E., Brian N. Bershad, Edward D. Lazowska, and Henry M. Levy. "Scheduler Activations: Effective Kernel Support for the User-Level Management of Parallelism" In *Proceedings of the Thirteenth ACM Symposium on Operating Systems Principles*, 95-109. SOSP'91. New York, NY, USA: Association for Computing Machinery, 1991.

[7] Andrew S. Tanenbaum and Herbert Bos. "Modern Operating Systems (4th. ed.)" Prentice Hall Press, USA, 2014.

[8] Arpaci-Dusseau, Andrea C., and D. Culler. "Extending Proportional-Share Scheduling to a Network of Workstation" 1997.

[9] Bairavasundaram, Lakshmi N., Andrea C. Arpaci-Dusseau, Remzi H. Arpaci-Dusseau, Garth R. Goodson, and Bianca Schroeder. "An Analysis of Data Corruption in the Storage Stack" *ACM Trans. Storage* 4, no. 3 (November 24, 2008): 8:1-8:28.

[10] Barham, Paul, Boris Dragovic, Keir Fraser, Steven Hand, Tim Harris, Alex Ho, Rolf Neugebauer, Ian Pratt, and Andrew Warfield. "Xen and the Art of Virtualization" In *Proceedings of the Nineteenth ACM Symposium on Operating Systems Principles*, 164-77. Bolton Landing, NY, USA: ACM, 2003.

[11] Baumann, Andrew, Paul Barham, Pierre-Evariste Dagand, Tim Harris, Rebecca Isaacs, Simon Peter, Timothy Roscoe, Adrian Schüpbach, and Akhilesh Singhania. "The Multikernel: A New OS Architecture for Scalable Multicore Systems" In *Proceedings of the ACM SIGOPS 22nd Symposium on Operating Systems Principles*, 29-44. Big Sky, Montana, USA: ACM, 2009.

[12] Behren, Rob von, Jeremy Condit, and Eric Brewer. "Why Events Are a Bad Idea (for High-Concurrency Servers)" In *Proceedings of the 9th Conference on Hot Topics in Operating Systems* - Volume 9, 4. HOTOS'03. USA: USENIX Association, 2003.

[13] Belady, L. A. "A Study of Replacement Algorithms for a Virtual-Storage Computer" *IBM Syst. J.* 5, no. 2 (June 1, 1966): 78-101.

[14] Belady, L. A., R. A. Nelson, and G. S. Shedler. "An Anomaly in Space-Time Characteristics of Certain Programs Running in a Paging Machine" *Commun. ACM* 12, no. 6 (June 1, 1969): 349-53.

[15] Bensoussan, A., C. T. Clingen, and R. C. Daley. "The Multics Virtual Memory" In *Proceedings of the Second Symposium on Operating Systems Principles*, 30-42. SOSP '69. New York, NY, USA: Association for Computing Machinery, 1969.

[16] Bentley, Jon. "Programming Pearls: The Back of the Envelope" *Commun. ACM* 27, no. 3 (March 1, 1984): 180-84.

[17] Birrell, Andrew D. "Implementing Condition Variables with Semaphores" In *Computer Systems: Theory, Technology, and Applications*, edited by Andrew Herbert and Karen Spärck Jones, 29-37. New York, NY: Springer, 2004.

[18] Birrell, Andrew D., and Bruce Jay Nelson. "Implementing Remote Procedure Calls" *ACM Trans. Comput. Syst.* 2, no. 1 (February 1, 1984): 39-59.

[19] Birrell, Andrew, Michael Isard, Chuck Thacker, and Ted Wobber. "A Design for High-Performance Flash Disks" *SIGOPS Oper. Syst. Rev.* 41, no. 2 (April 1, 2007): 88-93.

[20] Bitton, Dina, and Jim Gray. "Disk Shadowing" In *Proceedings of the 14th International Conference on Very Large Data Bases*, 331-38. VLDB '88. San Francisco, CA, USA: Morgan Kaufmann Publishers Inc., 1988.

[21] Blasgen, Mike, Jim Gray, Mike Mitoma, and Tom Price. "The Convoy Phenomenon" *SIGOPS Oper. Syst. Rev.* 13, no. 2 (April 1, 1979): 20-25.

[22] Bovet, Daniel P., and Marco Cesati. "Understanding the Linux Kernel: From I/O Ports to Process Management" 3rd edition. Sebastopol: O'Reilly Media, 2005.

[23] Boyd-Wickizer, Silas, Austin T. Clements, Yandong Mao, Aleksey Pesterev, M. Frans Kaashoek, Robert Morris, and Nickolai Zeldovich. "An Analysis of Linux Scalability to Many Cores" In *Proceedings of the 9th USENIX Conference on Operating Systems Design and Implementation*, 1-16. OSDI'10. USA: USENIX Association, 2010.

[24] Breslau, L., Pei Cao, Li Fan, G. Phillips, and S. Shenker. "Web Caching and Zipf-like Distributions: Evidence and Implications" In *IEEE INFOCOM '99. Conference on Computer Communications. Proceedings. Eighteenth Annual Joint Conference of the IEEE Computer and Communications Societies. The Future Is Now (Cat. No.99CH36320)*, 126-34 vol.1. New York, NY, USA: IEEE, 1999.

[25] Bressoud, Thomas C., and Fred B. Schneider. "Hypervisor-Based Fault Tolerance" *ACM Transactions on Computer Systems* 14, no. 1 (February 1996): 80-107.

[26] Bugnion, Edouard, Scott Devine, Kinshuk Govil, and Mendel Rosenblum. "Disco: Running Commodity Operating Systems on Scalable Multiprocessors" *ACM Transactions on Computer Systems* 15, no. 4 (November 1997): 412–47.

[27] Butenhof, David R. "Programming with POSIX Threads" 21st printing. Addison-Wesley Professional Computing Series. Boston: Addison-Wesley, 2008.

[28] CARD, R. "Design and Implementation of the Second Extended Filesystem" *Proc. First Dutch International Symposium on Linux*, Dec. 1994.

[29] Carrier, Brian. "File System Forensic Analysis Boston" MA; London: Addison-Wesley, 2005.

[30] Case, Richard P., and Andris Padegs. "Architecture of the IBM System/370" *Commun. ACM* 21, no. 1 (January 1, 1978): 73–96.

[31] Chen, J. Bradley, and Brian N. Bershad. "The Impact of Operating System Structure on Memory System Performance" In *Proceedings of the Fourteenth ACM Symposium on Operating Systems Principles* – SOSP '93, 120–33. Asheville, North Carolina, USA: ACM Press, 1993.

[32] Chen, P. M., and B. D. Noble. "When Virtual Is Better than Real [Operating System Relocation to Virtual Machines]" In *Proceedings Eighth Workshop on Hot Topics in Operating Systems*, 133–38. Elmau, Germany: IEEE Comput. Soc, 2001.

[33] Chou, Andy, Junfeng Yang, Benjamin Chelf, Seth Hallem, and Dawson Engler. "An Empirical Study of Operating Systems Errors" In *Proceedings of the Eighteenth ACM Symposium on Operating Systems Principles*, 73–88. SOSP '01. New York, NY, USA: Association for Computing Machinery, 2001.

[34] Clark, David D. "The Structuring of Systems Using Upcalls" In *Proceedings of the Tenth ACM Symposium on Operating Systems Principles*, 171–80. SOSP '85. New York, NY, USA: Association for Computing Machinery, 1985.

[35] Coffman, E. G., M. Elphick, and A. Shoshani. "System Deadlocks" *ACM Comput. Surv.* 3, no. 2 (June 1, 1971): 67–78.

[36] Cooprider, Lee W., F. Heymans, P. J. Courtois, and David L. Parnas. "Information Streams Sharing a Finite Buffer: Other Solutions" *Information Processing Letters* 3, no. 1 (July 1, 1974): 16–21.

[37] Corbató, F. J., and V. A. Vyssotsky. "Introduction and Overview of the Multics System" In *Proceedings of the November 30--December 1, 1965, Fall Joint Computer Conference, Part I*, 185–96. AFIPS '65 (Fall, Part I). New York, NY, USA: Association for Computing Machinery, 1965.

[38] Corbató, Fernando J. "On Building Systems That Will Fail" *Commun. ACM* 34, no. 9 (September 1, 1991): 72–81.

[39] Courtois, P. J., F. Heymans, and D. L. Parnas. "Concurrent Control with 'Readers' and 'Writers'" *Commun. ACM* 14, no. 10 (October 1, 1971): 667–68.

[40] Custer, Helen. "Inside the Windows NT File System" USA: Microsoft Press, 1994.

[41] David, Tudor, Rachid Guerraoui, and Vasileios Trigonakis. "Everything You Always Wanted to Know about Synchronization but Were Afraid to Ask" In *Proceedings of the Twenty-Fourth ACM Symposium on Operating Systems Principles*, 33–48. SOSP '13. New York, NY, USA: Association for Computing Machinery, 2013.

[42] Denning, Peter J. "The Working Set Model for Program Behavior" *Communications of the ACM* 11, no. 5 (May 1968): 323–33.

[43] Denning, Peter J. "Virtual Memory" *ACM Comput. Surv.* 2, no. 3 (September 1, 1970): 153–89.

[44] Dennis, Jack B., and Earl C. Van Horn. "Programming Semantics for Multiprogrammed Computations" *Commun. ACM* 9, no. 3 (March 1, 1966): 143–55.

[45] Dijkstra, E. W. "Hierarchical Ordering of Sequential Processes" *Acta Inf.* 1, no. 2 (June 1, 1971): 115–38.

[46] Dijkstra, E. W. "Solution of a Problem in Concurrent Programming Control" *Commun. ACM* 8, no. 9 (September 1, 1965): 569.

[47] Dijkstra, Edsger W. "Cooperating Sequential Processes" In *The Origin of Concurrent Programming: From Semaphores to Remote Procedure Calls*, 65–138. Berlin, Heidelberg: Springer-Verlag, 2002.

[48] Dijkstra, Edsger W. "My Recollections of Operating System Design" *SIGOPS Oper. Syst. Rev.* 39, no. 2 (April 1, 2005): 4–40.

[49] Dijkstra, Edsger W. "The Structure of the 'THE'-Multiprogramming System" In *Proceedings of the First ACM Symposium on Operating System Principles*, 10.1–10.6. SOSP '67. New York, NY, USA: Association for Computing Machinery, 1967.

[50] Drepper, Ulrich. "What Every Programmer Should Know About Memory" 2007.

[51] Easton, Malcolm C., and Ronald Fagin. "Cold-Start vs. Warm-Start Miss Ratios" *Commun. ACM* 21, no. 10 (October 1, 1978): 866–72.

[52] Ellen, Faith, and Trevor Brown. "Concurrent Data Structures" In *Proceedings of the 2016 ACM Symposium on Principles of Distributed Computing*, 151–53. PODC '16. New York, NY, USA: Association for Computing Machinery, 2016.

[53] Ganger, Gregory R., Marshall Kirk McKusick, Craig A. N. Soules, and Yale N. Patt. "Soft Updates: A Solution to the Metadata Update Problem in File Systems" *ACM Transaction on Computer Systems* 18, no. 2 (May 2000): 127–53.

[54] Ganger, Gregory R., and Yale N. Patt. "Metadata Update Performance in File Systems" In *Proceedings of the 1st USENIX Conference on Operating Systems Design and Implementation*, 5-es. OSDI '94. USA: USENIX Association, 1994.

[55] Glerum, Kirk, Kinshuman Kinshumann, Steve Greenberg, Gabriel Aul, Vince Orgovan, Greg Nichols, David Grant, Gretchen Loihle, and Galen Hunt. "Debugging in the (Very) Large: Ten Years of Implementation and Experience" In *Proceedings of the ACM SIGOPS 22nd Symposium on Operating Systems Principles*, 103–16. Big Sky, Montana, USA: ACM, 2009.

[56] Golub, D., Randall W. Dean, A. Forin, and R. Rashid. "UNIX as an Application Program" 1990.

[57] Goyal, Pawan, Xingang Guo, and Harrick M. Vin. "A Hierarchical CPU Scheduler for Multimedia Operating Systems" In *Proceedings of the Second USENIX Symposium on Operating Systems Design and Implementation*, 107–21. OSDI '96. New York, NY, USA: Association for Computing Machinery, 1996.

[58] Gray, Jim, and Andreas Reuter. "Transaction Processing: Concepts and Techniques" 1st ed. San Francisco, CA, USA: Morgan Kaufmann Publishers Inc., 1992.

[59] Gregg, Brendan. "Systems Performance: Enterprise and the Cloud" 2nd edition. Boston, MA: Addison-Wesley Professional, 2020.

[60] Hagmann, R. "Reimplementing the Cedar File System Using Logging and Group Commit" In *Proceedings of the Eleventh ACM Symposium on Operating Systems Principles*, 155–62. SOSP '87. New York, NY, USA: Association for Computing Machinery, 1987.

[61] Hansen, Per Brinch. "The Nucleus of a Multiprogramming System" *Commun. ACM* 13, no. 4 (April 1, 1970): 238–41.

[62] Hennessy, John L., and David A. Patterson. "Computer Architecture: A Quantitative Approach" 6th edition. Cambridge, Mass: Morgan Kaufmann, 2017.

[63] Hennessy, John L., and Norman P. Jouppi. "Computer Technology and Architecture: An Evolving Interaction" *Computer* 24, no. 9 (September 1, 1991): 18–29.

[64] Hill, Mark D., and Michael R. Marty. "Amdahl's Law in the Multicore Era" *Computer* 41, no. 7 (July 2008): 33–38.

[65] Hill, Mark D., Norman P. Jouppi, and Gurindar S. Sohi, eds. "Readings in Computer Architecture" 1st edition. San Francisco, Calif.: Morgan Kaufmann, 1999.

[66] Hoare, C. A. R. "Monitors: An Operating System Structuring Concept" *Commun. ACM* 17, no. 10 (October 1, 1974): 549–57.

[67] Hoganson, Kenneth. "Reducing MLFQ Scheduling Starvation with Feedback and Exponential Averaging" *J. Comput. Sci. Coll.* 25, no. 2 (December 1, 2009): 196–202.

[68] Howard, John H., Michael L. Kazar, Sherri G. Menees, David A. Nichols, M. Satyanarayanan, Robert N. Sidebotham, and Michael J. West. "Scale and Performance in a Distributed File System" *ACM Trans. Comput. Syst.* 6, no. 1 (February 1, 1988): 51–81.

[69] Iyer, Sitaram, and Peter Druschel. "Anticipatory Scheduling: A Disk Scheduling Framework to Overcome Deceptive Idleness in Synchronous I/O" In *Proceedings of the Eighteenth ACM Symposium on Operating Systems Principles*, 117–30. SOSP '01. New York, NY, USA: Association for Computing Machinery, 2001.

[70] Jacob, Bruce, and Trevor Mudge. "Virtual Memory: Issues of Implementation" *Computer* 31, no. 6 (June 1, 1998): 33–43.

[71] Jain, Raj. "The Art of Computer Systems Performance Analysis: Techniques for Experimental Design, Measurement, Simulation, and Modeling" 1st edition. New York: Wiley, 1991.

[72] Kaashoek, M. Frans, Dawson R. Engler, Gregory R. Ganger, Hector M. Briceño, Russell Hunt, David Mazières, Thomas Pinckney, Robert Grimm, John Jannotti, and Kenneth Mackenzie. "Application Performance and Flexibility on Exokernel Systems" In *Proceedings of the Sixteenth ACM Symposium on Operating Systems Principles*, 52–65. SOSP '97. New York, NY, USA: Association for Computing Machinery, 1997.

[73] Kadav, Asim, and Michael M. Swift. "Understanding Modern Device Drivers" *ACM SIGPLAN Notices* 47, no. 4 (June 2012): 87–98.

[74] Karger, P. A., M. E. Zurko, D. W. Bonin, A. H. Mason, and C. E. Kahn. "A Retrospective on the VAX VMM Security Kernel" *IEEE Transactions on Software Engineering* 17, no. 11 (November 1991): 1147–65.

[75] Kay, J., and P. Lauder. "A Fair Share Scheduler" *Commun. ACM* 31, no. 1 (January 1, 1988): 44–55.

[76] Kernighan, Brian W., and Dennis M. Ritchie. "C Programming Language, 2nd Edition" Upper Saddle River, NJ: Pearson, 1988.

[77] Kerrisk, Michael. "The Linux Programming Interface: A Linux and UNIX System Programming Handbook" 1st edition. San Francisco, CA: No Starch Press, 2010.

[78] Kilburn, T., D. B. G. Edwards, M. J. Lanigan, and F. H. Sumner. "One–Level Storage System" *IRE Transactions on Electronic Computers* EC–11, no. 2 (April 1962): 223–35.

[79] Kilburn, T., D. B. G. Edwards, M. J. Lanigan, and F. H. Sumner. "One–Level Storage System" In *Readings in Computer Architecture*, 405–17. San Francisco, CA, USA: Morgan Kaufmann Publishers Inc., 2000.

[80] Kleiman, Steve, Devang Shah, and Bart Smaalders. "Programming with Threads" USA: SunSoft Press, 1996.

[81] Klein, Gerwin, June Andronick, Kevin Elphinstone, Gernot Heiser, David Cock, Philip Derrin, Dhammika Elkaduwe, et al. "seL4: Formal Verification of an Operating –System Kernel" *Communications of the ACM* 53, no. 6 (June 2010): 107–15.

[82] Kowalski, T. J. "Fsck—the UNIX File System Check Program" In *UNIX Vol. II: Research System (10th Ed.)*, 581–92. USA: W. B. Saunders Company, 1990.

[83] Lamport, Leslie. "A Fast Mutual Exclusion Algorithm" *ACM Trans. Comput. Syst.* 5, no. 1 (January 5, 1987): 1–11.

[84] Lampson, B., and Howard E. Sturgis. "Crash Recovery in a Distributed Data Storage System" 1981.

[85] Lampson, Butler W. "Hints for Computer System Design" *SIGOPS Oper. Syst. Rev.* 17, no. 5 (October 10, 1983): 33–48.

[86] Lampson, Butler W., and Howard E. Sturgis. "Reflections on an Operating System Design" *Commun. ACM* 19, no. 5 (May 1, 1976): 251–65.

[87] Lavington, S. H. "The Manchester Mark I and Atlas: A Historical Perspective" *Commun. ACM* 21, no. 1 (January 1, 1978): 4–12.

[88] Lehmann, Axel. "Performance Evaluation and Prediction of Storage Hierarchies" *SIGMETRICS Perform. Eval. Rev.* 9, no. 2 (May 28, 1980): 43–54.

[89] Levin, R., E. Cohen, W. Corwin, F. Pollack, and W. Wulf. "Policy/Mechanism Separation in Hydra" In *Proceedings of the Fifth ACM Symposium on Operating Systems Principles*, 132–40. SOSP '75. New York, NY, USA: Association for Computing Machinery, 1975.

[90] Levine, John R. "Linkers and Loaders" 1st edition. San Francisco, Calif.: Morgan Kaufmann, 1999.

[91] Levis, P., S. Madden, J. Polastre, R. Szewczyk, K. Whitehouse, A. Woo, D. Gay, et al. "TinyOS: An Operating System for Sensor Networks" In *Ambient Intelligence*, edited by Werner Weber, Jan M. Rabaey, and Emile Aarts, 115–48. Berlin, Heidelberg: Springer, 2005.

[92] Levy, H. M., and P. H. Lipman. "Virtual Memory Management in the VAX/VMS Operating System" *Computer* 15, no. 3 (March 1, 1982): 35–41.

[93] Levy, Henry M. "Capability-Based Computer Systems" USA: Butterworth-Heinemann, 1984.

[94] Li, Kai, and Paul Hudak. "Memory Coherence in Shared Virtual Memory Systems" *ACM Trans. Comput. Syst.* 7, no. 4 (November 1, 1989): 321–59.

[95] Liedtke, J. "On Micro-Kernel Construction" In *Proceedings of the Fifteenth ACM Symposium on Operating Systems Principles* – SOSP '95, 237–50. Copper Mountain, Colorado, USA: ACM Press, 1995.

[96] Liedtke, Jochen. "Improving IPC by Kernel Design" In *Proceedings of the Fourteenth ACM Symposium on Operating Systems Principles*, 175–88. SOSP '93. New York, NY, USA: Association for Computing Machinery, 1993.

[97] Lions, John. *Lions' Commentary on UNIX with Source Code by John Lions* (1-Jan-1996) Paperback, n.d.

[98] Liptay, J. S. "Structural Aspects of the System/360 Model 85, Part II: The Cache" In *Readings in Computer Architecture*, 373–79. San Francisco, CA, USA: Morgan Kaufmann Publishers Inc., 2000.

[99] Lomet, D. B. "Process Structuring, Synchronization, and Recovery Using Atomic Actions" In *Proceedings of an ACM Conference on Language Design for Reliable Software*, 128–37. New York, NY, USA: Association for Computing Machinery, 1977.

[100] Love, Robert. "Linux Kernel Development" 3rd edition. Upper Saddle River, NJ: Addison-Wesley Professional, 2010.

[101] Lu, Shan, Soyeon Park, Eunsoo Seo, and Yuanyuan Zhou. "Learning from Mistakes: A Comprehensive Study on Real World Concurrency Bug Characteristics" In *Proceedings of the 13th International Conference on Architectural Support for Programming Languages and Operating Systems*, 329–39. ASPLOS XIII. New York, NY, USA: Association for Computing Machinery, 2008.

[102] Ma, Ao, Chris Dragga, Andrea C. Arpaci-Dusseau, Remzi H. Arpaci-Dusseau, and Marshall Kirk Mckusick. "Ffsck: The Fast File-System Checker" *ACM Trans. Storage* 10, no. 1 (January 1, 2014): 2:1–2:28.

[103] Matthews, Suzanne J., Tia Newhall, and Kevin C. Webb. *Dive Into Systems: A Gentle Introduction to Computer Systems*. New York: No Starch Press, 2022.

[104] Mattson, R. L., J. Gecsei, D. R. Slutz, and I. L. Traiger. "Evaluation Techniques for Storage Hierarchies" *IBM Syst. J.* 9, no. 2 (June 1, 1970): 78–117.

[105] McDougall, Richard, and Jim Mauro. "Solaris Internals: Solaris 10 and OpenSolaris Kernel Architecture" 2nd edition. Upper Saddle River, NJ: Prentice Hall, 2006.

[106] McKusick, Marshall, George Neville-Neil, and Robert Watson. "Design and Implementation of the FreeBSD Operating System, The" 2nd edition. Upper Saddle River, NJ: Addison-Wesley Professional, 2014.

[107] McKusick, Marshall K., William N. Joy, Samuel J. Leffler, and Robert S. Fabry. "A Fast File System for UNIX" *ACM Trans. Comput. Syst.* 2, no. 3 (August 1, 1984): 181–97.

[108] Mellor-Crummey, John M., and Michael L. Scott. "Algorithms for Scalable Synchronization on Shared-Memory Multiprocessors" In *Multiprocessor Performance Measurement and Evaluation*, 216–60. Washington, DC, USA: IEEE Computer Society Press, 1995.

[109] Michael, Maged M., and Michael L. Scott. "Nonblocking Algorithms and Preemption-Safe Locking on Multiprogrammed Shared Memory Multiprocessors" *J. Parallel Distrib. Comput.* 51, no. 1 (May 25, 1998): 1–26.

[110] Mirapuri, Sunil, Michael Woodacre, and Nader Vasseghi. "The Mips R4000 Processor" *IEEE Micro* 12, no. 2 (March 1, 1992): 10–22.

[111] Mogul, Jeffrey C., and K. K. Ramakrishnan. "Eliminating Receive Livelock in an Interrupt-Driven Kernel" *ACM Trans. Comput. Syst.* 15, no. 3 (August 1, 1997): 217–52.

[112] Moore, Gordon E. "Cramming More Components onto Integrated Circuits, Reprinted from Electronics, Volume 38, Number 8, April 19, 1965, Pp.114 ff" *IEEE Solid-State Circuits Society Newsletter* 11, no. 3 (September 2006): 33–35.

[113] Nightingale, Edmund B., Kaushik Veeraraghavan, Peter M. Chen, and Jason Flinn. "Rethink the Sync" *ACM Transactions on Computer Systems* 26, no. 3 (September 2008): 1–26.

[114] Ousterhout, John. "Why Aren't Operating Systems Getting Faster as Fast as Hardware?" In *USENIX Summer Conference*, 1990

[115] Patterson, David A., Garth Gibson, and Randy H. Katz. "A Case for Redundant Arrays of Inexpensive Disks (RAID)" In *Proceedings of the 1988 ACM SIGMOD International Conference on Management of Data*, 109–16. SIGMOD '88. New York, NY, USA: Association for Computing Machinery, 1988.

[116] Patterson, David A., and John L. Hennessy. "Computer Organization and Design RISC-V Edition: The Hardware Software Interface" 2nd edition. Cambridge, MA: Morgan Kaufmann, 2020.

[117] Patterson, R. H., G. A. Gibson, E. Ginting, D. Stodolsky, and J. Zelenka. "Informed Prefetching and Caching" In *Proceedings of the Fifteenth ACM Symposium on Operating Systems Principles*, 79–95. SOSP '95. New York, NY, USA: Association for Computing Machinery, 1995.

[118] Pinheiro, Eduardo, Wolf–Dietrich Weber, and Luiz André Barroso. "Failure Trends in a Large Disk Drive Population" In *Proceedings of the 5th USENIX Conference on File and Storage Technologies* (FAST '07). USENIX Association, USA, 2007.

[119] Popek, Gerald J., and Robert P. Goldberg. "Formal Requirements for Virtualizable Third Generation Architectures" *Commun. ACM* 17, no. 7 (July 1, 1974): 412–21.

[120] Prabhakaran, Vijayan, Andrea C. Arpaci–Dusseau, and Remzi H. Arpaci–Dusseau. "Analysis and Evolution of Journaling File Systems" In *Proceedings of the Annual Conference on USENIX Annual Technical Conference*, 8. ATEC '05. USA: USENIX Association, 2005.

[121] Randell, B. "A Note on Storage Fragmentation and Program Segmentation" *Commun. ACM* 12, no. 7 (July 1, 1969): 365–ff.

[122] Randal E. Bryant and David R. O'Hallaron. "Computer Systems: A Programmer's Perspective(3rd. ed.)" Pearson, 2015.

[123] Rashid, Richard, Avadis Tevanian, Michael Young, David Golub, Robert Baron, David Black, William Bolosky, and Jonathan Chew. "Machine–Independent Virtual Memory Management for Paged Uniprocessor and Multiprocessor Architectures" In *Proceedings of the Second International Conference on Archítectual Support for Programming Languages and Operating Systems*, 31–39. ASPLOS II. New York, NY, USA: Association for Computing Machinery, 1987.

[124] Rashid, Richard F., and George G. Robertson. "Accent: A Communication Oriented Network Operating System Kernel" *SIGOPS Oper. Syst. Rev.* 15, no. 5 (December 1, 1981): 64–75.

[125] Remzi H. Arpaci–Dusseau and Andrea C. Arpaci–Dusseau. "Operating Systems: Three Easy Pieces" CreateSpace Independent Publishing Platform, North Charleston, SC, USA, 2018.

[126] Ritchie, Dennis M., and Ken Thompson. "The UNIX Time–Sharing System" *Commun. ACM* 17, no. 7 (July 1, 1974): 365–75.

[127] Rosenblum, Mendel, and John K. Ousterhout. "The Design and Implementation of a Log–Structured File System" *ACM Trans. Comput. Syst.* 10, no. 1 (February 1, 1992): 26–52.

[128] Ruemmler, Chris, and John Wilkes. "An Introduction to Disk Drive Modeling" *Computer* 27, no. 3 (March 1, 1994): 17–28.

[129] Salem, Kenneth, and Hector Garcia–Molina. "Disk Striping" In *Proceedings of the Second International Conference on Data Engineering*, 336–42. USA: IEEE Computer Society, 1986.

[130] Saltzer, J. H., D. P. Reed, and D. D. Clark. "End–to–End Arguments in System Design" *ACM Trans. Comput. Syst.* 2, no. 4 (November 1, 1984): 277–88.

[131] Saltzer, Jerome H., and M. Frans Kaashoek. "Principles of Computer System Design: An Introduction" 1st edition. Burlington, MA: Morgan Kaufmann, 2009.

[132] Saltzer, J. H., and M.D. Schroeder. "The Protection of Information in Computer Systems" *Proceedings of the IEEE* 63, no. 9 (September 1975): 1278–1308.

[133] Schroeder, Bianca, and Garth A. Gibson. "Disk Failures in the Real World: What Does an MTTF of 1,000,000 Hours Mean to You?" In *Proceedings of the 5th USENIX Conference on File and Storage Technologies*, 1–es. FAST '07. USA: USENIX Association, 2007.

[134] Seltzer, M., Peter M. Chen, and J. Ousterhout. "Disk Scheduling Revisited" 1990.

[135] Silberschatz, Abraham, Peter B. Galvin, and Greg Gagne. "Operating System Concepts" 9th ed. Hoboken, N.J Chichester: Wiley, 2013.

[136] Silvers, Chuck. "UBC: An Efficient Unified I/O and Memory Caching Subsystem for NetBSD" In *Proceedings of the Annual Conference on USENIX Annual Technical Conference*, 54. ATEC '00. USA: USENIX Association, 2000.

[137] Soltesz, Stephen, Herbert Pötzl, Marc E. Fiuczynski, Andy Bavier, and Larry Peterson. "Container–Based Operating System Virtualization: A Scalable, High–Performance Alternative to Hypervisors" *ACM SIGOPS Operating Systems Review* 41, no. 3 (June 2007): 275–87.

[138] Solworth, Jon A., and Cyril U. Orji. "Write–Only Disk Caches" *SIGMOD Rec.* 19, no. 2 (May 1, 1990): 123–32.

[139] SPARC International, Inc., CORPORATE. "The SPARC Architecture Manual (Version 9)" USA: Prentice–Hall, Inc., 1994.

[140] Stettner, Armando P. "The Design and Implementation of the 4.3BSD UNIX Operating System" USA: Addison–Wesley Longman Publishing Co., Inc., 1988.

[141] Stevens, W. Richard. "UNIX Network Programming: Networking APIs: Sockets and XTI; Volume 1" Subsequent edition. Upper Saddle River, NJ: Prentice Hall, 1998.

[142] Stevens, W., and Stephen Rago. "Advanced Programming in the UNIX Environment, 3rd Edition" Upper Saddle River (NJ): Addison–Wesley Professional, 2013.

[143] Sweeney, Adam, Doug Doucette, Wei Hu, Curtis Anderson, Mike Nishimoto, and Geoff Peck. "Scalability in the XFS File System" In *Proceedings of the 1996 Annual Conference on USENIX Annual Technical Conference*, 1. ATEC '96. USA: USENIX Association, 1996.

[144] Swift, Michael M., Brian N. Bershad, and Henry M. Levy. "Improving the Reliability of Commodity Operating Systems" In *Proceedings of the Nineteenth ACM Symposium on Operating Systems Principles*, 207–22. SOSP '03. New York, NY, USA: Association for Computing Machinery, 2003.

[145] Tanenbaum, Andrew, and Albert Woodhull. "Operating Systems Design and Implementation" 3rd edition. Upper Saddle River, NJ: Pearson, 2006.

[146] Thompson, Ken. "Reflections on Trusting Trust" *Commun. ACM* 27, no. 8 (August 1, 1984): 761–63.

[147] Torrey, Lisa A., Joyce Coleman, and Barton P. Miller. "A Comparison of Interactivity in the Linux 2.6 Scheduler and an MLFQ Scheduler" *Software: Practice and Experience* 37, no. 4 (April 10, 2007): 347–64.

[148] Ts'o, Theodore Y., and Stephen Tweedie. "Planned Extensions to the Linux Ext2/Ext3 Filesystem" In *Proceedings of the FREENIX Track: 2002 USENIX Annual Technical Conference*, 235–43. USA: USENIX Association, 2002.

[149] Uhlig, R., G. Neiger, D. Rodgers, A.L. Santoni, F.C.M. Martins, A.V. Anderson, S.M. Bennett, A. Kagi, F.H. Leung, and L. Smith. "Intel Virtualization Technology" *Computer* 38, no. 5 (May 2005): 48–56.

[150] Vahalia, Uresh. "UNIX Internals: The New Frontiers" 1st edition. Upper Saddle River, N.J.: Pearson, 1996.

[151] Van der Zee, S. P., and H. Theil. "Priority Assignment in Waiting-Line Problems Under Conditions of Misclassification" *Oper. Res.* 9, no. 6 (December 1, 1961): 875–85.

[152] Villa, Oreste, Daniel R. Johnson, Mike Oconnor, Evgeny Bolotin, David Nellans, Justin Luitjens, Nikolai Sakharnykh, et al. "Scaling the Power Wall: A Path to Exascale" In *SC '14: Proceedings of the International Conference for High Performance Computing, Networking, Storage and Analysis*, 830–41, 2014.

[153] Waldspurger, Carl A. "Memory Resource Management in VMware ESX Server" *SIGOPS Oper. Syst. Rev.* 36, no. SI (December 31, 2003): 181–94.

[154] Waldspurger, Carl A., and William E. Weihl. "Lottery Scheduling: Flexible Proportional-Share Resource Management" In *Proceedings of the 1st USENIX Conference on Operating Systems Design and Implementation*, 1-es. OSDI '94. USA: USENIX Association, 1994.

[155] Wilson, Paul R., Mark S. Johnstone, Michael Neely, and David Boles. "Dynamic Storage Allocation: A Survey and Critical Review" In *Proceedings of the International Workshop on Memory Management*, 1–116. IWMM '95. Berlin, Heidelberg: Springer-Verlag, 1995.

[156] Yosifovich, Pavel, Mark E. Russinovich, David A. Solomon, and Alex Ionescu. "Windows Internals: System Architecture, Processes, Threads, Memory Management, and More, Part 1" 7th edition. Harlow: Microsoft Press, 2017.

[157] Zhang, Yupu, Abhishek Rajimwale, Andrea C. Arpaci-Dusseau, and Remzi H. Arpaci-Dusseau. "End-to-End Data Integrity for File Systems: A ZFS Case Study" In *Proceedings of the 8th USENIX Conference on File and Storage Technologies*, 3. FAST '10. USA: USENIX Association, 2010.

찾아보기

A ~ B

C

D

E ~ F

G ~ H

I ~ K

L

M

N ~ O

P ~ R

S

ㅌ

ㅍ

ㅎ